O QUE MAIS IMPORTA

O poder de viver seus valores

Hyrum W. Smith

O QUE MAIS IMPORTA

O poder de viver seus valores

FranklinCovey

2003

EDITORA BEST SELLER

Título original: *What Matters Most*

Coordenação editorial
Janice Flórido

Editoras de arte
Ana Suely S. Dobón
Mônica Maldonado

Editores
Eliel Silveira Cunha
Fernanda Cardoso

Edição
Roberto Pellegrino

Revisão
Agnaldo Alves
Levon Yacubian

Supervisão e consultoria
Teresa Campos Salles
e
Franklin Covey Company Brasil

Editoração eletrônica
Dany Editora Ltda.

FranklinCovey

EDITORA NOVA CULTURAL LTDA.
Direitos exclusivos da edição em língua portuguesa no Brasil
adquiridos por Editora Nova Cultural Ltda.

EDITORA BEST SELLER
uma divisão da Editora Nova Cultural Ltda.
Rua Paes Leme, 524 – 10º andar
CEP 05424-010 – São Paulo – SP
www.editorabestseller.com.br

2003

Impressão e acabamento:
R.R. Donnelley América Latina
Tel.: (55 11) 4166-3500

Agradecimentos

EU PRECISARIA DE MUITAS páginas para fazer uma lista de todas as pessoas que, de uma maneira ou de outra, deram sua contribuição para este livro. Precisaria voltar ao início de minha vida e falar da influência que professores, treinadores, amigos, familiares e outros exerceram sobre mim.

Serei breve ao expressar minha gratidão, mas peço que, por causa disso, não a julguem menos profunda do que é.

Sou imensamente grato a todas as pessoas que relaciono abaixo.

Jerry Pulsipher, que, além de desempenhar um grande papel na criação de meu primeiro livro, ajudou-me a escrever este, que, sem ele, não existiria. Sua habilidade em me fazer focalizar meus pensamentos e idéias e depois passá-los para o papel tem sido fantástica.

Greg Link e Annie Oswald, por seu trabalho incansável na pesquisa e verificação de fatos e na edição do manuscrito, preparando-o para sua apresentação ao mundo.

Sou grato a minha esposa e filhos, que me apoiaram nos momentos difíceis que atravessei, enquanto passava pelo lento processo de descobrir o que é realmente mais importante para mim.

As centenas de pessoas da Franklin Covey, que contribuíram para que meu sonho de causar impacto no mundo se tornasse realidade, e, em particular, quero expressar meu carinho e gratidão aos consultores educacionais que deixam suas casas e famílias todas as semanas para levar a mensagem de *O que Mais Importa* ao mundo.

Aos muitos clientes de nossa grande empresa que se tornaram alguns de meus melhores amigos. Todos eles causaram grande efeito em minha vida.

Marion D. Hanks, mestre, treinador, mentor, amigo, herói e até mesmo um pai para mim.

Ken Blanchard, por seu amor e respeito maravilhosos e incondicionais. Ele me ajudou a superar vários momentos difíceis. Sua modéstia foi grande demais no prefácio que escreveu para este livro. Espero que possamos entrar em contato muitas vezes no futuro.

Kahlil Gibran disse: "Em cada homem existe alguma coisa que devo aprender com ele, de modo que, nisso, sou seu aluno". Obrigado a todos vocês por estarem em minha vida.

Dedicatória

Para minha esposa, Gail, e nossos seis filhos:

Glenna
Stacie
Sharwan
Joseph
Rebecca
Jacob

Eles organizaram sua vida ao redor do que acham mais importante, e eu os amo e respeito profundamente.

Sumário

Prefácio

Ken Blanchard

QUANDO HYRUM SMITH pediu-me para escrever o prefácio de seu novo livro, *O que Mais Importa*, fiquei encantado. Sou um grande fã de Hyrum Smith e considero-o um valioso colega desde aquele tempo em que ele imaginou o Franklin Planner e ajudou a criá-lo. Ao longo dos anos ele vem sempre dando ênfase à necessidade de ir além da mera administração do tempo, ensinando as pessoas a entrar em contato com o que é mais importante para elas e agir de acordo com isso.

Li *O que Mais Importa* enquanto participava de um safári na África. Fiquei muito entusiasmado, porque senti que os primeiros 59 anos de minha vida haviam sido um período de preparação para que eu pudesse fazer o que o Senhor de fato queria que eu fizesse. Agora estou pronto para dar minha contribuição ao mundo. E fico contente em poder dizer isso aos outros.

Se perguntarmos a uma pessoa se ela gostaria que sua presença no mundo contribuísse para torná-lo um lugar melhor, com certeza a resposta será "sim". Mas, então, se perguntarmos o que ela planeja fazer para dar sua contribuição e viver de acordo com seus valores, a pessoa quase certamente nos fitará com um olhar vazio. Eu tinha esse mesmo olhar vazio antes de partir para aquele safári. Sentia-me animado ao pensar que poderia viver mais 35, 40 anos, e sabia que minha existência no mundo poderia fazer alguma diferença. Mas não conseguia imaginar o que devia fazer para isso, não tinha nenhum plano específico. Agora, tenho!

É isso o que este livro, *O que Mais Importa*, pode fazer por *você*. Descobri qual é minha missão na vida. Defini meus principais valores e examinei cuidadosamente todos os papéis importantes que desempenho. E vi claramente o que estaria fazendo, dia após dia, semana após semana, mês após mês, ano após ano, no que diz respeito ao tipo de vida que desejo viver.

Lendo *O que Mais Importa*, focalizei minha atenção em um plano, uma estratégia, uma maneira de me certificar de que a cada dia sou impulsionado não apensas pelo que é urgente, mas por algo mais. O telefone, a secretária eletrônica, os *e-mails*, a correspondência e todas as outras exigências que nos cercam diariamente parecem ser urgentes, e de fato são para as pessoas que as fazem. Mas se você não tiver um rumo definido, se não souber para onde está indo, essas exigências assumirão o controle de sua vida. Minha colega de longo tempo, Susan Fowler Woodring, costuma dizer: "Pessoas que não têm objetivos são usadas por aquelas que têm".

Meus objetivos agora são claros. Minha estratégia é clara. E me sinto ainda mais entusiasmado a respeito dos próximos 35, 40 anos. Obrigado, Hyrum. Você fez diferença em minha vida.

Hyrum pode fazer diferença em sua vida também, se você ler *O que Mais Importa* e usá-lo. Como ele diz no fim do livro, que a paz interior seja sua recompensa!

Introdução:
O Monte St. Helens, ou Por que Você Deve Ler Este Livro

Visão sem ação é um devaneio. Ação sem visão é um pesadelo.

— *Provérbio japonês*

NA PARTE SUDOESTE do Estado de Washington existia uma linda montanha simétrica, conhecida como monte St. Helens. Era um de uma série de picos vulcânicos isolados ao longo da crista de Cascade Range, a cadeia de montanhas que vai do sul do Canadá ao norte da Califórnia, atravessando os Estados de Washington e Oregon. De acordo com os geólogos, esses picos foram formados por erupções violentas no passado, mas todos eram considerados extintos ou inativos, até 1980.

Um desses picos altaneiros, o monte St. Helens, é o mais jovem e o mais bonito, ou pelo menos era, quando eu morava em Portland, Oregon, na década de 70. Num dia claro, algo raro na região noroeste, na costa do Pacífico, podíamos, olhando pela janela na direção do norte e para além do rio Colúmbia, ver o St. Helens, um cone perfeitamente simétrico, com suas encostas cobertas pela floresta e seu cume coroado de neve. Parecia um cartão-postal. Naquela época, nenhum habitante de Portland imaginava que o lindo cenário da cidade pudesse mudar.

No entanto, em janeiro de 1980, o monte St. Helens começou a dar sinais de que estava vivo mas que não se sentia muito bem. Soltava gás e vapor através da cratera em seu topo, e o ruído surdo das profundezas de suas entranhas começou a aparecer nos sismógrafos. Por causa desses sinais, geólogos e especialistas em montanhas vulcânicas de todo o mundo reuniram-se na parte sudoeste do Estado de Washington para ver se podiam predizer o que o monte St. Helens faria. Era consenso geral que a montanha estava acordando de um sono de séculos e que forças poderosas moviam-se em seu interior.

Em fevereiro daquele ano apareceu uma protuberância na encosta nordeste da montanha. Essa protuberância cresceu cerca de 2,70 metros por dia, e no início de maio media 122 metros. Por haver a possibilidade de um cataclismo, Dixie Lee Ray, governadora de Washington, emitiu uma ordem, segundo a qual todos os que moravam num raio de 32 quilômetros ao redor da base deviam evacuar a área.

O perigo era real, mas a reação de algumas pessoas à ordem de evacuação foi muito interessante. A maioria dos moradores da região simplesmente pegou seus pertences e partiu, porém muitos sentiram-se ofendidos com a ordem da governadora. Um homem em particular, o gerente da estância de veraneio Spirit Lake, ficou tremendamente ofendido. A Spirit Lake situava-se no pé da vertente nordeste, exatamente abaixo da protuberância em expansão, na margem norte do lago, com uma linda vista da montanha, cujo pico refletia-se nitidamente nas águas.

À medida que o monte St. Helens tornava-se mais perigoso, o gerente, Harry Truman — não *o* Harry Truman, trigésimo terceiro presidente dos Estados Unidos —, tornava-se mais categórico em sua recusa de abandonar a estância. O homem que desafiava a montanha transformou-se num tipo de celebridade para a imprensa. Vi-o numa entrevista na televisão e nunca me esquecerei do que ele disse. Com ar beligerante, olhou para a câmera e declarou: "Vivo nesta montanha há trinta e cinco anos. Ninguém a conhece melhor do que eu. Ela não ousaria explodir em cima de mim. Não vou sair daqui". E não saiu.

O dia 16 de maio, uma sexta-feira, amanheceu lindo e ensolarado, e o boletim meteorológico prometia o mesmo tempo bom para o fim de semana. Muitas das pessoas que haviam deixado a área da montanha pediram à governadora que lhes permitisse ir para suas casas, a fim de pegar mais alguns pertences, prometendo que voltariam no domingo ou na segunda-feira. A governadora concordou, mas deu-lhes apenas 24 horas, dizendo: "Vocês têm do pôr-do-sol de sexta-feira até o pôr-do-sol de sábado para ir à montanha, pegar suas coisas e sair de lá".

Várias centenas de pessoas tornaram a entrar na área isolada, lá passaram a noite e, de acordo com as instruções recebidas, começaram a sair no fim da tarde de sábado. Nem todas saíram. Oitenta e quatro permaneceram lá, provavelmente imaginando que nada de mau poderia acontecer num fim de semana tão perfeito.

Eram mais ou menos 6:30 da manhã de domingo, 18 de maio, quando o monte St. Helens explodiu. Não entrou em erupção simplesmente. *Explodiu*. E com força tão poderosa que jogou 1 milha cúbica de montanha, uma massa de enxofre queimado e cinzas, a uma altura de 18 mil metros. Em um instante, a montanha perdeu seu topo, um terço de sua altura. Milhares de hectares de floresta foram queimados pelo calor dos ventos gerados pela explosão. Spirit Lake e Harry Truman ficaram soterrados sob uma camada de pedras e cinzas com dezenas de metros de espessura. Levadas pelo vento a centenas de quilômetros para nordeste, as cinzas vulcânicas caíram como neve sobre casas, carros, ruas, e o sol escureceu. Diversos dias depois, quando a erupção terminou, o monte St. Helens estava truncado, era um anão, sem mais nada de sua majestosa aparência. A maior parte da área ao norte e leste da montanha parecia uma paisagem lunar, sem nenhuma vegetação e coberta de cinzas.

Os cientistas têm tentado calcular os megatons de energia que seriam necessários para jogar 1600 metros cúbicos de montanha, transformando-os em enxofre queimado e cinzas, a uma altura de 18 mil metros. É quase impossível compreender a força tremenda que foi usada para provocar tal cataclismo.

De tudo o que houve durante aquela trágica seqüência de acontecimentos, o que mais me espantou foi a reação dos residentes da região, quando foram avisados do perigo e receberam a ordem de abandonar a área. Os que prestaram atenção ao aviso foram poupados, os que não prestaram atenção pagaram por isso com a própria vida.

Com esse pensamento em mente, permito-me fazer um comentário que aparentemente não tem nenhuma relação com a história do monte St. Helens, mas que na verdade apresenta forte semelhança. Vivemos em um mundo muito diferente daquele de apenas alguns anos atrás. Parece que as pessoas, em número cada vez maior, perderam os limites pelos quais costumavam guiar-se. Estou falando de suposições básicas e de firmes valores íntimos que estiveram na base da sociedade ao longo dos séculos. Estou falando de valores fundamentais, tais como respeito pela vida humana, respeito de uns pelos outros, da necessidade de cooperação, de um trabalho em conjunto harmonioso pelo bem comum.

Por causa da crescente tendência ao egoísmo, das atitudes ditadas por idéias como "sobrevivem aqueles que forem mais fortes", ou "tudo é lícito para os poderosos", da perda de reverência pela vida e da obsessão pela auto-satisfação, nosso mundo parece estar apresentando a mesma protuberância do monte St. Helens, podendo explodir a qualquer momento, com conseqüências catastróficas.

Os valores humanos fundamentais e as opiniões tidas como certas que existiam no alvorecer da civilização formaram a base da qual a humanidade retirou seus melhores instintos e produziu suas maiores obras. Esses valores fundamentais estão no íntimo de cada membro da raça humana, e quando qualquer um de nós entra em contato com eles, alcança a realização na vida, algo que transcende as motivações básicas exibidas pela humanidade.

Dizendo isso, quero enfatizar minha convicção de que todos nós temos a capacidade de descobrir um significado maior para a vida e alcançar a realização que todos desejamos. Precisamos entrar em contato com os valores mais profundamente enraizados em nosso íntimo e viver de acordo com o que é mais importante para nós.

Essa é uma das razões pelas quais fui impelido a escrever este livro. Como povo e como civilização, somos capazes de pensar e agir de uma maneira nova, bastando que entremos em contato com as opiniões básicas e os valores enraizados em nosso íntimo que compartilhamos com todas as outras pessoas deste planeta.

Existe outra razão para eu escrever este livro, e que se relaciona mais nitidamente com cada um de nós individualmente. Não podemos fazer muito no que diz respeito a identificar e analisar os valores pelos quais vivemos coletivamente, como uma civilização, se primeiro não identificarmos e analisarmos os valores que são importantes para nós como indivíduos e famílias. Assim como fazemos uma viagem de 2 mil quilômetros vencendo uma etapa de cada vez, a evolução de nossa civilização só pode acontecer com a evolução de um indivíduo e de uma família de cada vez.

Não tenho poder político nem sabedoria suficiente para dar uma grande contribuição ao processo de mudança cultural que deve acontecer para que a humanidade volte a sua base de valores humanos compartilhados. No entanto, sei um pouco a respeito de como ajudar indivíduos e famílias a identificar seus valores profundamente enraizados e colocá-los e fazê-los funcionar em suas vidas.

Assim, embora a crise de valores seja mundial, este livro tratará de soluções para indivíduos e famílias, descrevendo um processo que colocará as pessoas em contato com o que de fato é importante para elas. Seguindo esse processo, baseado em leis naturais e em princípios fundamentais que têm governado a realização pessoal e o sucesso por milhares de anos, você se conhecerá melhor, vendo-se de um modo como nunca se viu antes.

O que Este Livro Pode Fazer por Você

Falando e trabalhando com pessoas por todo o mundo, descobri que quase todas elas têm uma mesma preocupação. As pessoas, em sua maioria, dizem que sentem que a vida não é do jeito que elas gostariam que fosse. Desejam algo mais. Muitas alcançaram grande sucesso em suas áreas de atuação, mas ainda assim admitem que anseiam por conhecer algo mais profundo e satisfatório. No trecho que se segue, reproduzo alguns dos comentários que ouço.

> "Ao examinar minha vida, sinto que algumas coisas importantes estão faltando. Há anos sou atormentado por problemas pessoais, por um excesso de bagagem emocional que carrego e da qual não

posso me livrar. Recorro a outras pessoas em busca de respostas, mas não encontro nenhuma. O que me impede de encontrar as respostas de que preciso?."

"Já alcancei praticamente tudo o que era possível alcançar em minha profissão, mas esse processo custou-me minha vida pessoal e familiar. Meu casamento está arruinado, meus filhos e eu não nos conhecemos mais. Eu deveria estar feliz com meu sucesso profissional, mas há algo terrivelmente errado em minha vida."

"Eu esperava que o avanço tecnológico me ajudasse a ter mais tranqüilidade, mas tudo ficou pior. Agora, há mais mensagens telefônicas para responder, o telefone celular me chama em qualquer lugar, os fax e *e-mails* acumulam-se. Parece que não consigo lidar com todos os dados. É apenas isso que posso esperar da era da informação?"

"Dou muito valor a minha saúde, porém tenho dificuldade em manter o peso e me alimentar direito. Já prometi a mim mesmo, nem sei quantas vezes, que me modificaria, mas já estou perdendo a esperança de conseguir conciliar meu estilo de vida com meus valores."

"Sou sócio majoritário de um pequeno negócio, gosto do meu trabalho e quero que a empresa seja conhecida por suas contribuições à sociedade. No entanto, meus colegas falam de mim por trás e interpretam mal tudo o que faço. Sinto-me como se estivessem me sabotando. No íntimo, sei que nossa empresa poderia fazer algo significativo, mas não consigo transmitir isso aos outros. Como eu poderia definir melhor o que é realmente importante para mim no que diz respeito à empresa, e depois comunicar isso aos meus colegas, de modo mais eficiente? Socorro!"

"Estou com vinte e um anos de idade, tenho a vida toda pela frente. Minha família quer que eu abrace uma certa profissão, e meus amigos falam-me de outras alternativas. O que posso fazer para saber o que é o certo para mim? Para ser franco, não me sinto atraído por nenhum dos caminhos que as outras pessoas me apontam, mas não conheço outro melhor. O que devo fazer, afinal?"

"Acho importante ser organizado, porém minha escrivaninha e meus arquivos estão sempre na maior bagunça. Passo mais tempo procurando coisas no meio da papelada do que realmente trabalhando. Há pessoas que são capazes de se organizar, mas há outras que, apesar de nem se preocuparem com a confusão em seu espaço de trabalho, produzem mais do que eu. Por quê, se dou tanta importância à ordem, não consigo estabelecê-la em minha vida?"

Alguns desses comentários parecem-lhe familiares? O que eles representam é um conflito íntimo sobre valores, em um nível mais global do que pessoal. Todas as declarações que você leu expressam a dor que as pessoas sentem por ter perdido contato com as coisas que mais importam.

Atropeladas pela pressa da vida moderna, pessoas demais perderam contato com aqueles valores que de fato importam, profundamente enraizados, como estreitos relacionamentos familiares, satisfação no trabalho, doação de si mesmas ao serviço do próximo, a capacidade de seguir a própria luz interior e de dividir o tempo e os sonhos com aqueles a quem amam. A intenção deste livro é ajudar você a identificar esses valores e a usá-los de maneira significativa na vida diária.

Não digo que descobrir o que é realmente mais importante para nós seja uma tarefa fácil. Você terá de cavar e despender algum esforço mental para identificar o que é que de fato o entusiasma. Mas, se se esforçar, descobrirá o que existe no centro de seu ser e estará preparado para transformar em valiosos objetivos tudo aquilo que é mais importante para você. Então, poderá fazer com que esses valores profundamente enraizados e objetivos entrem em ação em sua vida diária. Descobrirá que pode participar da tarefa maior de ajudar seu país e a comunidade mundial a colocar em ação aqueles valores fundamentais que são compartilhados por todos.

Se você seguir o processo indicado neste livro, prometo-lhe duas coisas: que conhecerá a profunda paz interior, trazida por um modo de viver regido por sua própria bússola íntima, e que libertará o poder e o potencial que talvez nem perceba que possui, mas que existem e que o ajudarão a realizar aquilo que é mais importante para você e para as comunidades mais amplas às quais pertence.

O processo o ajudará a compreender quem você realmente é, um indivíduo único, com seus próprios talentos, aptidões, pontos fortes, fraquezas, sentimentos, potenciais e possibilidades. A partir disso, examinaremos os vários *papéis* que você desempenha na vida, como mãe, pai, cônjuge, filho, filha, provedor, líder, empregado, mentor, estudante e outros. Então, identificaremos os *valores governantes* que você usa e que regem seu modo de viver e o desempenho desses papéis. Por intermédio desses valores governantes e papéis, você definirá sua *Declaração de Missão Pessoal*, que estabelece claramente seu propósito na vida.

Fique ciente de que não existem respostas certas ou erradas, apenas *suas* respostas. A meta é descobrir o que é mais importante para você, não o que os outros acham que deveria ser mais importante.

Descobrindo isso, você verá a sinergia e o poder que emergem naturalmente, quando esses inter-relacionamentos ficam claros: papéis, valores governantes e a percepção de sua missão pessoal, que formam os três elementos fundamentais que definem quem você realmente é e o que acha mais importante.

Assim que for criada uma imagem nítida do verdadeiro você, passaremos para as outras etapas do processo. Eu lhe direi como identificar metas importantes a longo prazo, relacionadas com os papéis que você desempenha e com os valores governantes a eles associados. Então, procuraremos uma maneira de nos certificarmos de que você está trabalhando diariamente para alcançar essas metas, porque, quando suas ações diárias refletem o que mais lhe importa, você receberá o maior dos prêmios: paz interior. Para ajudá-lo a mudar um comportamento indesejável, veremos de que modo suas convicções, isto é, o que você considera verdadeiro a respeito da vida e de seu mundo, podem distorcer ou focalizar mais claramente seus esforços, dependendo de até que ponto essas convicções refletem a realidade.

Veremos também de que maneira o processo pode ser aplicado à vida profissional, além de analisarmos de que modo os princípios por trás do processo governaram a vida e o trabalho de importantes indivíduos ao longo da História, que causaram mudanças essenciais e grandes decisões na marcha da experiência humana. Por fim, acrescentarei alguns de meus próprios pensamentos a respeito do que esse processo fez por minha vida.

O que Este Livro Contém?

O livro é dividido em quatro partes, cada uma contendo vários capítulos.

Na Primeira Parte, falaremos sobre o poder de sabermos quem somos. Usando como exemplos pessoas que parecem saber quem são, analisaremos o poder que vem desse tipo de conhecimento. Muitos de nossos "heróis", aqueles indivíduos que admiramos e com quem desejamos competir, parecem ter essa característica. No Capítulo 1, identificaremos alguns dos padrões comuns a essas pessoas, para ver o que podemos aprender a respeito da busca que temos de empreender para descobrir quem somos.

No Capítulo 2, discutiremos a "sobrecarga da vida", um desafio comum nos dias atuais. Examinaremos os muitos fatores e pressões que nos impedem de descobrir o que mais nos importa e de trabalhar nisso. Quando tomamos consciência das pressões e seus efeitos, ficamos mais bem preparados para lidar com eles de modo proativo e eficiente.

O Capítulo 3 trata de aspirações comuns a quase todas as pessoas e que se traduzem nas palavras "Um dia eu vou...". É aí que você verá como é importante ter essas aspirações, tentar realizá-las, pois são elas que o levarão a identificar o que mais lhe importa. Também falaremos das resoluções de ano-novo e de como as abandonamos, e do sofrimento que experimentamos quando existe uma brecha entre nossos sonhos e o que fazemos para transformá-los em realidade.

A Segunda Parte, o coração do livro, ajudará você a lançar-se ao trabalho de descobrir o que mais lhe importa, ensinando-lhe a "tripla equação" de papéis, valores e missão, e explicando o relacionamento entre esses elementos essenciais à descoberta do que você é e, conseqüentemente, do que considera mais importante.

O Capítulo 4 o ajudará a ver-se como um indivíduo único e a examinar os papéis que desempenha na vida. No Capítulo 5, analisaremos mais cuidadosamente os valores governantes, veremos como exercem influência sobre nosso comportamento e como nossas ações são condizentes com eles. Descobriremos de onde vêm esses valores e, por meio de uma série de exercícios fáceis mas esclarecedores, você aprenderá a identificar e refinar os que existem em sua lista pessoal. Depois eu lhe mostrarei como priorizar seus valores e escrever declarações esclarecedoras a respeito do que cada um deles significa para você.

No Capítulo 6, você aprenderá a identificar e descrever por escrito sua missão pessoal, seu maior propósito na vida, que se relaciona com papéis e valores já definidos. Isso feito, terá criado uma declaração clara e concisa de quem você é.

O Capítulo 7 reúne seus papéis, valores governantes e missão pessoal, para que você compreenda o poder que emana do relacionamento sinérgico entre esses três aspectos e aquilo que é mais importante para você.

Na Terceira Parte, passamos a realmente fazer algo a respeito do que mais lhe importa. No Capítulo 8, falaremos da importância de planejar e premeditar um curso de ação, e eu o ajudarei a estabelecer metas que podem ser medidas e dimensionadas no tempo. O Capítulo 9 lhe ensinará a transformar essas metas em etapas intermediárias e tarefas diárias.

Também falaremos das maneiras de vencer os obstáculos que o impedem de alcançar metas relacionadas com seus valores. Esses obstáculos vão desde a preocupação com o que os outros vão pensar, até dúvidas secretas, medo de mudanças e os muros que às vezes construímos ao redor de nós mesmos. Você aprenderá meios práticos de lidar com esses obstáculos. O Capítulo 10 o ajudará a ver o que está escrito em sua "vitrine de convicções" pessoal, a descobrir se essas convicções são congruentes com a realidade e a perceber de que modo uma convicção real pode atrapalhá-lo ou ajudá-lo a viver de acordo com o que é mais importante para você.

A Quarta Parte dá uma visão mais ampla do processo. O Capítulo 11 explica que organizações e até mesmo governos são únicos, assim como é única cada pessoa do mundo. Eles têm seus próprios papéis e valores, que governam seu funcionamento, e também uma missão. Os melhores deles são aqueles que identificaram essa missão. Assim como acontece com as pessoas, o processo de identificar conscientemente seus papéis e missão como organização ou governo libera um poder que pode significar a diferença entre o sucesso e o fracasso.

O Capítulo 12 volta à visão global. Veremos como o poder de um indivíduo que tem a vida enraizada em seus valores íntimos e é motivado por um forte senso de missão pode literalmente transformar o mundo.

No Capítulo 13 veremos como papéis, valores e missões podem mudar no decorrer da vida e falaremos da necessidade de não nos tornarmos inflexíveis demais. Como Lincoln ensinou, as circunstâncias mudam, e nós também devemos ser capazes de mudar e de reagir às mudanças. O Capítulo 14 dá uma idéia de algo que chamo de "mentalidade de abundância", um modo de ver a vida que muitas vezes é resultado do contato que mantemos com o que é mais importante para nós.

Na Conclusão, dou mais um reforço à idéia de que você pode de fato ser bem-sucedido na busca do que é mais importante em sua vida. Você pode viver em harmonia com o que mais lhe importa, todos os dias. Verá como outras pessoas conseguiram isso, e elas lhe contarão como superaram obstáculos e falarão de como seus esforços foram recompensados.

"Seja Você Mesmo, mas Seja por Completo"

No decorrer dos anos, ao ensinar esses conceitos, desenvolvi uma apreciação cada vez maior pelo papel de vital importância que os valores governantes desempenham em nossa vida. Também compreendi mais claramente que esses valores residem no centro do que somos, naquela parte de nosso ser que faz com que cada um de nós seja uma pessoa única e especial. Tenho visto que o processo de descobrir quem verdadeiramente somos libera um poder íntimo, uma força propulsora que pode nos ajudar a trabalhar naquilo que mais importa para nós. E tenho experimentado, através de dificuldades em meu casamento e relacionamentos familiares, o sofrimento que surge quando agimos em desacordo com os valores profundamente enraizados em nós.

Este livro foi escrito com esperança e um pouco de angústia. A angústia veio de experiências dolorosas que me mostraram a necessidade de fazer com que nossas ações diárias estejam de acordo com o que consideramos mais importante para nossa vida. Mas a esperança veio da certeza que tenho de que existe poder curador no fato de sabermos quem somos e de vivermos em harmonia com o que mais nos importa.

Também espero que tudo o que aprendi beneficie os que lerem este livro. Tenho visto as leis naturais que existem por trás desse processo agirem, não só em minha própria vida, como na vida de outras pessoas. Tenho passado esses conceitos adiante, em seminários e conferências através dos Estados Unidos e outros países, e sempre me sinto gratificado quando vejo os resultados. Tenho certeza de que eles também o ajudarão.

Um grande líder, que teve influência na formação de minha vida, uma vez disse: "Seja você mesmo, mas seja por completo". Que pensamento fantástico! Que poderosa afirmação do potencial e do poder que todos nós temos. Quando terminar de ler este livro, acredito firmemente que se conhecerá melhor e se encontrará a caminho de ser você mesmo, por completo.

Primeira Parte

O Poder de Saber Quem Você É

Aonde quer que você vá, vá de todo coração.

— *Confúcio*

VÁRIOS ANOS ATRÁS, um escritor e cientista norte-americano chamado Michael Hart escreveu um livro intitulado *The 100: A Ranking of the Most Influential Persons in History*, uma tentativa de mostrar, classificando-as por ordem de importância, as cem pessoas que mais haviam causado impacto no mundo, juntamente com uma pequena biografia de cada uma.

O livro provocou muita controvérsia, sobretudo a respeito de quem fora incluído e de quem não fora, e da classificação recebida por cada uma das cem pessoas. Hart colocou Maomé no topo da lista, seguido por Sir Isaac Newton, Jesus Cristo e Buda. Nenhum norte-americano aparecia entre os dez primeiros. Na verdade, o norte-americano com melhor classificação foi George Washington, em vigésimo sexto lugar, depois de nomes que a maioria dos norte-americanos nem sequer conhecia. Benjamin Franklin e Abraham Lincoln não estavam nem mesmo entre os cem, merecendo apenas menção honrosa.

A escolha de Hart para os primeiros lugares não mereceu aplauso universal, mas ele a defendeu de maneira espirituosa e razoável no prólogo, explicando que usara como critério o número de pessoas atingidas pelo impacto e o tempo que durara o efeito. Salientou que a influência direta e os preceitos de Maomé espalharam-se rapidamente por uma vasta parte do mundo, do oeste da África às ilhas da Indonésia, transformando culturas de maneira drástica. Essas seculares influências religiosas perduraram por mais de treze séculos e continuam a ser uma grande força nos dias de hoje.

Hart observa também que Isaac Newton, como pai da ciência moderna, teve grande influência no modo como o mundo vive atualmente. A revolução científica iniciada por ele transformou de forma radical a política, a economia, as comunicações, os transportes, a agricultura, a medicina e quase todos os outros aspectos da vida. Nosso mundo seria completamente diferente sem o conhecimento científico e a tecnologia que as descobertas de Newton colocaram em movimento.

Quanto a Jesus Cristo, Hart comenta que sua influência sobre o desenvolvimento da civilização européia e, posteriormente, da do Novo Mundo também foi notável, enquanto os ensinamentos de Buda causaram impacto profundo sobre as diversas culturas, na Índia e no leste da Ásia. Os efeitos provocados pelas pessoas que ocupam os quatro primeiros lugares da lista de Hart sobreviveram a elas e continuam expandindo-se.

O livro oferece uma leitura fascinante, não apenas pela ordem como as figuras históricas foram classificadas, mas também porque fornece informações sobre elas e suas contribuições à humanidade. Não vou me envolver em um debate a respeito de qual dessas pessoas foi mais importante ou influente, porém impressiona-me o fato de que elas possuíam um profundo senso de identidade. Sabiam quem eram, e esse conhecimento dava-lhes um poder que as ajudava a alcançar o que era mais importante para suas vidas.

No Capítulo 1, falaremos de heróis, aqueles que exercem forte influência sobre nós, que fazem emergir o que há de melhor em nosso interior e nos dão o desejo de ser mais do que somos. Examinaremos a fonte do poder íntimo que os heróis demonstram, analisaremos algumas de suas características comuns e veremos que lições podemos aprender com eles.

Algo que assusta no caso dos heróis é que eles podem nos desanimar, levando-nos a pensar que nunca seremos capazes de fazer o que eles fazem. Em parte, isso é um reflexo da época em que vivemos; e no Capítulo 2 faremos uma análise da vida na era do impasse. Veremos, então, algumas das razões pelas quais nem sempre vivemos de acordo com nossas aspirações e expectativas, e examinaremos alguns dos mitos referentes a nossa capacidade de superar a natureza febril da vida moderna e de nos centrarmos em coisas que são realmente importantes para nós.

No Capítulo 3, começaremos a caminhar na direção do coração do livro e falaremos do desejo que temos de realizar nossos sonhos e de um dia encontrar a verdadeira realização.

Mas estou me adiantando muito, pois agora daremos uma olhada em nossos heróis.

Capítulo 1

Heróis: Pessoas que Sabem Quem São

Não há acaso, sina, destino, que possa limitar, impedir ou controlar a firme resolução de uma alma determinada.

— *Ella Wheeler Wilcox*

DIZEM QUE VIVEMOS numa época em que não existem heróis. Discordo por completo. Ao falar com as pessoas, ensinando-as a encontrar seus valores profundamente enraizados e a viver de acordo com eles, tenho ouvido falar de muitos heróis que são exemplos e fontes de inspiração para outras pessoas, tanto desconhecidas como famosas.

Se eu lhe pedisse para fazer uma lista de seus heróis, você provavelmente me daria os nomes de várias pessoas a quem admira e que exerceram influência em sua vida pessoal ou profissional. Eu tenho muitos desses heróis, por quem sinto amor e respeito profundos, que fizeram emergir o que há de melhor em mim e cujas vidas ou características incentivaram-me a descobrir quem realmente sou.

Winston Churchill e o Pior Momento da Inglaterra

Talvez eu explique melhor minhas razões para falar de heróis, se me referir a Winston Churchill, uma de minhas fontes de inspiração. Ele tem sido meu herói desde quando eu cursava o segundo grau, e outro herói, um professor (falarei mais a respeito dele), despertou meu interesse pela História, e eu tomei conhecimento do papel importantíssimo de Churchill no desfecho da Segunda Guerra Mundial. Em anos mais recentes, fiquei atônito ao descobrir que muitos dos que se tornaram adultos após a guerra sabem bem pouco a respeito dele. Parece ser apenas um nome do qual essas pessoas ouviram falar, se é que ouviram, mas, para mim, as ações de Winston Churchill foram fundamentais numa das maiores e mais dramáticas crises da civilização.

Devemos começar pelo fato de que o futuro não parecia nada promissor quanto à sobrevivência da Inglaterra, em maio de 1940, quando Churchill tornou-se primeiro-ministro. Pouco mais de vinte anos antes, a Grã-Bretanha e seus aliados haviam derrotado a Alemanha no conflito descrito como "a guerra para acabar com todas as guerras". Mas agora o renascido poder militar da Alemanha nazista de Adolf Hitler estava assolando a Holanda e a Bélgica e forçando sua entrada na França em algo semelhante a uma reprise esmagadora do que acontecera no início da guerra anterior. E dessa vez parecia impossível impedir o *blitzkrieg* alemão.

Na maior parte dos cinco anos antecedentes, Hitler desafiara a comunidade mundial, rearmando sua nação e reocupando o antigo território alemão que fora entregue à França após a Primeira Guerra Mundial. Conseguira anexar a Áustria por meio de um golpe, sem derramamento de sangue. Nos chamados Acordos de Munique, no outono de 1938, Hitler usara de falsidade para persuadir o primeiro-ministro inglês, Neville

Chamberlain, e o primeiro-ministro francês, Edouard Daladier, a aceitar sua exigência de ocupar e "proteger" as áreas de língua alemã da Tchecoslováquia. A partir daí, em menos de seis meses, Hitler dominou o resto do país. Foi apenas no fim desse período que os britânicos começaram a rearmar-se, e estavam em grande inferioridade em termos de homens e modernos equipamentos bélicos. Só podiam esperar que o forte Exército francês fosse capaz de deter o avanço alemão.

Em setembro de 1939, as Forças Armadas de Hitler entraram na Polônia, quebrando as promessas que ele fizera em Munique. Os ingleses e os franceses, tendo concordado em ajudar a Polônia, se o país fosse atacado, relutantemente declararam guerra à Alemanha. Foi um típico caso de pouco demais e tarde demais, porque em questão de semanas Hitler dominou e ocupou a Polônia.

Em maio de 1940, depois de um inverno em que as Forças Armadas da Alemanha e da França confrontaram-se nas fortificações da supostamente impenetrável Linha Maginot da França, parecia outra vez que Hitler não poderia ser detido. Depois de passarem pelos Países Baixos, os tanques alemães cercaram as fortalezas da fronteira francesa, dando a impressão de que seriam capazes de rapidamente alcançar Paris.

A proclamação de "paz para nosso tempo", por meio da qual Chamberlain selara o Acordo de Munique com Hitler, tornara-se tudo, menos o que pretendera ser. No dia 9 de maio, o agora desacreditado Neville Chamberlain renunciou, recomendando ao rei Jorge VI que nomeasse Winston Churchill como seu sucessor no cargo de primeiro-ministro.

Embora Churchill fosse membro do Partido Conservador, a que também pertencia Chamberlain, criticara duramente não só Chamberlain, mas também o modo como o partido lidara com aquela situação entre a Grã-Bretanha e a Alemanha. Logo depois do Acordo de Munique, Churchill declarara que "paz para o nosso tempo", proclamada por Chamberlain, era um "desastre irremediável". O que o enfraquecido primeiro-ministro estava dizendo, indicando-o para o cargo, de fato era: "Falhei. Veja se pode sair-se melhor do que eu".

No dia 10 de maio, Winston Churchill foi chamado ao Palácio de Buckingham. Vejamos como ele contou o que aconteceu: "Recebi uma mensagem, intimando-me a ir ao palácio às seis horas. Ao chegar lá, fui levado imediatamente à presença do rei. Sua Majestade recebeu-me com extrema amabilidade e mandou-me sentar. Olhou-me de modo perscrutador por alguns instantes, então disse que queria que eu formasse um governo. Respondi que certamente faria isso".

Logo depois dessa entrevista, Churchill reuniu-se com líderes políticos e militares, conselheiros e outras autoridades, e juntos formaram um governo de coalizão. Enquanto tudo isso acontecia, os combates continuavam na parte continental da Europa.

Qualquer um, no lugar de Winston Churchill, naquelas circunstâncias, teria ficado apreensivo quanto à ameaça enfrentada por sua nação. Portanto, ele poderia ter sentido o peso opressivo da liderança naquele tempo de perigo e, talvez, experimentado alguma apreensão a respeito de sua capacidade de mudar os acontecimentos. Como revelam suas memórias, não foi assim:

> Quando fui dormir, por volta das 3 da madrugada, experimentava uma sensação de profundo alívio. Pelo menos, tinha autoridade para dirigir a cena toda. Senti-me como se estivesse andando lado a lado com o destino, como se toda minha vida, até então, houvesse sido uma preparação para aquele momento, aquela provação... Meus avisos, que no decorrer dos seis anos passados haviam sido constantes, detalhados, eram tão terrivelmente justificados que

ninguém poderia me contradizer. Eu não poderia ser censurado, nem por fazer a guerra nem por querer que nos preparássemos para ela. Achava que sabia muito a respeito e tinha certeza de que não falharia. Assim, embora esperasse com impaciência pelo amanhecer, dormi profundamente e não precisei de sonhos animadores. Fatos são melhores do que sonhos.

Ao ler essas palavras, sinto uma onda de emoção. Churchill foi um homem que esteve no lugar certo, na hora certa, e com isso fez uma enorme diferença para o mundo todo, uma diferença que, com certeza, coloca-o na lista das pessoas mais influentes do século XX.

Às 3 horas da madrugada de 11 de maio de 1940, era evidente que ele sabia com clareza quem era e do que era capaz de fazer. Vamos ver o que suas palavras revelam sobre o homem naquele tempo de crise.

Depois que seu rei pediu-lhe que formasse um governo, ele trabalhou até tarde da noite para conseguir cumprir essa tarefa no meio do caos e do desespero. Quando, finalmente, foi para a cama, "experimentava uma sensação de profundo alívio".

Alívio? Estava assumindo a liderança de um país despreparado, em guerra com a mais poderosa força militar que já fora criada até aquele momento da História. Logo após receber a maior incumbência de sua vida, experimentou alívio. Sentia-se calmo e sereno. Como isso foi possível, dadas as difíceis circunstâncias?

É o próprio Churchill quem dá a resposta para essa pergunta: "Pelo menos eu tinha autoridade para dirigir a cena toda. Senti-me como se estivesse andando lado a lado com o destino".

Você alguma vez sentiu que tinha autoridade para dirigir a cena de sua própria vida? Alguma vez sentiu que estava andando lado a lado com o destino? Winston Churchill sentiu, e suas palavras revelam uma calma confiança e conhecimento de seu próprio valor. Ele confiava em sua capacidade de liderar e de encontrar as soluções que guiariam seu povo através da crise.

Talvez você pense: "Tudo bem, mas não sou Winston Churchill". No entanto, eu acredito que todos nós, em nossa círculo de influência, somos capazes de sentir a mesma confiança, de acreditar em nosso valor. Talvez não tenhamos de enfrentar uma crise em que esteja envolvida a salvação do mundo, como no caso de Churchill, mas, sejam quais forem nossos desafios na vida, somos capazes de alcançar o mesmo tipo de confiança.

Nós vamos discutir de que modo podemos conseguir isso. Quando, finalmente, decidimos assumir o controle de nossa própria vida, de identificar o que é mais importante para nós, de escolher um caminho e de planejar, de modo que saibamos com precisão para onde estamos indo e o que fazer para chegar lá, experimentamos a mesma sensação de alívio descrita por Churchill naquele momento difícil para seu país.

As palavras desse grande homem "como se toda minha vida, até então, houvesse sido uma preparação para aquele momento, aquela provação" revelam um pouco do que foi necessário para que ele chegasse a tal ponto de serenidade e autoconfiança. Sua vida política anterior não fora nenhum mar de rosas. Seu próprio partido tanto o criticara como o elogiara. Mas, ao chegar ao ápice da importância política, parecia saber que, como disse o general George C. Marshall, que comandou o Exército norte-americano durante a Segunda Guerra Mundial, "nenhuma derrota é definitiva, mas apenas uma preparação para a próxima e maior batalha".

Assim, Churchill reconheceu que estava preparado para enfrentar o tremendo desafio e, à medida que refletia sobre sua nova responsabilidade, outros pensamentos passavam por sua mente. "Eu não poderia ser censurado, nem por fazer a guerra nem por querer que nos preparássemos para ela. Achava que sabia muito a respeito *e tinha certeza de que não falharia*" (grifo nosso).

Churchill não iria entrar nessa ignorando os fatos. Pensara sobre o assunto e preparara-se durante os seis anos anteriores. Avaliara a situação, examinara o que pudera da capacidade de fazer guerra de Hitler e conhecia a força e o poder de que o povo britânico era capaz quando imprensado contra a parede. Sabia que, se pudesse reunir a mente, o espírito e o coração de seu povo, eles acabariam por sair vitoriosos. Às vésperas do que poderia ter sido uma catástrofe, Winston Churchill foi capaz de dizer que "tinha certeza de que não falharia". Reverencio a confiança que essa declaração demonstra.

Também amo as linhas finais dessa citação de suas memórias de guerra: "Assim, embora esperasse com impaciência pelo amanhecer, dormi profundamente e não precisei de sonhos animadores. Fatos são melhores do que sonhos". Aqui, Churchill exibe o que ouvi chamarem de "divina impaciência pelo surgir do sol na manhã seguinte". Ele mal podia esperar para começar seu trabalho. Deve ter previsto a enormidade da tarefa a sua frente. Conhecia bem demais o estado das forças a sua disposição e dos recursos necessários para seu desempenho. Sabia que outros aliados precisariam envolver-se nesse esforço, inclusive os Estados Unidos, um país relutante e isolacionista. Ainda assim, mal podia esperar pela manhã seguinte.

Você já se pegou esperando impacientemente pelo amanhecer? Pessoas sem visão não sentem interesse em ver o sol nascer no dia seguinte. Mas pessoas de visão sentem o que Churchill sentiu. Mal podem esperar e, assim que o sol aparece, saem da cama. Têm energia. Têm entusiasmo. Têm um plano. Têm visão. Sabem exatamente aonde estão indo e sabem o que fazer para chegar lá.

Mas, o que aconteceu depois daquele dia decisivo, no início de maio de 1940? Armado com pouco mais do que o poder de saber quem era, Churchill convocou uma nação desanimada e temerosa com alguns dos mais vibrantes discursos que o mundo já ouviu. No dia 4 de junho de 1940, menos de um mês depois de ser nomeado primeiro-ministro, Churchill foi à Câmara dos Comuns para informar a respeito do progresso da guerra. As notícias não eram boas. Os franceses estavam à beira do colapso, prestes a render-se à Alemanha nazista. Os ingleses apenas tinham sido capazes de retirar a maior parte de sua força expedicionária, que fora cercada pelos alemães no porto de Dunquerque, no norte da França, mas haviam sido obrigados a deixar muito de seu equipamento bélico para trás. E agora estavam ameaçados pela quase certa invasão de sua própria ilha. Na crise que se aprofundava, Winston Churchill expôs a situação à Câmara dos Comuns e concluiu com essas palavras animadoras:

> "Iremos até o fim, lutaremos na França, lutaremos nos mares e oceanos, lutaremos no ar com confiança e força cada vez maiores, defenderemos nossa ilha a qualquer custo, lutaremos nas praias, lutaremos nas pistas de pouso, lutaremos nos campos e nas ruas, lutaremos nas colinas. Nós nunca nos renderemos, e, embora eu não creia nisso nem por um segundo, se esta ilha ou parte dela for subjugada, nosso império de além-mar, armado e guardado pela frota britânica, continuará a luta até que, no momento designado por Deus, o Novo Mundo, com todo seu poder, avance para salvar e libertar o Velho".

Foi só um ano e meio depois que os Estados Unidos entraram na guerra e fizeram pesar mais o prato da balança do lado dos britânicos e de seus aliados. Durante esse tempo todo, enquanto os bombardeios aéreos dos alemães destruíam grandes áreas de

Londres e muitas cidades industriais inglesas, e os cidadãos armavam-se de forcados e armas de fogo antigas, preparando-se para defender-se da invasão, Churchill continuou a desafiar Hitler estrondosamente e a reunir os parcos recursos que possuía para lutar. No decorrer desse período, ele não só salvou a Grã-Bretanha da derrota, como também, algo que agora compreende-se, salvou a democracia como uma forma de governo no mundo. Foi realmente um indivíduo único, cuja vida fez uma profunda diferença para todos os habitantes de nosso planeta.

Outros Heróis, Extraordinários e Comuns

Ao falar com as pessoas a respeito de heróis e pensando nos meus, tenho consciência de que eles não precisam ser iguais a Winston Churchill ou outras grandes figuras históricas. Encontramos heróis nos esportes e na mídia, alguns em lugares inverossímeis, com missões inverossímeis. Mas, em sua maioria são pessoas comuns, que sabem quem são e descobriram o poder que vem desse conhecimento. Vamos examinar três dessas pessoas. Duas são famosas quase no mundo todo, e a outra, conhecida por poucos, é um homem que provavelmente nem percebe que é um herói. Mas para mim, é. Um grande herói.

Michael Jordan

Nesta nossa época de comunicação instantânea e enorme interesse pelos esportes, existirá alguém no mundo que não tenha ouvido falar de Michael Jordan? Quando ele saiu da National Basketball Association, em 1998, era considerado por muitos o melhor jogador de basquete de todos os tempos. Não foram numerosos os jogadores que gozaram de tanto prestígio.

Não existe dúvida de que Michael Jordan foi aquinhoado com o equipamento físico necessário para ser um grande atleta.

Quem o via jogar imediatamente notava seu corpo maravilhoso, talhado para o esporte. Suas mãos enormes manejavam a bola de basquete como se fosse uma laranja. Ele é extremamente bem-proporcionado, musculoso, o perfeito retrato do espécime esportista. Mas muitos atletas com semelhantes atributos físicos não chegaram nem perto de realizar o que Jordan realizou.

Por que ele era assim tão melhor do que os outros? Falamos sobre Winston Churchill e sua preparação para o papel que ele desempenhou na salvação do mundo. Falamos sobre alguns dos atributos fundamentais das pessoas seguras de si, e Michael Jordan, acredito, é uma delas.

Acompanhei a carreira dele de longe, até as temporadas de 1996-97 e 1997-98, quando o Utah Jazz foi derrotado pelo Chicago Bulls nos campeonatos da NBA. Sendo de Utah, naturalmente tornei-me fã do Utah Jazz. Conheci muitos de seus jogadores entre 1986 e 1989, quando acompanhei o time, que visitou muitas escolas de segundo grau, viajando por todo o Estado como parte de uma campanha contra as drogas. Tenho grande respeito por John Stockton, Karl Malone e outros excelentes atletas do Utah Jazz, mas naqueles dois campeonatos o Chicago Bulls foi absolutamente imbatível, graças, em grande parte, a Michael Jordan.

Durante o sexto jogo da série de 1998, consegui compreender a magnificência de Jordan. Os cinco jogos anteriores haviam sido difíceis para ambos os times. O Jazz, por uma margem de pontos bastante apertada, vencera a quinta partida e levara a série de volta para Utah. O Chicago Bulls liderava a série por três jogos a dois. Faltando quarenta e três segundos para o fim da partida, o Utah estava ganhando. A cinco segundos do final, vencia por um ponto. Para ganharmos o jogo e levarmos a série para a sétima e última partida, Karl Malone precisava apenas manter a posse da bola. Então, Michael Jordan, num movimento atlético, lindíssimo, roubou a bola de Karl Malone, que relaxara por uma fração de segundo, tempo suficiente para Jordan fazer o que fez. Jordan correu pela quadra, driblou Bryon Russell, fez cesta, venceu o jogo... e a série. Estava tudo acabado. O Bulls voltou para Chicago levando pela sexta vez o título de campeão mundial.

Uma das coisas que fazem da televisão um milagre é sua capacidade de cobrir tão magnificamente eventos esportivos. Os telespectadores podem acompanhar a atividade dos atletas de uma maneira que seria impossível para alguém sentado, por exemplo, na quinta fileira do Delta Center, em Salt Lake City. Eu gostaria muito de lhe mostrar a imagem do rosto de Michael Jordan, transmitida pela televisão, no momento em que ele se lançou sobre Karl Malone para tirar-lhe a bola. O fogo e a determinação em seus olhos foram de causar espanto e admiração. Ninguém poderia ver Michael Jordan jogar basquete sem notar sua intensidade, seu imenso desejo de atuar bem e vencer. E foi esse desejo que o motivou a fazer coisas que as pessoas, quando falam ou escrevem sobre ele, ainda não conseguem acreditar que realmente aconteceram. Michael Jordan, como Winston Churchill, é uma pessoa segura de si, que sabe exatamente quem é e para onde quer ir. Isso, em minha opinião, foi o que fez de Michael Jordan um herói das multidões, respeitado até mesmo por seus mais ferozes adversários.

Madre Teresa, a Pequena Freira Cujo Nome Tornou-se Familiar em Todo o Mundo

A maioria das pessoas deve ter ouvido falar de madre Teresa de Calcutá, Índia, que morreu em 1997, depois de uma vida inteira dedicada aos pobres e necessitados. Quem era aquela mulher miudinha, que talvez nunca tenha chegado a pesar 50 quilos, e por que causou tão grande impacto no mundo? O que tinha ela de diferente para atrair tanto amor e respeito, que é possível que um dia seja canonizada pela Igreja Católica Romana?

Se tentarmos ajustar os talentos e habilidades de madre Teresa aos típicos padrões de sucesso que a sociedade moderna parece valorizar, ela não se qualifica para a fama mundial que alcançou. Nasceu em circunstâncias humildes, em Skopje, Macedônia, uma parte da antiga Iugoslávia. Não possuía grande cultura. Sendo baixinha, não tinha o carisma que pessoas altas geralmente têm. Possuía poucas "habilidades comercializáveis", do tipo que o mundo de hoje parece achar imprescindíveis para a influência e o sucesso. O que tinha ela, então, para merecer o aplauso entusiasmado do mundo?

A resposta é simples, contudo forte. Pode ser resumida em uma única palavra, em um conceito: *serviço*. Com a idade de dezoito anos, entrou para um convento na Irlanda e daquela época em diante dedicou-se a servir o próximo. Em 1929, foi para Calcutá e começou a dar aulas em uma escola feminina. A miséria e as aflições do povo indiano comoveram-na profundamente, e sua compaixão fez com que ela, durante muitos anos, tentasse amenizar tanto sofrimento.

No dia 10 de setembro de 1946, numa longa viagem de trem para Darjeeling, Índia, aonde ia para recuperar-se de um mal que se suspeitava ser tuberculose, madre Teresa teve uma experiência espiritual que mudou toda sua vida. "Percebi que estava sendo chamada para cuidar dos doentes e moribundos, dos famintos, nus e desabrigados, para ser o amor de Deus em ação entre os mais pobres dos pobres. Esse foi o começo da ordem Missionárias da Caridade."

A partir desse momento, madre Teresa levou sua missão ainda mais a sério. Não se satisfez apenas em dar mais assis ência aos necessitados. Procurou a máxima autoridade da Igreja e pediu permissão para deixar a ordem religiosa a que pertencia e fundar uma nova. Depois de receber a permissão do papa Pio XII, foi trabalhar em Calcutá, um lugar conhecido como uma das maiores concentrações de miséria humana do mundo. Passou o resto de seus dias tentando aliviar a dor física e espiritual de seus semelhantes. Por meio do legado que madre Teresa nos deixou, podemos ver padrões familiares, comuns a muitos heróis: ela sabia exatamente quem era, o que mais lhe importava, qual era o significado de sua vida e o que queria realizar neste mundo.

Um dos aspectos mais admiráveis da história de madre Teresa é o fato de ela ter sobressaído em uma missão que tantos outros abraçaram. Conhecemos ótimas histórias de freiras, missionários, filantropos e outros que fizeram coisas maravilhosas pelo bem dos menos afortunados. Por que madre Teresa distinguiu-se como símbolo desse trabalho? A resposta parece-me muito simples: *firmeza*. Ela viveu toda sua vida firmemente de acordo com a missão que identificara como sendo sua. Não levou sua missão adiante pela glória pessoal que veio a conhecer. Fez isso porque desejava ser mensageira de esperança e paz e minorar o sofrimento das pessoas que estavam doentes e morrendo nas ruas de Calcutá.

Nunca estive em Calcutá, mas aqueles que lá estiveram dizem que em nenhum outro lugar do mundo há tanta pobreza, doença e sujeira. E foi nesse lugar que madre Teresa decidiu trabalhar para fazer alguma diferença. As estatísticas mostram que, no correr dos anos, mais de 42 mil pessoas foram tratadas num templo hindu abandonado, que ela conseguiu comprar e converter no Asilo Kalighat para Moribundos. As freiras saíam para as ruas, tiravam de lá os doentes e moribundos e levavam-nos para o asilo, onde eles eram tratados com amor e bondade. Para muitos, essa tarefa podia parecer inútil e ingrata. Mais de 19 mil pessoas morreram naquele asilo, porém, pelo menos, morreram em um lugar onde eram amadas.

Aos poucos, o mundo foi conhecendo a história de madre Teresa, uma história notável, pois pregava uma atitude muito diferente daquela geralmente adotada: "É terrível, mas não posso fazer nada". Era difícil compreender aquela mulherzinha dinâmica que fundara sua própria ordem religiosa para ajudar os doentes, moribundos e necessitados. Como resultado, ela causou tremendo impacto no mundo. Talvez todos nós tenhamos ouvido falar dessa mulher que trabalhava em um lugar tão distante porque ela viveu sua vida com uma profunda compreensão do que mais lhe importava, com o compromisso de fazer alguma coisa a respeito do que achava importante, disposta a sacrificar-se pelo bem do povo ao qual dedicou sua vida.

Robert Niederholzer

Quando olho para trás e penso nas pessoas que causaram impacto sobre mim, um impacto capaz de mudar minha vida, vejo que uma das mais importantes foi Robert Niederholzer. Cresci no Havaí, porque meus pais mudaram-se para lá com a família em 1946, quando eu tinha dois anos de idade. Meu pai aceitara ser diretor do Departamento de Oratória da Universidade do Havaí, planejando voltar para a Universidade de Utah depois de dois anos. Nossa família gostou tanto do Havaí que acabamos ficando lá por trinta anos, de modo que cresci em Honolulu.

Quando eu ia começar o primeiro dos dois anos do curso de segundo grau, meu pai aceitou fazer um intercâmbio com um professor da Universidade de Nova York. Os dois trocaram de empregos e casas durante um ano, num trabalho de "polinização cruzada" efetuado pelas duas instituições, para o enriquecimento cultural de dois de seus professores. Assim, passei meu primeiro ano do curso de segundo grau em Douglaston, Long Island, e freqüentei a Bayside High School. Quem quisesse ter uma interessante experiência de choque cultural deveria mudar-se de uma pequena escola em Honolulu para uma grande escola pública na cidade de Nova York: trezentos alunos em Honolulu, 4.500 em Nova York. Foi algo impressionante. Quando voltei para o Havaí, a fim de cursar o último ano, um de meus professores era uma nova aquisição da escola. Não era habitante das ilhas, viera do continente. Chamava-se Robert Niederholzer.

Como muitos outros estudantes de minha classe, fiquei perturbado por ter um estranho como professor, alguém do continente! Que horror! No entanto, não demoramos muito para descobrir que Robert Niederholzer era um professor muito diferente. Até aquele ano, ser bem-sucedido nos estudos não era meu forte. Manter média C já me deixava feliz. Havia muitas outras coisas que me interessavam mais do que deveres de casa, provas, exames, tudo em que um estudante deve concentrar-se. Eu estava muito envolvido com esportes, jogava basquete, *softball*, tênis, praticava natação e algumas modalidades de atletismo. Além disso, como presidente da classe, interessava-me muito por política estudantil, de modo que o lado realmente "estudantil" da escola era uma espécie de estorvo para mim.

Jamais gostara muito de ler, até aquele último ano do segundo grau. Quando precisava ler, lia muito devagar, então não conseguia tirar grande proveito. O sr. Niederholzer mudou tudo isso. Descobri que aprender lendo livros é algo mágico. A mudança começou quando ele insistiu para que eu lesse o primeiro volume da trilogia *The History of the Civil War*, o clássico de Bruce Catton. Foi aí que surgiu minha fascinação pela Guerra Civil. Apaixonei-me por aquele período da história norte-americana e, nos anos que se sucederam, sempre que podia visitava campos de batalha em todo o sul e na parte central do nordeste dos Estados Unidos, procurando os locais daqueles impressionantes acontecimentos.

Eu achava interessante o método que o sr. Niederholzer usava para me induzir a ler. Ele não dizia: "Olhe, Hyrum, acho que você deveria ler este livro". Não. Ele exigia, insistia. "Você vai ler este livro. Dou-lhe cinco dias." Eu começava a ler por medo, mas depois do Capítulo 3, às vezes do quarto, a leitura me prendia. Acho que o professor sabia que isso aconteceria e que eu iria até o fim. Quando eu terminava um livro, ele imediatamente me dava outro. Penso que li mais livros naquele único ano do que havia lido em todos os anos anteriores.

Foi durante esse tempo que comecei a compreender uma observação que meu pai fizera quando eu era mais jovem: "Você não pode pensar mais profundamente do que seu vocabulário lhe permite". À medida que eu lia os livros indicados pelo sr. Niederholzer, ia percebendo que a melhor maneira de adquirir um bom vocabulário é ler. Quando encontramos uma palavra desconhecida, temos de procurar seu significado no dicionário para saber o que o autor está dizendo. Peguei-me fazendo isso, e meu vocabulário começou a melhorar. (Por falar nisso, ouvi dizer que Winston Churchill tinha um vocabulário mais extenso do que qualquer outra pessoa viva. E estudos recentes indicam que um bom vocabulário é uma característica comum às pessoas verdadeiramente bem-sucedidas.)

Robert Niederholzer não era, de modo algum, um professor convencional. Às vezes eu me irritava com a pressão que ele exercia sobre mim. Em várias ocasiões achei que não conseguiria ler tudo, mas parecia que ele conhecia minha capacidade, porque nunca me pressionou mais do que eu poderia suportar. No entanto, não desistia. Estava sempre insistindo, empurrando e puxando, exigindo que eu lesse.

É interessante lembrar experiências como essa. Agora, sinto imensa gratidão por esse homem que, interessado em meu progresso, empurrou-me para a frente. Sei que ele me amava, e a todos os outros alunos, do contrário não teria feito tudo o que fez por nós. Dar aulas, para o sr. Niederholzer, não era apenas um trabalho de sete horas diárias. Ele falava no telefone com os alunos, ia à casa deles, e recebia-os na sua. Fez tudo o que pôde para que descobríssemos o poder de nossas mentes. Como Kahlil Gibran disse em *O Profeta*: "Um grande mestre não leva o discípulo ao limiar de seu conhecimento, mas leva-o ao limiar de sua própria mente". Robert Niederholzer fez isso com perfeita perícia, e como fruto de sua paixão e dedicação, minha vida mudou notavelmente, e para melhor, em meu último ano do segundo grau.

Vejo agora que ele sabia quem era e o que devia fazer. Com isso, ajudou-me e a muitos outros jovens a descobrir um pouco do que éramos e do que poderíamos fazer.

O Perfil das Pessoas Seguras de Si

Gostaria de enfatizar que, quando falo de heróis, não estou me referindo a eles apenas como modelos para as outras pessoas. Michael Jordan serviu de inspiração e exemplo para inúmeros jogadores de basquete cheios de aspirações. No entanto, uma pessoa poderia perder muito tempo tentando jogar como ele e nunca conseguir, porque ninguém pode ser Michael Jordan. O mesmo é válido no que diz respeito a qualquer pessoa que admiramos e queremos imitar. O papel de nossos heróis não é esse. Seu papel consiste em servir de incentivo para que sejamos o melhor que podemos ser. Como diz a famosa frase de convocação ao alistamento do Exército dos Estados Unidos: "Seja tudo o que pode ser".

Algumas das coisas mais úteis que nossos heróis podem nos mostrar são os padrões que caracterizam as pessoas que são "tudo o que podem ser". Se examinarmos a vida e o comportamento deles, veremos emergir vários desses padrões. Um dos mais gerais é que essas pessoas alcançam o sucesso na vida. Não estou falando de sucesso no sentido materialista, econômico, que é a definição mais usada hoje em dia. Estou falando do sucesso que é viver em harmonia com as coisas boas que existem dentro de nós e que são unicamente nossas. Na introdução deste livro, mencionei o líder que causou impacto sobre mim no fim de minha adolescência e que disse: "Seja você mesmo, mas seja por completo". Em minha opinião, todos os heróis sobre os quais falamos fizeram justamente isso. Foram e são eles mesmos da maneira mais completa que puderam.

Pense nas pessoas que você conheceu e que pareciam seguras de si. O sucesso que alcançaram é fruto não só do que realizaram, mas também do que elas são. Essas pessoas, em geral, são otimistas, têm paz interior e quase sempre conseguem realizar o que desejam, mentalmente, emocionalmente, espiritualmente e materialmente. Não podemos dizer que essas características são encontradas em todas essas pessoas, mas as mais fundamentais são compartilhadas pela maioria. Vamos examinar alguns dos padrões comuns às pessoas seguras de si:

AUTOCONHECIMENTO. Essas pessoas sabem quem são. Conhecem suas habilidades e pontos fortes, sabem o que são capazes de realizar e o que devem fazer para isso. Com o poder que flui de tal conhecimento, podem realizar o impossível, mesmo que sejam fisicamente frágeis (como madre Teresa).

CONFIANÇA. Elas não têm medo. Winston Churchill no íntimo sabia que não falharia. Talvez tenha sido essa confiança, mais do que qualquer outra coisa, que o sustentou, assim como o povo britânico, através daquele tempo de terrível tribulação.

VALOR PRÓPRIO. Isso fica mais evidente naquilo que essas pessoas focalizam, não elas mesmas, mas os outros, a quem servem e com quem trabalham. Vemos essa característica em madre Teresa e em meu professor exigente, porém amoroso, o sr. Niederholzer, que se importou bastante comigo para acender a lâmpada do aprendizado dentro de mim.

SENSO DE URGÊNCIA. Isso significa uma "divina impaciência" em tudo o que fazem. Winston Churchill estava impaciente quando foi dormir, às 3 da madrugada, depois de aceitar todos os fardos inerentes ao cargo de primeiro-ministro. Essas pessoas mal podem esperar pelo nascer do sol.

UM FORTE SENSO DE MISSÃO PESSOAL. Essas pessoas vêem o que precisa ser feito e fazem-no com paixão e concentração. Durante toda sua vida, madre Teresa concentrou-se intensamente no trabalho de amenizar o sofrimento dos pobres, sentindo que era o que Deus queria dela.

MAGNETISMO PESSOAL. As outras pessoas são atraídas por elas e aceitam seu comando. Churchill foi capaz de unir o povo britânico em circunstâncias nas quais muitos falhariam.

CONHECIMENTO DE SUA PRÓPRIA SINGULARIDADE E RESPEITO POR ELA. Essas pessoas não se comparam com as outras, nem se preocupam com o que não são. Focalizam o que são.

FIRMEZA EM SUAS VIDAS. Elas não se deixam atirar de um lado para outro por idéias e oportunidades novas, nem por qualquer mudança nos acontecimentos. Como madre Teresa, possuem um íntimo senso de firmeza que as mantém trabalhando pela realização de sua missão pessoal, a despeito de tudo o que acontece a sua volta.

CALMA E SERENIDADE. Elas em geral conseguem manter a cabeça no lugar, quando todos os outros a estão perdendo.

Esses padrões não são propriedade exclusiva das pessoas famosas e bem-sucedidas. Todos nós somos capazes de ser nós mesmos de modo completo, de saber quem somos e de usar o poder que vem desse conhecimento. Você é uma criação única, sem igual, tem seu próprios talentos, habilidades, pontos fortes, fraquezas, sonhos e potencial.

Você terá de ser dolorosamente honesto consigo mesmo para descobrir quem de fato é. Talvez precise deixar para trás um bocado de bagagem. Talvez precise acertar certas coisas com pessoas que têm boas intenções mas não têm o direito de lhe dizer como ou o que você deveria ser.

Nesse processo, você descobrirá um senso de propósito que pode ter ficado escondido durante muito tempo. E também descobrirá uma firme e profunda fé em si mesmo, além de uma força que tanto vem do íntimo como, acredito, de fontes espirituais. Acima de tudo, você encontrará coragem para ser verdadeiramente, completamente VOCÊ.

Capítulo 2

"Cem Anos Atrás as Pessoas Tinham Mais Tempo"

Nunca viva no passado, mas sempre aprenda com ele.

— *Anônimo*

NOS SEMINÁRIOS QUE ORGANIZO e conferências que faço sobre como viver de modo mais eficiente, as pessoas muitas vezes me dizem: "Eu queria ter vivido cem anos atrás, quando todos tinham mais tempo".

A isso, replico: "Verdade? De quanto tempo mais eles dispunham, cem anos atrás?".

E a resposta em geral é mais ou menos assim: "Bem... as pessoas tinham muito mais tempo".

Refletindo sobre esse desejo de ter mais tempo, que a maioria das pessoas demonstra, concluí que a única diferença entre nossa época e um século atrás é que agora temos mais opções no que se refere a como usar o tempo. E temos mais porque fazemos as coisas mais rapidamente. O que uma dona de casa, cem anos atrás, levava uma semana para fazer, hoje é feito em três horas, graças aos modernos aparelhos domésticos. Em vez de gastarmos duas, três horas para preparar uma refeição, hoje precisamos de apenas vinte minutos.

Cem anos atrás as pessoas já haviam reduzido o tempo necessário para atravessar a América do Norte, de três meses, numa viagem de diligência ou comboio de carroções, para menos de uma semana, de trem. Hoje, podemos ir de Nova York a San Francisco em quatro horas e meia, jantando e assistindo a um filme, num vôo através do continente, a mais de mil quilômetros por hora.

O Comboio de Carroções

Senti essa diferença na disponibilidade de tempo em uma experiência que minha esposa, Gail, e eu tivemos no verão de 1997.

Como parte das comemorações do 150º aniversário da viagem de 2.400 quilômetros que os pioneiros mórmons fizeram de Illinois até Utah, em 1846 e 1847, um grupo de pioneiros modernos decidiu fazer a mesma viagem, da mesma maneira. O objetivo era fazer com que os participantes passassem por experiências típicas das viagens feitas por milhares de famílias pioneiras norte-americanas que buscavam um novo lar no Oeste, ou indivíduos que queriam fazer fortuna encontrando ouro na Califórnia ou em outros Estados. O acontecimento atraiu considerável atenção da imprensa norte-americana e estrangeira, e a comitiva de repórteres era quase tão grande quanto o próprio comboio de carroções.

Depois de sair de Nauvoo, Illinois, e atravessar o rio Mississípi, os pioneiros mórmons originais levaram quase quatro meses para vencer os 560 quilômetros através de Iowa. Então, construíram uma vila composta de cabanas de toras perto da atual Omaha, Nebraska, passaram o rigoroso inverno, planejando viajar mais de 1.600 quilômetros ao longo do rio Platte e pelas montanhas Rochosas, até o vale do lago Salgado, onde esperavam poder viver em paz, livres da perseguição e da incompreensão de que haviam sido vítimas nas partes mais povoadas do Leste dos Estados Unidos.

Em abril de 1847, um grupo partiu do acampamento para estabelecer uma rota que os outros deveriam seguir. Quase quatro meses depois, chegaram a seu destino e fundaram a vila que se tornaria Salt Lake City, no Estado de Utah. De 1847 a 1869 — quando a ferrovia transcontinental ficou pronta —, mais de 70 mil pessoas fizeram aquela viagem em carroções cobertos, puxados por bois ou cavalos. Mais de 6 mil morreram durante a jornada e foram enterradas ao longo da trilha. Essa migração para os vales de Utah representou apenas uma fração dos milhões de norte-americanos que foram em busca de uma vida nova no oeste do país, nos anos que precederam e sucederam a Guerra Civil.

Quando as audaciosas pessoas do século XX decidiram percorrer o mesmo caminho feito 150 anos antes, minha esposa e eu resolvemos viajar com elas durante uns dez dias. Fomos ao encontro do comboio de carroções numa cidadezinha do interior de Wyoming. Deixando lá o carro e o *trailer* para transporte de cavalos, viajamos montados com o grupo por cerca de 220 quilômetros. O comboio de carroções percorria mais ou menos 20 quilômetros por dia, de modo que levamos dez dias para atravessar a Continental Divide e chegar ao rio Green, viajando por caminhos que pouco mudaram desde os dias dos primeiros pioneiros. Cruzamos os mesmos riachos, vencemos os mesmos difíceis trechos rochosos e admiramos o mesmo panorama distante de montanhas e campinas. Aqueles dez dias foram uma experiência realmente esclarecedora para mim e Gail. Até então eu julgara que possuía uma boa idéia do que aqueles pioneiros haviam enfrentado, mas descobri que não sabia nada a respeito.

Os carroções, cerca de 35, puxados por mulas ou cavalos, inclusive alguns da raça Clydesdale, robustos e de pêlos longos nas pernas, haviam sido construídos exatamente da mesma maneira que aqueles de um século e meio antes e eram muito barulhentos. Mais de 150 pessoas puxavam ou empurravam carrinhos de mão, de duas rodas, onde transportavam seus pertences.

Às 4 horas de nossa primeira manhã na estrada, o chefe do comboio começou a bater em um grande aro de metal para avisar que chegara o momento de todos prepararem-se para a jornada daquele dia. Levantamo-nos e começamos os preparativos. Tínhamos de dar comida e água para os cavalos, arreá-los, tomar o café da manhã e aprontar tudo para que o comboio se pusesse a caminho precisamente às 7 horas. Fizemos tudo o que os pioneiros originais haviam feito, no dia exato em que eles o fizeram, e até acampamos, dia após dia, nos mesmos locais onde eles acamparam.

Era emocionante pensar que estávamos seguindo as mesmas trilhas seguidas pelos pioneiros. A viagem diária era de oito, nove horas, e durante esse tempo eu ficava ouvindo o ruído dos carroções, respirava a poeira que às vezes ameaçava me sufocar, vendo-a acumular-se em minhas roupas e em meu cavalo, notando como todos nós estávamos ficando muito sujos. Também vi que os pés dos que caminhavam sangravam, e pelo menos um carroção ficou sem controle, à mercê de animais desembestados. Acidentes com grandes animais eram a principal causa de morte, 150 anos antes. É triste pensar que, por falta de recursos, inclusive médicos, os pioneiros feridos morriam devido a hemorragia ou gangrena. Em nossa viagem, uma mulher teve ruptura do baço ao cair de um carroção. Se algo assim acontecesse um século e meio atrás, a pessoa estaria morta em poucos dias, mas em nosso caso um helicóptero foi buscar a mulher, levou-a a um hospital, e ela, graças ao avanço da medicina, recuperou-se.

Uma das maiores descobertas que fiz foi que as tarefas básicas numa viagem desse tipo exigem tempo demais. Os preparativos para a partida, de manhã, eram demorados; então, após percorrer alguns quilômetros, chegávamos a um novo ponto de parada e precisávamos desatrelar os animais, limpá-los, alimentá-los, dar-lhes de beber, armar o acampamento e preparar o jantar. Por volta de 7:30 ou 8:00 da noite, tudo o que eu queria era encontrar um gramado, deitar-me e morrer. Não tinha energia para mais nada.

Lembro-me de como nos sentimos satisfeitos quando viajamos 35 quilômetros, a maior distância que havíamos coberto em apenas um dia até então. De repente, fiquei atônito, quando ocorreu-me que com meu carro, numa boa rodovia, eu teria feito aquele percurso em dezoito minutos.

Também percebi que, em certo sentido, as pessoas tinham mais tempo na época dos pioneiros, mas que era um tipo diferente de tempo. Elas eram obrigadas a ficar sentadas, ou a cavalgar, ou a executar tarefas simples por longas horas. Meus músculos e ossos doloridos eram prova disso. Porém, entregando-se a suas atividades repetitivas por longos períodos, os pioneiros tinham mais tempo do que nós para pensar, deixar a mente funcionar à solta, ponderar e sonhar. Assim, foi um momento um tanto triste quando tivemos de deixar o comboio de carroções e retornar ao mundo onde tudo move-se depressa demais. Estava na hora de voltar à roda-viva.

A Vida na Era do Relógio

Como todos nós sabemos muito bem, hoje em dia essa roda-viva é cada vez mais rápida. Não é nossa imaginação. A sociedade atual entregou-se à velocidade. E, por causa da rapidez com que as coisas acontecem, desenvolvemos o hábito de fazer tudo depressa. Por exemplo, se meu avô perdesse o comboio de carroções que o levaria para o Oeste, poderia facilmente alcançá-lo a pé. Se meu avô perdesse o trem, não se preocuparia muito. Esperaria 24 horas e pegaria o do dia seguinte. Se meu pai perdesse um avião, não se perturbaria. Esperaria algumas horas e embarcaria no próximo vôo. Mas, se eu deixo passar o momento certo de entrar por uma porta giratória, fico louco. Por quê? Por que estamos sempre com tanta pressa? Achamos que vamos perder alguma coisa, e isso nos assusta?

Recentes pesquisas mostram que nos últimos anos a velocidade desenvolvida nas rodovias aumentou drasticamente, e não apenas porque as leis aumentaram os limites permitidos. Seja como for, os limites de velocidade são sempre ignorados. Os motoristas pisam fundo no acelerador, e às vezes temos a impressão de que estamos assistindo a uma corrida. Não sou um motorista tímido, mas espanto-me ao ver carros correndo a uma velocidade geralmente desenvolvida em vias expressas alemãs, as *autobahns*. Os veículos atravessam as cidades a mais de 30 quilômetros acima da velocidade permitida, ziguezagueando no trânsito, os motoristas exibindo um comportamento que os levaria para a cadeia, dez anos atrás.

Em muitas grandes áreas urbanas, a hora do *rush* causa congestionamentos monstruosos, e o trânsito todo pára. Ralph Keyes, pesquisador e autor de *Timelock*, em 1991 escreveu um livro fascinante, no qual descreve o conceito de impasse aplicado ao uso que fazemos do tempo. "É a condição que ocorre quando as demandas sobre nosso tempo tornam-se tão grandes, nossa agenda fica tão cheia que achamos impossível conseguir um único segundo livre", escreveu Keyes. Vejamos o que disse uma das pessoas que participaram da pesquisa: "Estabelecemos prioridades, fazemos uma lista das obrigações, depois não conseguimos dar conta nem das do que seria obrigatório fazer".

Um dos participantes de nosso seminário fez uma descrição de como era sua vida antes de ele aprender o processo explicado neste livro:

> "Eu não tinha controle sobre o que acontecia em minha vida. Trabalhava demais para cumprir prazos. Assumir compromissos em excesso e esquecer as coisas estavam tornando-se minhas principais características. Todos os dias eu calçava os tênis de corrida das boas intenções e me posicionava para partir em busca da realização de grandes ambições, muitas vezes exageradas. Então eu corria, mas era uma corrida fútil. Por mais que eu me esforçasse, ficava para trás e corria apenas para alcançar os outros corredores. Nunca conseguia ver a linha de chegada, e acreditava piamente que minha energia não seria suficiente para me permitir terminar a corrida".

Isso lhe parece familiar? Não era para vivermos assim, era? Cem anos atrás não havia tantos aparelhos para economizar tempo e trabalho como temos hoje, então não era para nos sobrar mais tempo para o lazer, para nos dedicarmos a coisas que realmente gostamos de fazer?

O uso cada vez maior de computadores pessoais é um exemplo pertinente. É difícil acreditar, mas cerca de duas décadas atrás quase ninguém ouvira falar de computadores pessoais. Hoje, essas máquinas substituíram máquinas de escrever e outros equipamentos na maioria dos lares, empresas e organizações. Quando foi a última vez que você usou uma máquina de escrever, a não ser, talvez, para endereçar um envelope? Para a maioria de nós, os computadores possibilitaram a execução rápida e perfeita de tarefas que alguns anos atrás só eram executadas por "especialistas em computação", que usavam jalecos de laboratório e trabalhavam em "salas esterilizadas", cheias de aparelhos misteriosos com suas luzes piscantes e um suave zumbido eletrônico.

Um bom amigo, da área de criatividade, descreveu a revolução que os computadores causaram no campo dos projetos gráficos e do desenvolvimento da mídia, e também falou da outra face da moeda, em termos do que aconteceu com o tempo que seria economizado pelos usuários dessas máquinas:

> "Antes de 1985, preparar um projeto para impressão era uma tarefa que consumia muito tempo. Primeiro, tínhamos de calcular o espaço que seria necessário para um bloco de texto depois de impresso. Depois, precisávamos marcar o texto com anotações sobre o tamanho das letras, o tipo de fonte, o número de linhas, os recuos, e assim por diante. Então, mandávamos a cópia marcada para o departamento tipográfico. Quando recebíamos a prova da montagem dos tipos, tínhamos de examiná-la para nos certificarmos de que não havia erros, e, se encontrávamos algum, fazíamos a correção colando os tipos nos lugares certos com cola ou cera. Quando estávamos com sorte, o bloco de tipos cabia no espaço que havíamos definido. Quando não, fazíamos a edição manualmente, retirando os tipos e recolando-os, ou, então, se havia tempo, podíamos mandar a cópia de volta para o departamento tipográfico e esperar algumas horas, ou mesmo dias, para que ficasse pronta".

Agora, de acordo com o meu amigo, tudo ficou diferente. O trabalho todo pode ser feito em apenas alguns minutos com o uso de um computador, e o texto é exibido na tela do monitor, exatamente igual ao que ficará depois de impresso. Se o tamanho da fonte for grande ou pequeno demais, pode ser modificado com um clique do *mouse*. Algumas palavras têm de ser deletadas para que o texto caiba no espaço determinado, ou há erros que precisam ser corrigidos? Sem problemas. Selecione as palavras com o *mouse* e delete-as, ou corrija os erros, facilmente, com toda a presteza. Pode-se até colocar fotografias em versões eletrônicas na página e modificar seu tamanho, ou cortá-las, até que o resultado seja satisfatório. Depois, é possível imprimir a página em uma impressora a *laser*, que faz um trabalho melhor do que muitas impressoras litográficas de alguns anos atrás.

Bom, não é? Para os profissionais da área criativa, o computador eliminou o trabalho mais tedioso e demorado, tornou possível uma alta qualidade gráfica e reduziu o tempo desse processo todo de uma forma com a qual ninguém sonhava, quando meu amigo iniciou sua carreira, na década de 60. Mas, como mencionei, existe o outro lado da moeda, também discutido por meu amigo:

> "O problema reside no fato de que, por sermos capazes de trabalhar mais depressa, os clientes passaram a esperar que produzamos o que não poderíamos, em termos de tempo, produzir de modo algum, poucos anos atrás. Dessa maneira, o tempo que nos sobraria é preenchido com mais trabalho. Eu me sinto muito mais sobrecarregado agora do que me sentia quando levava muito mais tempo para fazer as coisas. Não tenho tempo para refletir sobre o que estou fazendo, para deixar que meu subconsciente trabalhe em um projeto e encontre soluções melhores".

As pessoas que participam de meus cursos dizem o mesmo. Era para os computadores, fax, copiadoras, redes, leitores óticos e outras inovações economizarem nosso tempo, de modo que ficássemos mais livres para fazermos outras coisas. "Eu me sinto como se estivesse em uma panela de pressão", um apressado participante de seminário reclamou, falando comigo. "Quando conseguimos fazer mágica em um dia, todos esperam que a repitamos no dia seguinte. Há momentos em que me sinto como se estivesse atendendo às necessidades de todo mundo, menos as minhas."

Houve um tempo em que, quando a pressão era grande demais, podíamos fugir para um recanto tranqüilo, ou sair do trabalho e relaxar no silêncio de nosso carro, no caminho para casa. Hoje isso não acontece. A tecnologia das comunicações persegue-nos onde quer que estejamos. Telefones celulares tocam, bipes tocam, *e-mails* nos chamam nos *laptops*. O trajeto para casa costumava ser um momento em que escapávamos do telefone e púnhamos nossas idéias em ordem, mas agora o carro não passa de uma extensão do escritório, de onde conduzimos negociações, resolvemos problemas, conversamos com nosso corretor de ações, para onde nos ligam, dando uma lista de compras, pois temos de parar no supermercado, continuando na eterna dança de ratos.

Nem mesmo nas horas de lazer somos capazes de impedir a enchente de comunicações. Porque a tecnologia nos permite, fazemos chamadas no telefone celular, mesmo que estejamos em um lugar remoto, a quilômetros da cidade mais próxima, aonde fomos para fugir da civilização e de suas exigências. Parece que, como temos a tecnologia das comunicações, precisamos usá-la. Quem consegue resistir ao impulso de atender a um telefone que toca com insistência? Pode ser alguma coisa importante. Eu me declaro culpado disso, como todo mundo.

Boa parte do problema tem relação com o que há muito tempo chamo de "a tirania da urgência". O telefone toca em tom urgente. Não conseguimos ignorá-lo, mas quando o fazemos, ficamos conjeturando quem poderia ser e o que desejaria. O intercomunicador toca, e a mensagem é a de que sua presença é necessária numa reunião marcada apressadamente. Um de seus auxiliares entra em sua sala com um problema que provavelmente resolveria sozinho, mas que preferiu levar para você. Um colega segura você no corredor para encher seus ouvidos com a última fofoca do escritório. E, para aumentar o clima de urgência, aquele relatório que seu chefe queria ler logo cedo na manhã seguinte ainda não está pronto, e o dia está chegando ao fim.

O maior problema das situações urgentes é que elas não podem ser ignoradas. Algumas realmente necessitam de atenção imediata, e há aquelas que se relacionam com as coisas que mais têm importância para nós. No entanto, na maioria das vezes, essas urgências são exemplos típicos da regra 80/20: ocupam oitenta por cento de nosso tempo, e apenas vinte por cento delas, se tanto, representam coisas que são de fato importantes para nós.

As urgências também podem assumir formas sutis. Às vezes criam um fundo ruidoso para nossa vida. Se sua vida é igual à da maioria, você está sempre dizendo "tenho de", "preciso", "devo", mas essas expressões muitas vezes têm pouco a ver com coisas às quais você dá real importância.

Então, o que fazemos para compensar esse ritmo de urgência cada vez mais rápido? Trabalhamos ainda mais, batendo com a cabeça na parede, tentando atravessá-la. E o que acontece? Se não morrermos de alguma doença causada por estresse, ou de infarto, "vivemos uma vida de silencioso desespero", como disse Henry David Thoreau. E começamos a dizer ou pensar: "Parece que não faço nada importante", ou "A vida é isso?".

Lições do Comboio de Carroções

Nossa viagem com o comboio de carroções terminou quando chegamos às margens do rio Green, no oeste de Wyoming. Os que continuaram fizeram os preparativos para prosseguir viagem, enquanto Gail e eu éramos levados de volta ao lugar onde deixáramos nosso carro. Fiz em poucas horas o resto da viagem até Salt Lake City, mas os pioneiros atuais levariam um mês ou mais para chegar lá.

Menos de 24 horas mais tarde, eu estava num vôo de Salt Lake City para Nova York e, sobrevoando aquela parte de Wyoming que havíamos atravessado a cavalo, fiquei observando as montanhas, colinas e campinas, recordando minha experiência. Agora, eu estava viajando a mais ou menos 950 quilômetros por hora. Dentro de três horas e meia estaria em Nova York, um mundo muito distante do comboio de carroções, ainda todo dolorido por ter cavalgado oito horas diárias, durante dez dias. Senti como é maravilhoso viver nos dias de hoje. O ritmo de minha vida pode ser muito acelerado, se for comparado com a vida de meus ancestrais pioneiros, mas não preciso gastar todo meu tempo trabalhando, apenas para sobreviver. O conhecimento é mais acessível, e posso usar a tecnologia para me ajudar nas decisões que preciso tomar a cada dia, decisões que no fim determinarão se alcançarei a realização que procuro.

Para mim, a idéia de que as pessoas antigas tinham mais tempo é um mito. Por mais frenéticos que possam parecer os dias de nossa vida, recebemos o mesmo quinhão diário de 24 horas que nossos antepassados recebiam. A grande diferença é que agora temos muito mais opções no que se refere ao modo de usar essas 24 horas. Libertos da luta diária pela mera sobrevivência, podemos encher nosso tempo com atividades sem sentido ou passá-lo fazendo coisas que são importantes para nós.

Temos de fazer escolhas: como e com quem vamos passar nosso tempo, e também em que vamos gastar nosso dinheiro. Precisamos escolher com o que queremos nos comprometer emocionalmente. Agora, é mais importante do que nunca reconhecer o poder da escolha. No meio de toda essa confusão de opções disponíveis nesta época em que vivemos, ainda temos o poder de escolher nosso próprio destino, de decidir para onde vamos.

Podemos estar no controle de nossas vidas, e esse controle, em parte, vem de nossa capacidade de perceber que estamos constantemente fazendo escolhas. Quando as pessoas dizem que não têm tempo para algo, na verdade estão dizendo que dão mais valor a alguma outra coisa. Compreender isso é essencial para quem deseja colocar a vida em ordem. Se uma pessoa me convidar para almoçar com ela amanhã, e eu responder que não terei tempo, o que estou realmente dizendo é que prefiro fazer outra coisa a almoçar em sua companhia. Dizer tal coisa seria falta de polidez, portanto digo que não terei tempo, mas o fato é que estabeleci uma prioridade. Vamos supor que seu filho de nove anos vá ao seu encontro, ao vê-lo chegar do trabalho, e convide-o para jogar bola com ele. Você responde que não tem tempo, mas o que está dizendo é que naquele momento está dando mais importância a outra coisa do que a brincar com ele. Se parar para refletir e reconhecer que acha mais importante ler o jornal do que jogar bola com seu filho, talvez tome uma decisão diferente. Você e sua família acabam de jantar, e sua esposa pede-lhe que a ajude a lavar a louça. Você explica que não tem tempo, mas lembre-se de que está dizendo que acha menos importante ajudá-la do que fazer algo que tem em mente.

Muitas pessoas dizem-me que não têm outra alternativa a não ser trabalhar em dois empregos. "Por que você precisa de dois empregos?", pergunto. Elas respondem que precisam pagar as prestações da casa, ou que têm três filhos na faculdade, ou que estão pagando quatro carros. Na verdade, optaram por viver do modo que vivem.

Então, sugiro que vendam a casa grande e comprem uma menor, que fiquem com apenas dois carros e que façam os filhos pagar os próprios estudos. Às vezes elas ficam bastante surpresas com minhas respostas, como se estivessem pensando: "Tenho mesmo essa alternativa?".

Temos escolha em incontáveis situações. E as escolhas que fazemos, até mesmo aquelas referentes ao tempo, são apenas uma questão de decidirmos o que realmente é mais importante para nós.

Capítulo 3

"Um Dia Eu Vou..."

Se alguém avança na direção de seus sonhos e empenha-se em viver a vida que imaginou, acaba por conhecer um sucesso que nunca esperou.

— *Henry David Thoreau*

VOCÊ ALGUMA VEZ pegou-se dizendo: "Um dia vou escrever um livro (ou viajar pelo mundo, ou compor uma sinfonia, ou descer pelas corredeiras do Grand Canyon, ou passar um ano ajudando os sul-americanos, ou qualquer outra coisa do gênero)?". Não foi só você que fez isso. Imagino que quase todos nós fantasiamos sobre algo que gostaríamos de fazer um dia. Uns gostariam apenas de ter mais tempo para dedicar à família ou aos amigos, ou trabalhar em algo totalmente diferente. Outros, de ter mais tempo para aspirar o perfume das rosas ou desenvolver um *hobby*, um talento.

Seja como for que você complete a frase que intitula este capítulo, por favor reflita que os sentimentos e sonhos a respeito do que gostaria de fazer são pistas importantes para a identificação do que é realmente mais importante para você. Neste capítulo, nós o ajudaremos a anotar algumas dessas coisas que você pretende fazer "um dia", e essas anotações servirão para guiá-lo na exploração mais profunda que você fará nos capítulos seguintes.

Desde que comecei minha carreira, mais de trinta anos atrás, tenho passado muito tempo em aviões. Não demorou muito para que a novidade de voar perdesse a graça, e no decorrer do tempo desenvolvi a capacidade de dormir em vôos. Isso fez com que as horas que passo no ar se tornassem toleráveis, sobretudo em viagens muito longas.

Quando não estou dormindo, o tempo passa mais depressa se eu me ponho a pensar em algo determinado, em vez de deixar a mente vagueando. Tenho usado muitas dessas horas para refletir sobre minha vida, sobre onde eu estava e para onde estou indo. Na verdade, criei um jogo maravilhoso que torna mais rápidas as horas passadas num assento de avião.

Esse jogo consiste em criar fantasias a respeito de coisas que seria divertido fazer. Muitas delas não são necessariamente realizáveis, como, por exemplo, o que eu faria se fosse presidente dos Estados Unidos, ou o primeiro-ministro de Israel, ou (essa é uma de minhas fantasias favoritas) rei do mundo todo por apenas um ano. O que eu faria com tanto poder? Pelo menos para mim, esses são devaneios divertidos.

Mas tenho também uma fantasia séria e instrutiva. O que eu faria de minha vida se tivesse uma segunda chance? Não só viver uma segunda vez, mas com a capacidade de lembrar tudo o que fizera na vida anterior. Faz 55 anos que estou na Terra. E se eu morresse amanhã, voltasse à vida com 21 anos de idade e soubesse que tinha mais cinqüenta para viver? Como eu usaria esse tempo?

A parte divertida desse exercício mental é conjeturar sobre o que eu poderia fazer entre os 21 e os 55 nessa minha vida nova. Como seria maravilhoso ter um corpo jovem outra vez, sem dores nos joelhos, tornozelos e ombros, sem outros incômodos que sinto agora! E como seria bom poder evitar algumas experiências dolorosas ou que causaram dificuldades financeiras! Mas, então, eu não teria aprendido as importantes lições ensinadas por essas experiências, e seria muito menos sábio do que sou.

Essa fantasia começa a ficar realmente séria quando penso no que faria após os 55 anos, a idade que tenho agora, encarando o resto de minha vida, a única que na verdade terei aqui. É claro que tenho feito coisas que não gostaria de fazer novamente, e, se tivesse uma segunda chance tomaria cuidado para não cometer os mesmos erros. Como George Santayana disse a respeito da sociedade como um todo, "Aqueles que não se lembram do passado estão condenados a revivê-lo".

Não quero aborrecer você com detalhes das fantasias a que me entrego suspenso no ar, mas deixe-me salientar que é instrutivo pensar no que faríamos se tivéssemos a oportunidade de viver nossa vida novamente.

Talvez você se lembre do filme *Feitiço do Tempo*, de 1993, com Bill Murray no papel do egocêntrico meteorologista da televisão que recebeu a humilhante incumbência de ir a Punxsutawney, na Pensilvânia, para fazer o noticiário sobre o Dia da Marmota. Punxsutawney é uma cidade real, onde todos os anos, no dia 2 de fevereiro, há uma cerimônia para persuadir o membro da comunidade, a marmota Punxsutawney Phil, a sair do estado de hibernação. Então, a cidade toda, ansiosa, observa o animal para ver se ele vê sua própria sombra, assim profetizando os acontecimentos do resto do inverno.

No filme, o meteorologista Connors chega à cidade um dia antes da cerimônia, hospeda-se no hotel local, no dia seguinte faz a cobertura do acontecimento e, depois de fazer várias coisas no resto do dia, volta ao hotel para dormir. Quando acorda, na manhã seguinte, começa a reviver o anterior. Leva algum tempo para perceber que está tendo exatamente as mesmas experiências do dia anterior e que foi apanhado em algum tipo de armadilha do tempo. Continua a ir para a cama todas as noites e a despertar ao som da canção de Sonny e Cher, *I've Got You Babe*, transmitida pelo rádio-relógio, a ouvir a mesma previsão do tempo, a conversar com as mesmas pessoas no saguão do hotel e trabalhar com sua equipe na cerimônia da marmota. Passa por isso muitas vezes, mas com a diferença da qual falei ao contar minhas fantasias durante vôos: com total consciência do que fizera no dia anterior.

A princípio, acha essa experiência fascinante e tenta descobrir o que pode fazer impunemente, cometendo atos ultrajantes. Mas, depois de alguns dias, percebe a gravidade da situação, pois poderia ficar revivendo o Dia da Marmota para sempre. Começa a roubar e cometer atos de vandalismo na tentativa de ser preso, achando que assim o padrão se romperia. Tenta até suicidar-se. Nada funciona. Ele simplesmente torna a acordar ouvindo a mesma canção, ouve a mesma previsão do tempo, participa dos mesmos acontecimentos.

Depois de algum tempo, analisa seriamente a situação e conclui que, já que parece estar condenado a reviver o mesmo dia eternamente, poderia, pelo menos, torná-lo melhor. Aos poucos, deixa de ser arrogante, convencido e egoísta e aprende a preocupar-se com os outros, descobrindo o bem que isso lhe faz. No fim do filme, ele é um ser humano totalmente diferente.

Essa idéia, de transformação pessoal, de mudança de vida, é uma que eu gostaria de ajudá-lo a analisar. O importante é causar essa transformação sem ter de passar por uma experiência traumática, como a do infeliz meteorologista.

Quando meus joelhos se puseram a me incomodar, cinco anos atrás, comecei a praticar golfe, porque este é um esporte que não me prejudica. Espero poder jogar golfe até morrer. É um jogo fantástico, e muitas vezes me disseram que é igual à vida. Eu não entendia muito bem o que as pessoas queriam dizer com isso, mas entendi depois de praticá-lo durante dois anos. É igual à vida, porque podemos errar o quinto buraco, mas quando chegamos ao pequeno monte de areia, no sexto buraco, é como um novo começo. Temos uma experiência nova em folha a nossa frente, exatamente como aconteceu com o meteorologista, personagem de Bill Murray. Não estamos condenados a ficar presos no quinto buraco (embora muitas vezes é isso o que pareço fazer).

Da mesma forma, cada manhã, quando o despertador toca, temos uma nova oportunidade de fazer o que queremos com as horas a nossa frente. Recebemos essa lousa nova, sem nada escrito, todos os dias de nossa vida. Posso ter ainda dez, vinte, trinta anos de vida. Como vou usar esse tempo? Por mais divertido que seja fantasiar sobre uma segunda chance neste planeta, nós dois sabemos que não vamos tê-la. A questão, então, é: *O que vou fazer com o resto de minha vida?* Vou continuar a me enganar, achando que algum dia terei tempo para fazer algumas das coisas que realmente são importantes para mim? Na verdade, isso nunca acontecerá, a menos que eu decida que esse dia é hoje.

Às vezes certos acontecimentos resolvem por nós a questão de como vamos viver o resto de nossas vidas. Um homem que participou de um de nossos seminários, alguns anos atrás, escreveu que decidira participar depois que soubera que estava com câncer. "Queria ter certeza, antes de morrer, de que minha vida servira para alguma coisa", contou.

Em vários de nossos cursos, ensinamos um exercício que ajuda os participantes a identificar o que de fato tem importância para eles. Antes do intervalo para o almoço, pedimos às pessoas que escrevam em um cartão algo que realmente gostariam de fazer, se tempo e dinheiro não fossem empecilhos. No fim do dia, lemos os cartões para toda a turma ouvir, e os participantes acham muito excitante conhecer os desejos dos outros. Abaixo, você vai ler algumas das respostas que obtemos:

- Eu gostaria de fazer móveis para a minha casa, maciços, que durassem várias gerações.
- Eu aprenderia chinês.
- Eu juntaria 1 milhão de dólares.
- Eu estudaria história, aprenderia desenho, pintura, tricô, decoração de interiores, me tornaria engenheira, seria atriz, me casaria várias vezes (com o mesmo homem), viajaria, viajaria, viajaria e brincaria mais.
- Faria todas as minhas refeições com minha família e meus amigos.
- Cruzaria o país de bicicleta, conhecendo pessoas e registrando as histórias que elas têm para contar.
- Dormiria bastante.
- Correria na Maratona de Nova York.
- Tomaria lições de vôo e tiraria meu brevê.
- Construiria a casa de meus sonhos com minhas próprias mãos, usando apenas meus talentos e os de minha mulher.
- Trabalharia como voluntário com crianças carentes.
- Voltaria para a faculdade.
- Seria ator da Broadway.
- Faria todas as perguntas que em geral tenho medo de fazer e responderia sinceramente a tudo o que me perguntassem (sabendo que as pessoas teriam tempo para compreender minhas respostas).

A variedade de respostas é um notável indicador da maravilhosa diversificação de interesses, temperamentos e personalidades que existe entre todos nós. Mostram que no âmago de nosso ser realmente existem coisas que desejamos muito realizar. Mas vamos deixando essas coisas de lado porque vivemos em um mundo frenético e passamos a maior parte de nosso tempo reagindo às exigências de influências externas, outras pessoas, problemas financeiros, males físicos, e assim por diante. Nunca paramos para pensar: "Sabe, é isso que eu gostaria mesmo de fazer. Quando vou conseguir?".

Em minha opinião, a verdadeira realização na vida acontece quando respondemos com honestidade às seguintes perguntas: O que é mais importante para mim? O que eu gostaria verdadeiramente de realizar? Que legado eu gostaria de deixar?

O desafio é descobrir o que queremos, o que gostaríamos de fazer e, então, começar a trabalhar, diariamente, para realizar nossos desejos. Não importa se temos 20 anos, 35, 55, ou mesmo 75. O que precisamos fazer é pensar nos anos que ainda nos restam para viver neste planeta e decidir quando vamos começar a trabalhar para conseguir o que queremos.

O que Você Quer Fazer Algum Dia?

Agora, eu gostaria que você deixasse sua mente brincar, identificando algumas coisas que gostaria de fazer um dia. Faça uma ou duas anotações, descrevendo-as. Não se preocupe se parecerem possibilidades remotas, nem se são coisas que você "deveria" desejar fazer. Se são importantes para você, essa é razão suficiente para colocá-las em sua lista. Essa lista será de grande ajuda, quando passarmos para os capítulos seguintes, porque seus sonhos de "algum dia" darão muitos esclarecimentos sobre as coisas que realmente são importantes para você.

Você identificou algumas das coisas que gostaria de fazer um dia; então, agora, pense no que está fazendo para realizar seus sonhos. Como muitas pessoas, você pode nunca ir além da fase de "um dia". Uma parte grande demais de sua vida é consumida por trabalho ou atividades mal direcionadas. Mesmo quando enterramos nossos sonhos sob a desculpa de que "temos de ser realistas", mesmo quando alegamos que não temos tempo para pensar "nessas coisas", uma parte de nosso íntimo continua sentindo uma espécie de tristeza que confessa: "Ah, como eu gostaria de poder fazer aquilo".

A essa altura, as perguntas profundamente arraigadas dentro de nós podem começar a emergir. Para onde estou indo? Por que estou indo para lá? Eu quero ir? Aonde eu gostaria de estar indo? Que sacrifícios estou disposto a fazer, que preço estou disposto a pagar para chegar lá?

Por que as Resoluções de Ano-Novo Não Funcionam

Quando um ano termina, nós, como uma sociedade, executamos um pequeno ritual a respeito dessas metas de "algum dia". Na semana entre o Natal e o ano-novo, pensamos em como podemos ser pessoas melhores, prometendo que escreveremos coisas diferentes na lousa limpa que nos será entregue no primeiro dia de janeiro. Se levamos isso a sério, fazemos uma lista cuidadosa das coisas que decidimos realizar no decorrer do novo ano.

O processo mental por trás desse fenômeno parece funcionar assim: Esse ano será diferente. Vou começar a juntar dinheiro para quando me aposentar. Vou perder peso e continuar esbelto. Vou passar mais tempo com meu cônjuge (ou meus filhos, ou meu melhor amigo). Vou fazer aquele cruzeiro pelo Caribe. Vou me livrar das dívidas.

Mas o que é que acontece? Nos primeiros dias, mantemo-nos firmes em nossas resoluções. Porém, mais cedo ou mais tarde, os velhos hábitos começam a voltar. A lista fica esquecida, e por volta de abril já nem pensamos mais no que havíamos tomado a decisão de fazer naquele ano. Um aspecto importante do ritual parece residir na suposição de que na realidade ninguém espera manter as resoluções além dos primeiros dias do novo ano.

Você já se perguntou por quê, se todo mundo faz resoluções de ano-novo, são pouquíssimas as pessoas que as transformam em uma mudança de comportamento permanente? Afinal, nossas listas em geral contêm muitas coisas que são verdadeiramente importantes para nós, coisas que gostaríamos de fazer ou de mudar em nossas vidas. Algumas delas, muito importantes para nós, são valores governantes profundamente enraizados em nosso íntimo. Se isso é verdade, por que parece que nunca somos capazes de trabalhar por elas?

Parte do problema é que costumamos pôr o carro diante dos bois. Achamos que, pelo simples fato de estabelecermos algumas metas vagas, nosso comportamento mudará milagrosamente. Estabelecer metas é importante e necessário, mas não é por aí que se começa. Sugiro que você não escreva resoluções até ter identificado seus valores governantes.

O que são valores governantes? São todas aquelas coisas que têm mais importância para você, sem as quais a vida lhe pareceria sem sentido ou insatisfatória, aquelas coisas que residem no centro de quem você é e de quem você espera tornar-se. Quando uma pessoa entende melhor quem é e o que mais lhe importa, suas resoluções de ano-novo são mais facilmente identificáveis, e ela terá uma boa chance de realizar algumas delas.

A Dor Causada pela Lacuna

Se você sente um aperto no coração, ou até mesmo uma dorzinha, quando pensa nas resoluções que tomou no último ano-novo, ou nas metas de "algum dia", isso talvez aconteça porque não está fazendo grande coisa para levá-las adiante. Esses apertos e pequenas dores relacionam-se com uma dor mais profunda, íntima, causada pelo fato de perceber que a direção que sua vida tomou não está de acordo com o que realmente tem importância para você. Sei disso porque pessoas me contam suas experiências assustadoras, seus toques de despertar, enquanto continuavam, dia após dia, na frenética roda-viva profissional.

Alguns anos atrás, uma mulher apareceu num seminário dirigido por uma colega minha, usando um lenço na cabeça. Era evidente que estava fazendo quimioterapia e que usava o lenço porque perdera os cabelos. Mais tarde, ela escreveu para a minha colega e contou que tivera câncer de mama, sofrera uma mastectomia e estava no meio de um tratamento quimioterápico de seis meses. "O diagnóstico de câncer virou minha vida de cabeça para baixo", ela escreveu. "Mas o prognóstico é bom, porque o câncer não se espalhou. Eu pensara em mudar de profissão, em ser professora, mas não conseguira abrir mão do alto salário que ganhava como engenheira química. Encarar a morte me fez perceber que dinheiro não é tudo, mas que a felicidade é."

A dor que essa mulher sentiu é a mesma que todos nós sentimos sempre que percebemos que nossa vida está fora de sincronia, ou que, como o meteorologista de Punxsutawney, estamos repetindo eternamente a mesma rotina desinteressante e sem sentido. Por fim, percebemos que uma renda maior não fará com que nos sintamos melhor.

Conhecemos, claro, muitos outros tipos de dor em nossa vida. Algumas dores são físicas, causadas, por exemplo, por um mau jeito nas costas, a fratura de uma perna, queimaduras de sol. Esse tipo de dor pode ser infernal, mas nosso corpo acaba recuperando-se, e o sofrimento físico termina.

A dor pior, a que mais permanece, é aquela que sentimos por dentro, na alma. Pode ter duas causas: acontecimentos indesejáveis, sobretudo aqueles que afetam as pessoas a quem amamos, e a lacuna que separa o que gostaríamos de fazer do que estamos na verdade fazendo.

Gail e eu passamos por um terrível sofrimento, alguns anos atrás, quando perdemos uma filha e uma neta em um acidente automobilístico. Foi uma experiência muito dolorosa, e a dor nunca desaparecerá totalmente. Há também a dor de ver uma pessoa querida adoecer, perder o emprego, divorciar-se ou passar por qualquer tipo de dificuldade que lhe cause sofrimento. Não estamos passando por aquilo, mas sofremos. Pode ser uma dor psicológica, emocional ou espiritual, mas é dor da mesma forma.

Talvez a dor mais cruciante seja essa que vem da lacuna — em alguns casos um largo abismo — entre o que gostaríamos de fazer e o que estamos fazendo. Isso ocorre quando percebemos que não estamos vivendo de acordo com nosso potencial ou, pior ainda, que o que estamos vivendo não é compatível com aquilo que valorizamos ou que é totalmente oposto ao que é mais importante para nós. O único modo de aliviar essa dor é preencher a lacuna que existe dentro de nós, da mesma maneira que fechamos um corte profundo no corpo, para que o ferimento cicatrize e a dor desapareça.

O principal objetivo deste livro é ajudar você a preencher a lacuna. Lembre-se disso. Grave-a a fogo em sua mente. Ao acordar, todas as manhãs, pergunte-se: "O que vou fazer hoje para preencher a lacuna que existe entre o que estou fazendo e o que realmente importa para mim?".

O que mais importa para você? Os próximos capítulos o ajudarão a descobrir.

Segunda Parte

Descubra o que Mais Importa para Você

Desce ao fundo de teu próprio coração, e lá verás escrito o que tu és e o que deves ser.

— *Jemima Wilkinson*

EM 1785, QUATRO ANOS após o término da Guerra de Independência, representantes dos treze Estados tornados independentes dos Estados Unidos da América, reuniram-se em Filadélfia para discutir problemas causados pela Constituição Confederativa, o primeiro documento governamental da nação. A primeira reunião levou a várias outras, no decorrer de mais de dois anos. Quando essa primeira reunião evoluiu, transformando-se em uma convenção constitucional, aqueles homens, possuidores de grande percepção, entreolharam-se e fizeram as seguintes perguntas: Quais são as prioridades mais elevadas em nossa vida? Quais são os direitos que valorizamos mais como cidadãos? Pelo que lutaríamos? Pelo que daríamos nossas vidas?

Aqueles homens queriam moldar, para a nova nação, um governo diferente de todos os que já existiam. Tendo passado pela dolorosa experiência colonial, pela frustração de lidar com reis e organizações governamentais nas quais sua voz não era ouvida, eles cuidadosamente examinaram os papéis que o governo deveria desempenhar em uma nação de pessoas livres. Em vez de um rei ou outro tipo de governante todo-poderoso, decidiram-se por papéis independentes, mas interligados, para um poder executivo, um poder legislativo e um poder judiciário. Nenhum indivíduo ou grupo no desempenho desses papéis poderia tomar o controle do governo, porque formulou-se um sistema de averiguações e avaliações entre os três poderes.

Eles também examinaram os valores que haviam emergido durante a longa luta contra a Inglaterra. Muitos desses valores já tinham sido estabelecidos na Declaração da Independência, que fora assinada e entregue ao rei Jorge III, nove anos antes. Um deles era a idéia poderosa e soberana de que "todos os homens foram criados iguais, e seu Criador outorgou-lhes direitos inalienáveis, entre eles o direito à vida, à liberdade e à busca da felicidade". A Declaração também estabeleceu que "os governos exercem seu justo poder com o consentimento dos governados" e que "quando qualquer forma de governo infringir esse princípio, é direito do povo aboli-lo e instituir um novo governo". Esses valores, e outros já estabelecidos nos documentos governamentais de alguns dos treze Estados, tornaram-se o ponto central das discussões em Filadélfia e do governo que delas emergiu.

De modo que não restasse nenhuma dúvida sobre o que aqueles valores e papéis governamentais representavam para os delegados e os Estados que eles representavam, tudo foi explicado por escrito: "Nós, o povo dos Estados Unidos, a fim de formar uma União mais perfeita, estabelecer a justiça, assegurar a tranqüilidade nacional, prover a defesa comum, promover o bem-estar geral e proteger as bênçãos da liberdade para nós mesmos e para a posteridade, determinamos e estabelecemos esta Constituição para os Estados Unidos da América".

A Constituição, assinada em 1787 e ratificada pelos treze Estados logo em seguida, permanece há mais de duzentos anos e ainda governa a mais bem-sucedida e importante democracia de toda a História. Toda lei aprovada pelo Congresso, ou em qualquer Estado deste país, é comparada à Constituição para que seja provado que existe congruência. Ainda é um reflexo do sistema básico de valores de um povo e dos papéis que o governo deve desempenhar de acordo com esse sistema.

Enquanto os Estados Unidos cresciam como nação, a Constituição recebeu emendas e passou por transformações. Certas emendas foram feitas para esclarecer e codificar os valores que não haviam sido estabelecidos na Declaração, como no caso da Declaração de Direitos. Outras adicionaram ou mudaram papéis governamentais que se tornaram necessários com o crescimento da nação. Os norte-americanos reverenciam a Constituição e suas emendas como um dos documentos mais importantes do país, e muitas outras nações adotaram formas de governo similares.

O processo descrito na Segunda Parte deste livro tem muito em comum com aquele que criou a Constituição dos Estados Unidos. Não se trata de uma idéia nova, nem começou com a Convenção Constitucional. O processo baseia-se em idéias muito antigas e em princípios fundamentais e verdadeiros. Foi usado, conscientemente ou não, por muitos dos indivíduos que deixaram grandes legados para a humanidade.

Tanto nações como indivíduos podem escrever suas próprias constituições, e é isso o que você fará, quando descobrir o que mais lhe importa. Sua constituição pessoal não precisa ter linguagem sofisticada. Deixe que ela reflita sua personalidade, seus sentimentos, seu modo de ver a vida e os acontecimentos. Sua constituição pessoal será uma base importante para o resto de sua vida. (Ainda falaremos mais sobre esta base.)

Os três elementos do processo podem ser representados pelo que eu gosto de chamar de "tripla equação". Em álgebra, uma equação mostra a relação entre duas partes iguais. De modo similar, podemos dizer que uma tripla equação expressa o relacionamento dinâmico entre três elementos iguais. A tripla equação de *O que Mais Importa* é assim:

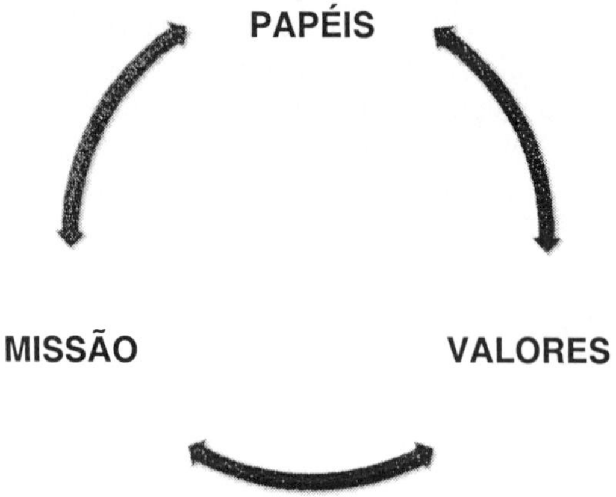

A Tripla Equação de *O que Mais Importa*

Essa tripla equação o ajudará a definir o que mais importa para você, e falaremos mais detalhadamente sobre cada um desses elementos nos capítulos que se seguem.

Para começar, cada um de nós desempenha vários papéis na vida. Podem ser papéis que nós mesmos escolhemos, ou que nos foram impostos por circunstâncias ou fatores externos. Seja como for, esses papéis influenciam nossos valores governantes (e são influenciados por eles), aqueles sentimentos e percepções profundos que definem muito nosso jeito de ser. Tanto nossos papéis como nossos valores governantes influenciam nosso senso de missão (e são influenciados por ele), nossos sentimentos a respeito do que deveríamos estar fazendo com nossas vidas.

A compreensão desses três relacionamentos e a maneira poderosa como eles interagem o ajudarão a descobrir quem realmente é o que mais importa para você.

Um dos aspectos mais fortes do uso da tripla equação para mostrar esses relacionamentos é a maneira pela qual fica demonstrada a importância do equilíbrio em nossas vidas. Assim como um banquinho de três pernas não se manterá em pé se lhe for retirada uma perna, os princípios representados pela tripla equação precisam dos três elementos para ter estabilidade estrutural.

As Três Pernas de um Banquinho

O mesmo acontece em relação à vida em geral. Quando eu viajo, ouço cada vez mais freqüentemente as pessoas dizerem que suas vidas estão desequilibradas. O que acho que essas pessoas querem dizer com "equilíbrio" é a capacidade de dedicar tempo e energia adequados a cada um dos aspectos da vida, que pedem (e em muitos casos *exigem*) tempo e energia. Por exemplo, veja os sentimentos intensos que a maioria de nós tem no que diz respeito ao fortalecimento e à construção de relacionamentos familiares. Ao mesmo tempo, podemos ter sentimentos intensos no que se refere ao sucesso financeiro e pessoal em uma profissão, ou, ainda, quanto a contribuir de alguma maneira para o bem de nossa comunidade ou de nossa nação. Às vezes desenvolvemos necessidades altruístas. Também precisamos dedicar tempo aos nossos filhos. Todas essas situações são reflexos dos vários papéis que desempenhamos na vida e dos valores governantes relacionados a eles. É por isso que achamos doloroso quando, por exemplo, descobrimos que estamos dedicando muito tempo e esforço a nossa profissão, mas muito pouco a nossa família. Estamos desequilibrados no que se refere a uma ou mais pernas de sustentação da tripla equação.

Algo de que estou convicto há muito tempo e que sempre tenho ensinado é que, se realmente reservarmos tempo para identificar, esclarecer e anotar nossos valores governantes, eles, por si mesmos, exigirão equilíbrio em nossa vida. O que acho mais excitante nessa tripla equação é que ela nos leva a perceber que os papéis que desempenhamos e nosso profundo senso de missão pessoal também influenciam o equilíbrio. As três pernas — identificação de papéis, valores governantes e missão pessoal — são essenciais para o verdadeiro equilíbrio. E a metáfora do banquinho de três pernas ajudará você a criar o desejado equilíbrio em sua vida. Identificando os papéis que são importantes para você, identificando seus valores governantes (sobretudo a forma como se relacionam com aqueles papéis) e criando sua própria declaração de missão pessoal, você terá um plano que poderá seguir para alcançar o equilíbrio na vida.

Lembre-se, o banquinho e a tripla equação representam o mesmo princípio. Seu banquinho precisa ter três pernas, para que você possa sentar-se ou subir nele. O mesmo acontece com a tripla equação. Todos os três elementos são essenciais para uma vida equilibrada e sob controle.

Capítulo 4

"O que Quer que Sejas, Desempenha Bem Teu Papel"

> Sê verdadeiro contigo mesmo, e depois disso virá, como a noite vem depois do dia, que tu não poderás ser falso com homem algum.
>
> — *Shakespeare*

NO CURSO DE SEGUNDO GRAU e na faculdade, minha vocação era o teatro. Eu adorava participar das produções da escola. Na faculdade, participei de uma produção estudantil de trinta minutos, para a televisão, sobre a vida de Judas Iscariotes, o discípulo que traiu Jesus Cristo, e fui escolhido para o papel principal. Ainda me lembro vividamente de como me esforcei para entrar na pele daquela pessoa. Foi uma experiência muito deprimente tentar entender o processo mental que o levou a trair seu grande amigo.

Terminado o filme, nós o assistimos, e descobri que havia desempenhado muito mal o papel de Judas. Minha primeira emoção, ainda viva em minha lembrança, foi de desapontamento comigo mesmo. Mas a emoção que se seguiu a essa reação inicial foi totalmente oposta: fiquei extasiado por ter interpretado aquele papel tão mal. Quanto mais eu pensava a respeito, mais grato ficava por não ter sido capaz de realmente entrar naquele papel, que eu não gostaria de voltar a interpretar.

O que São Papéis?

Minha triste experiência naquela produção estudantil para a televisão ensinou-me algumas lições importantes. Uma delas foi que tive dificuldade em desempenhar aquele papel porque ele ia contra alguns de meus valores íntimos. Suponho que atores realmente bons conseguem de alguma maneira bloquear seus sentimentos a respeito do personagem que estão encarnando, mas eu não pude fazer isso. E tudo acabou sendo uma experiência dolorosa.

Também descobri que existe uma grande diferença entre os papéis desempenhados em uma produção teatral e aqueles que desempenhamos na vida real. Na vida real, os papéis não são de faz-de-conta. São para valer e fazem parte de nossa vida. Decidimos, de modo consciente ou inconsciente, desempenhar um determinado papel. Podemos desempenhá-lo parcialmente, dependendo de sua importância para nós ou da percepção que temos dele. Também podemos não desempenhá-lo, seja por meio de uma escolha consciente ou por omissão. O que não podemos esquecer é que esses papéis da vida não são falsos, mas perfeitamente reais. E, por serem reais, somos obrigados a lidar com eles, de um jeito ou de outro.

Os papéis dos quais vamos falar não são do tipo faz-de-conta, e sim reais, e nós os desempenhamos para sempre. A melhor definição que tenho para eles é: *Nossos papéis são os relacionamentos e as responsabilidades que temos na vida*. A menos que sejamos eremitas, não vivemos sozinhos. Sempre há outras pessoas a nossa volta, familiares, amigos, colegas, com quem interagimos, muitas vezes diariamente. Os relacionamentos e as responsabilidades acarretados por essas interações constituem nossos papéis na vida.

Minha breve carreira de ator teve influência sobre mim no correr dos anos. Por meio de muita reflexão, cheguei a descobrir que optamos livremente por desempenhar ou não os papéis baseados em nosso sistema de valores. Há alguns papéis que todos nós temos de aceitar, queiramos ou não, tais como o de filha, filho, mãe, pai, irmã, irmão, vizinho, membro da raça humana. Desempenhamos outros papéis devido ao lugar onde nos encontramos e ao conjunto de circunstâncias e experiências que a vida nos deu. Esses são os papéis de cidadão, proprietário de terras, refugiado, desamparado, ganhador da loteria.

De Onde Vêm Nossos Papéis

Um de nossos instintos é o desejo de fazer parte de alguma coisa, de ter conexão com outros seres humanos com quem temos interesses ou valores em comum. As pessoas procuram associar-se a diferentes entidades, e um dos motivos é essa necessidade de fazer parte de algo. Tornam-se sócias de clubes porque querem reunir-se com outras que, como elas, interessam-se por atividades sociais e recreativas. Tornam-se membros de igrejas e sinagogas, não apenas por religiosidade, mas também pelo senso de comunidade. Ter um emprego é mais do que uma maneira de ganhar dinheiro, porque trabalhar em uma empresa ou organização também permite que a pessoa sinta que faz parte de alguma coisa. Os jovens juntam-se a gangues porque desejam intensamente ser aceitos, fazer parte de algo. Fazer parte de algo que é importante para nós dá-nos segurança; então, como membros de clubes, empresas, organizações e associações, gastamos um bocado de tempo e energia.

Somos sempre membros de alguma coisa, queiramos ou não. Talvez você ainda não tenha pensado nisso, mas automaticamente entrou como membro ou sócio de quatro organizações muito importantes, no momento em que nasceu.

Primeiro de tudo, tornou-se sócio de uma empresa dinâmica chamada Planeta Terra. Divide essa sociedade com trilhões de criaturas vivas, assim como com as coisas inanimadas, maravilhosamente lindas e variadas que formam o planeta. Nessa imensa organização, você e todos os seres vivos e inanimados têm importantes papéis a desempenhar. Esses papéis possuem ligação com relacionamentos que, se não forem respeitados e tratados com sabedoria, podem destruir o delicado equilíbrio que torna possível a vida na Terra.

Em segundo lugar, você tornou-se membro da Raça Humana, formada por mais de seis bilhões de indivíduos, cada qual com seus próprios sonhos, esperanças, aspirações, temores, defeitos, habilidades e deficiências. Aqui, novamente, todos nós temos papéis a desempenhar, a fim de que a sociedade humana funcione. Muitos desses papéis vêm evoluindo ao longo dos milênios. Alguns fundamentam-se na necessidade de nos respeitarmos mutuamente e cooperarmos uns com os outros, tendo como objetivo o bem geral. Outros surgem naturalmente das diferenças individuais, das diversas habilidades e do desejo, em vários graus, de contribuir para o bem da família mais ampla, a humana.

Você também nasce membro de uma terceira organização, a Família. Seja qual for sua situação, você teve um pai, uma mãe, talvez tenha irmãos e outros parentes. Podemos não desempenhar papéis associados a nossa condição de sócios do planeta ou mesmo de membros da raça humana, mas quase todos nós temos papéis relacionados a nossa condição de filho ou filha, irmão ou irmã, tio ou tia, sobrinho ou sobrinha. Sejam quais forem, os relacionamentos e papéis familiares modificam-se no decorrer de nossa vida. Mas, em muitos casos, a necessidade de desempenhar um ou mais desses papéis não muda.

Em quarto lugar, você é membro das várias comunidades a que pertence — seu bairro, seu local de trabalho, sua cidade ou vila, sua região, seu Estado, seu país.

Analisando o fato de que somos membros dessas organizações, e levando em consideração os papéis que se originam delas, é importante compreender que cada um de nós contribui com uma vida e uma personalidade que são únicas. Você é, realmente, único. Sua formação genética é única, diferente da de todas as outras pessoas que viveram, vivem ou viverão na Terra. Você é diferente de seus irmãos, com quem compartilha boa parte do código genético. Até mesmo gêmeos idênticos mostram diferenças físicas ou de personalidade, embora quase imperceptíveis. Se isso não bastasse, a combinação muito particular de ambiente doméstico e experiências de vida deu sua contribuição, participando da criação desse ser vivo individual e dessa personalidade que é você.

Você precisa sentir e compreender essa sua condição de indivíduo único para descobrir quem realmente é e, em conseqüência, identificar e desenvolver o que é mais importante em sua vida. Mas, lembre-se, você só pode estender essa individualidade para além de si mesmo por intermédio dos papéis que desempenha. Como disse o poeta John Donne, no século XVII, "Nenhum homem é uma ilha, cada homem é uma parte do continente; a morte de um homem me torna menor, porque faço parte da humanidade".

Seus Papéis na Vida

Pense por um momento nos papéis que desempenhamos nas sociedades a que pertencemos. Por exemplo, como sócios da Terra, pensamos logo no papel do ambientalista. Os papéis de apreciador da natureza, preservador, explorador e filósofo também são importantes na sociedade do planeta Terra.

Como membros da raça humana, são muitos os papéis que sobressaem. Como seria a vida na Terra sem aqueles que conscientemente optaram por desempenhar seus papéis de humanitários? Quanto derramamento de sangue foi evitado graças àqueles que, no desempenho de seu papel, tornaram-se pacificadores?

Quando falamos daquelas sociedades mais restritas, a lista rapidamente multiplica-se. Na família, quase todos nós desempenhamos papéis de pais, filhos, irmãos, avós, e outros tipos de parentes. Nas comunidades às quais pertencemos, os papéis englobam quase todos os campos do empreendimento humano.

Você pode fazer sua própria lista dos papéis que lhe vêm à mente, de acordo com cada uma dessas categorias. Essa lista talvez inclua alguns papéis já mencionados, mas podem aparecer muitos outros, porque o temperamento, as circunstâncias, o meio ambiente, o passado e outros fatores produzem papéis quase únicos. Coloque em sua lista o maior número possível de papéis. Para ajudá-lo, damos abaixo alguns dos mais comuns:

Pai ou mãe	Amigo	Filho ou filha
Cônjuge	Irmão ou irmã	Avô ou avó
Sócio	Aprendiz	Administrador do lar
Administrador	Profissional liberal	Empregado
Educador	Vigia	Voluntário
Ouvinte	Ambientalista	Apontador
Escritor	Músico	Artista
Supervisor	Comunicador	Acompanhante
Vínculo/Ponte	Colega	Mentor
Treinador	Gerente	Provedor

Além desses papéis, existem muitos outros, que são "especiais" e vêm de todas as áreas da vida e das várias atividades: trabalho, interesses, habilidades, as circunstâncias e os locais em que as pessoas vivem. Defina esses papéis especiais, por mais remotos que possam lhe parecer. A única coisa importante é que sejam papéis com os quais você se identifica.

Não coloque em sua lista apenas os papéis "obrigatórios", mas também aqueles que representam coisas que você gostaria de estar fazendo, ou que não está desempenhando atualmente, mas espera desempenhar um dia. Sua lista será única (e é assim que deve ser), um reflexo de sua vida e de sua personalidade.

Agora, pegue sua lista e deixe-a compacta. Papéis menores ou esporádicos podem ser juntados num só bloco. Da mesma forma, procure maneiras de juntar papéis relacionados, talvez de acordo com os lugares onde eles são interpretados com mais freqüência (casa, escola, trabalho, e assim por diante). Tudo bem, se você quiser deixar os papéis separados, mas ficará mais fácil lidar com eles se a lista afunilar-se em sete, oito papéis principais.

Dê uma boa olhada naqueles papéis que você não tem muita certeza se são seus de fato, e naqueles "obrigatórios", impostos ou grandemente recomendados por outras pessoas. Conserve na lista apenas aqueles que você realmente sente necessidade de interpretar ou, pelo menos, de fazer parte deles. Se um papel parece ser mais a idéia de outra pessoa sobre o que você deveria estar fazendo com sua vida, tome cuidado quanto a torná-lo um de seus papéis "oficiais".

Os papéis que você consegue, com bastante certeza, escolher ou rejeitar são talvez os mais fáceis de desempenhar, mas na vida também devemos lidar com aqueles que não escolhemos. Por meio de um exame mais minucioso, pode ficar claro que alguns dos papéis que você acha que tem de interpretar não são, na verdade, obrigatórios. Então, você pode tomar a decisão consciente de abandoná-los ou modificá-los, para que se ajustem a seus valores íntimos e necessidades.

Preste especial atenção a qualquer papel que seja produto evidente de sua individualidade e que talvez não seja comum para os outros. Papéis desse tipo são especialmente importantes, porque em geral estão mais próximos do verdadeiro você e representam valiosos instrumentos, que o ajudarão a descobrir quem é e o que gostaria de fazer com sua vida. Podem também ser os papéis mediante os quais você poderá fazer sua maiores contribuições ao mundo.

A Importância Relativa de Cada Papel

Eu gostaria de sugerir que você examinasse os papéis em sua lista e os classificasse por ordem de importância em sua vida. Isso pode ser muito útil em momentos de conflito, seja em relacionamentos ou a respeito de acontecimentos ou atividades. Poder ver claramente onde é o lugar de cada papel, no quadro maior de nossos papéis na vida, sugere o grau de importância que deve ser atribuído a acontecimentos e atividades. Por exemplo, se você sentir que seu papel de pai (ou mãe) é mais importante do que seu papel de presidente do clube de leitura do bairro, haverá menos confusão quando tiver de fazer algo que é sua responsabilidade como pai, e isso coincidir com a reunião mensal do clube.

No desenrolar de sua vida, os papéis e a importância que você dá a eles mudarão. Com o tempo, o papel de pai pode tornar-se menos importante do que outros, como, por exemplo, o de cuidar dos próprios pais, que envelheceram e já não têm saúde, um papel no qual você talvez nem tivesse pensado anos antes. Papéis de curta duração, tais como o de presidente do clube de leitura, provavelmente terminaram há muito tempo. Um papel cívico, como o de um prefeito, por exemplo, pode ser da máxima importância durante alguns anos, mas desaparecerá de cena assim que a pessoa deixar o cargo.

O grau de importância dos papéis também varia de acordo com os dias. Um papel relacionado com sua profissão provavelmente tem prioridade alta de segunda a sexta-feira, mas perde seu lugar de destaque no sábado e no domingo, quando outros papéis, relacionados à família, a um *hobby* ou esporte, tornam-se mais importantes. Examine sua lista, de cima a baixo, e veja qual é a relativa importância de cada papel em sua vida neste momento. Essa classificação será útil mais tarde, quando falarmos sobre o que fazer com as coisas que mais lhe importam.

Você Desempenha Bem Seus Papéis?

Seus papéis principais foram identificados, e a questão, agora, é saber se você os interpreta bem. Que tipo de desempenho tem sido o seu até hoje? A crítica tem elogiado com entusiasmo algumas de suas interpretações? O crítico que existe dentro de você já "virou o polegar para baixo" ao assistir a alguma delas? Talvez você deva avaliar seu desempenho em cada um de seus papéis, da mesma forma como avaliaria um filme ou peça teatral, atribuindo-lhes de uma a cinco estrelas. Se você for como eu, suas críticas produzirão uma miscelânea de alguns sucessos, alguns "mais ou menos" e alguns fracassos.

Use a crítica para refinar sua lista. Por que seu desempenho é inferior em alguns papéis? Falta de tempo? Falta de domínio ou de compromisso? Mais uma vez, use seu olho crítico para ver se alguns papéis podem ser eliminados, sobretudo se você está se sentindo sobrecarregado.

Da mesma maneira, examine aqueles papéis em que você se aplaude de pé, ou, se for mais modesto, nos quais acha que é mais bem-sucedido. O que existe nesses papéis que o ajudam a ter tão boa interpretação? Que tipo de satisfação você sente, interpretando-os? O sucesso é causado pelas coisas que você faz nesses papéis ou pela maneira como você se sente interpretando-os? As duas coisas? Essas e outras perguntas que você faz a respeito de seus papéis definirão bastante bem o que é que o entusiasma e o ajudarão a identificar seus valores governantes, o assunto do próximo capítulo.

Talvez você identifique alguns papéis que nem sabia que estava interpretando. Uma mulher que participou de um de nossos seminários escreveu sobre uma descoberta que fez a respeito de si mesma:

> "O que causou mais impacto sobre mim, em suas aulas, foi o fato de que descobri que *sou um modelo para minha filha*. Que responsabilidade! Agora, demonstro paciência com minha filha, não a apresso mais quando ela está fazendo uma refeição, e, quando ela quer conversar, fico quieta, olhando-a nos olhos, em vez de dizer que não tenho tempo. Não atendo mais o telefone, enquanto ela não vai para a cama, porque faço questão de que passemos pelo menos uma hora juntas, sem interrupções, todas as noites".

"...Desempenhe Bem Teu Papel"

Deixe-me voltar a minha metáfora teatral para contar a experiência de David O. McKay, um grande líder espiritual e professor que foi uma fonte de inspiração para mim na minha juventude. No início do século XX, David McKay encontrava-se em Stirling, Escócia, uma das antigas sedes dos reis escoceses. Estava longe de casa, trabalhando entre pessoas que não se importavam com as coisas que ele tentava ensinar-lhes. Passando frio, fome e desencorajado, ele estava prestes a desistir. Então, ao descer uma velha rua da cidade, olhou para cima e viu uma frase gravada na pedra, acima de uma porta: "O que quer que sejas, desempenhe bem teu papel".

Mais de seis décadas mais tarde, depois de ele ter se tornado um grande líder espiritual e moral, chegando ao fim de uma longa vida de serviço, eu o ouvi falar dessa sua experiência na Escócia e da abrupta mudança de perspectiva que aquela frase acima da porta oferecera-lhe em um momento tão difícil. Ele nunca havia pensado que estava desempenhando um papel na vida. Algo dentro dele reagiu à admoestação gravada na pedra, e aquele momento foi decisivo. A frase inspirou-o a superar-se para cumprir sua tarefa na Escócia e continuou a inspirá-lo durante toda sua vida, dedicada ao serviço de seus semelhantes.

Essa experiência e a frase ficaram comigo ao longo dos anos, e eu recomendo: *O que quer que sejas — o que quer que esperes ser — desempenhe bem teu papel.*

Capítulo 5

Quais São Seus Valores Governantes?

Sem valores, há confusão e caos. Quando os valores desintegram-se, tudo o mais desintegra-se. A saúde desintegra-se, a pobreza adquire domínio sobre a abundância, as sociedades e civilizações esfacelam-se. Quando damos atenção a esses valores, que a sociedade sempre considerou sagrados, a ordem emerge do caos, e o campo da pura potencialidade que existe dentro de nós torna-se todo-poderoso, criando tudo o que deseja.

— *Deepak Chopra*

Você pode dizer, honestamente, que as quatro reuniões de ontem, "no trabalho", foram sobre o trabalho ao qual você realmente dá valor? Pense bem. Muito bem. Durante essas reuniões, você se portou como um sonâmbulo? Ou fez uma contribuição marcante, consistente, falando das grandes coisas desta vida que você, como indivíduo único, valoriza?

— *Tom Peters*

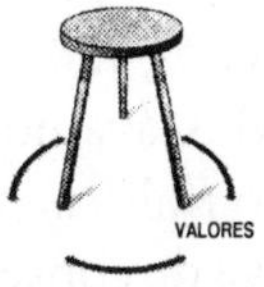

CHEGOU A HORA de voltarmos nossa atenção para a segunda parte de nossa tripla equação — os valores governantes. Como já foi mencionado, nossos valores governantes residem no centro de quem realmente somos. Como parte tão íntima de nosso ser, não é fácil defini-los com precisão. Alguns podem representar vários traços de caráter, tais como honestidade, compreensão, decisão e generosidade, que vieram a ter especial significado, isto é, são desejáveis. Outros podem refletir nossas atitudes em relação às pessoas ou outros aspectos de nossas vidas, como o amor aos nossos parceiros, aos amigos, à natureza, fé num poder superior, liberdade de ação e pensamento.

Talvez, a melhor definição para valores governantes seja: *são as coisas que acreditamos ser da maior importância e da mais alta prioridade em nossas vidas.* Sua capacidade de identificar seus valores governantes determinará o grau de conhecimento e compreensão que terá do verdadeiro você.

Figurinhas e Chicletes de Bola

Com que idade começamos a ser influenciados por nossos valores governantes? Talvez você se surpreenda ao saber como esse processo começa cedo. Deixe-me contar-lhe uma experiência para explicar sobre o que estou falando:

Quando eu tinha cerca de oito, nove anos, fui a um supermercado em Manoa Valley, perto de Honolulu, onde cresci. Naquela época, início da década de 50, estava na moda colecionar figurinhas sobre esportes que vinham nos pacotes de chicletes de bola. Esse tipo de coleção ainda não era coisa séria, como é hoje, quando existem lojas e catálogos especializados no assunto. Naquele tempo nem se sonhava com isso. Pelo preço de cinco *cents* de dólar, no Toyo Superette, em Manoa Valley, os meninos podiam comprar um pacotinho de figurinhas representando os maiores jogadores da liga de beisebol, juntamente com um tablete chato de chiclete de bola. Mascávamos o chiclete, guardávamos as figurinhas que ainda não tínhamos, e vendíamos ou trocávamos as repetidas, na tentativa de conseguir as fotos de nossos atletas favoritos.

Eu tinha um setor para entregar jornais, mas não ganhava muito dinheiro, e queria, desesperadamente, ter uma coleção daquelas figurinhas, como a maioria dos garotos de minha idade. Então, naquele dia, entrei no supermercado e furtei uns dez pacotes delas. Coloquei-os no bolso e saí discretamente (o acontecimento continua vivo em minha memória).

Estava esfuziante de alegria por ter conseguido todas aquelas figurinhas de graça. Fui para casa, jantei, entrei em meu quarto, tirei as figurinhas dos pacotes e coloquei-as embaixo do travesseiro, para que ninguém as visse. No princípio, o fato de ter aquelas maravilhosas figurinhas foi uma grande excitação, mas depois comecei a sentir uma dor emocional pelo que fizera, medo de ser posto na cadeia, se alguém descobrisse que eu as furtara. Tinha medo também que meus pais descobrissem e me lembro de ter experimentado uma horrível sensação de vergonha e horror. O interessante a respeito daquela dor é que foi física, como se houvesse uma brasa cravada no meio de meu peito, e eu fosse incapaz de apagá-la. Passei por aquele sofrimento durante várias horas, sozinho em meu quarto.

Mesmo ainda tão novo, eu compreendia por que estava sofrendo daquela maneira. É claro que não sabia o que o "trauma emocional" queria dizer, mas estava passando por uma verdadeira agonia e não tinha idéia do que fazer para sair daquela situação. Por fim, mais ou menos às 3 da madrugada, andei pelo corredor escuro até o quarto de meus pais. Em pranto incontrolável, confessei-lhes a coisa feia que fizera.

Lembro-me de que fiquei surpreso pelo fato de meus pais não reagirem com violência, por exemplo, gritando comigo ou me batendo. Muito pelo contrário, mostraram-se bastante compreensivos. Minha mãe sentou-se na cama, olhou para mim e perguntou: "E então, o que você vai fazer a respeito?".

Horrorizado, percebi que teria de devolver as figurinhas ao dono do supermercado e explicar que as furtara. Entre lágrimas, respondi: "Tenho de devolvê-las".

"Ótimo", minha mãe disse, "Eu o levarei ao supermercado. Vá dormir. Amanhã cuidaremos disso".

Voltei para meu quarto, sentindo um pouco de alívio pela primeira vez em muitas horas. A dor não desapareceu totalmente, porque o medo de enfrentar o proprietário do Toyo Superette começou a me invadir. Não me lembro bem, mas acho que não dormi a noite toda.

Depois do café, na manhã seguinte, minha mãe e eu fomos a Manoa e ao Toyo Superette. Ainda posso ver a expressão do gerente, quando lhe entreguei as figurinhas, expliquei que as furtara na tarde anterior e pedi desculpas.

A essa altura eu já esperava passar o resto de minha vida na cadeia. Mas o gerente não chamou a polícia. Em vez disso, educadamente me agradeceu por haver devolvido as figurinhas, agradeceu a minha mãe e voltou aos seus afazeres. Voltamos para o carro. Quando me acomodei no banco traseiro, sentia-me maravilhosamente bem. A dor desaparecera. O ardor de fogo em meu peito desaparecera. O medo de ir para a cadeia desaparecera. No lugar, ficou uma fantástica sensação de paz interior.

Recordando aquela experiência, compreendo claramente o que aconteceu. Em meus oito, nove anos de vida, haviam me ensinado a dar valor à integridade e à honestidade. Mesmo sendo eu tão pequeno, essas qualidades tinham importância para mim. Tenho certeza de que não teria conseguido explicar o que é integridade se me perguntassem, mas sabia que era errado furtar e, de alguma maneira, achava importante ser honesto. Quando violei esse valor, quando meu comportamento tornou-se incongruente com esse valor, o resultado foi um sério trauma e sofrimento. Só vim a descobrir o que me causara tanta dor quando fiquei mais velho, mas honestidade e integridade, de minha parte e da parte dos outros, têm uma grande importância para mim desde então. Sempre que sou menos do que completamente honesto com outras pessoas, um pouco daquela dor retorna para me lembrar de que esse valor está profundamente enraizado em mim.

Talvez você se lembre de algumas experiências semelhantes que teve na infância, relacionadas com coisas que ainda acha muito importantes. Não existe uma única pessoa que não tenha seus valores governantes, colhidos aqui e ali, no decorrer dos anos. E quando nosso comportamento contraria esses valores, sofremos.

Por quê? Os psicólogos provavelmente atribuiriam esse sofrimento à dissonância cognitiva, uma situação que ocorre quando a mente tenta fazer um truque de mágica para resolver conflitos íntimos provocados por dois conceitos opostos, no meu caso, entre meus valores profundamente enraizados e um comportamento contrário a eles. Como a dor é causada pela brecha aberta entre o que valorizamos e o que estamos na verdade fazendo, a única maneira de estabelecer a paz em nossa vida é harmonizar nosso desempenho — o que fazemos — com nossos valores governantes. Só então podemos sentir aquilo que chamamos de paz interior. Vamos dizer que eu dê grande valor à boa forma física, mas peso 150 quilos e tenha músculos pouco desenvolvidos. Por isso, experimento dor física, mental, emocional e social. E só posso me livrar do sofrimento dando um jeito de fechar a brecha entre o que estou fazendo e aquilo a que dou valor.

Tive a oportunidade, recentemente, de falar com a alta gerência de nossa empresa a respeito de uma centena de nossos subgerentes. Falei sobre o assunto de que estamos tratando e do aprendizado que estava desenvolvendo ao escrever este livro. Depois de discorrer acerca de alguns dos erros que cometi em minha vida pessoal e profissional, fiz duas declarações que achei que devia fazer, e pedi aos gerentes que as escrevessem. A primeira era: "O que fazemos depende da maneira como nos sentimos a respeito do que sabemos".

O que isso significa, afinal? Acho que a maioria dos fumantes sabe que fumar prejudica a saúde. Isso, porém, não impede essas pessoas de continuar fumando (reconheço que o poder de viciar da nicotina tem muito a ver com isso). Imagino que os fumantes saibam, intelectualmente falando, que fumar faz mal a eles, mas o fato de continuarem com o hábito pode ter muito a ver com a maneira como se sentem a respeito dessa informação. Mais perigoso ainda é que alguns acreditam que fumar prejudica a saúde, mas que isso "não acontece com eles". *O que fazemos depende da maneira como nos sentimos a respeito do que sabemos.*

Outro exemplo: as pessoas sabem que mentir é errado, e que suas mentiras acabarão por causar sérios problemas para elas e para os outros. No entanto, muitas continuam mentindo, e algumas delas ocupam cargos de confiança e responsabilidade. Os mentirosos contumazes podem achar que "não faz mal mentir sobre certas coisas", ou "as mentiras são justificadas, quando por meio delas consigo o que quero". Outros pensam: "Ninguém vai saber". E há aqueles que dizem para si mesmos: "Grande coisa mentir". *O que fazemos depende da maneira como nos sentimos a respeito do que sabemos.*

A segunda declaração que fiz aos nossos gerentes foi: "Permitir que nosso desempenho esteja em desacordo com nossos valores governantes é intensamente doloroso e palpavelmente estúpido". Ouvi algumas risadinhas, mas acredito que essa seja uma idéia poderosa. Também acredito que todos nós temos a capacidade de manter nosso desempenho em harmonia com nossos valores governantes, quando sabemos que do contrário sofreremos. Quando nos comportamos de acordo com o que valorizamos, experimentamos uma profunda sensação de paz interior. Conheci essa sensação aos oito, nove anos de idade e, desde então, faço de tudo para manter a harmonia entre o que faço e o que valorizo. Sabendo o que sei agora, a dor serve como uma campainha de alarme que me ajuda a fazer as necessárias correções de percurso.

Tenho experimentado a dor, mas também tenho experimentado a mesma paz e o mesmo alívio maravilhosos que senti naquela manhã longínqua, quando saí do supermercado Toyo Superette, depois de devolver as figurinhas furtadas. Importante é compreender que essa paz não acontece por acaso. Acontece porque decidimos fazê-la acontecer e a atraímos com nossas ações.

O que a Identificação de Seus Valores Governantes Pode Fazer

Algumas coisas muito interessantes vão começar a acontecer em sua vida, quando você descobre a magia do processo dos valores governantes. A primeira coisa que descobrirá é que você tem valores governantes. Em segundo lugar, verá que esses valores determinam grande parte de seu comportamento. Em terceiro, talvez você descubra que alguns de seus valores estão determinando um comportamento que não lhe permite conhecer a paz interior. E, em quarto, aprenderá que *pode* eliminar ou modificar valores que são prejudiciais ou que não o estão ajudando. Quando tomamos plena consciência de nossos valores governantes, podemos realmente efetuar mudanças em nosso sistema de valores.

Assim que você iniciar o processo de identificar seus valores, esclarecê-los e descrevê-los por escrito, um renovado senso de poder começará a fazer parte de sua vida. Você saberá que está no comando, que é o capitão de seu navio, que tomou algumas decisões básicas que o ajudarão a mudar um comportamento que possa estar lhe causando sofrimento.

Há um fato muito importante que você sempre deve ter em mente: o processo de identificar valores governantes, esclarecê-los e descrevê-los por escrito não é algo que fazemos apenas uma vez na vida e depois esquecemos. Trata-se de um processo evolucionário muito dinâmico. Nossos valores governantes devem ser revisados constantemente, desafiados, analisados, interiorizados e trabalhados.

Você também descobrirá que a prioridade de seus valores pode mudar drasticamente, dependendo do ponto da vida em que você se encontra. Certa vez recebi uma carta maravilhosa de uma mulher que modificou por completo e reorganizou a classificação de seus valores governantes, de acordo com as prioridades. Isso aconteceu depois que seu filho mais novo terminou o curso de segundo grau, e ela se viu numa dinâmica familiar diferente. Enquanto desenvolvia o processo de reavaliar seus valores governantes, ela viu um deles, que durante toda sua vida tivera baixa prioridade, saltar para o topo da lista. Essa mulher sempre sonhara em ter uma carreira profissional, e agora descobria que podia realizar seu sonho sem negligenciar deveres importantes, inerentes a seu papel de mãe. E ela me escreveu, contando que conseguira realizar seu sonho, depois que todos os filhos haviam crescido, e que estava sendo bem-sucedida em sua profissão.

Quatro Leis Naturais a Respeito dos Valores Governantes

Quando você iniciar o processo de olhar para dentro de si mesmo e examinar seus valores governantes, não se esqueça de que existem leis naturais associadas a eles. Defino "leis naturais" como padrões fundamentais da natureza e da vida, que os humanos experimentam e que, mediante testes, provaram ser válidos. As leis naturais descrevem as coisas como elas realmente são, não como achamos que são ou como gostaríamos que fossem. Essas leis, quer acreditemos ou não, existem e funcionam, assim como a lei da gravidade existe e funciona. Podemos trabalhar com as leis naturais e ter uma vida segura e bem-sucedida, ou podemos ignorá-las, ou tentar combatê-las, e conhecer apenas dor e frustração.

Pelo menos quatro leis naturais influenciam nosso comportamento, que é relacionado com nossos valores governantes. Compreender essas leis ajuda-nos a compreender por que temos sentimentos de frustração e infelicidade quando deixamos de viver de acordo com nossos valores governantes — as coisas que mais têm importância para nós.

A primeira lei natural pode ser exposta assim: *Quer tenhamos consciência disso ou não, temos valores interiores que exercem forte influência sobre nosso comportamento exterior.*

No íntimo de cada um de nós existem certos valores e conceitos fundamentais que provavelmente sempre estiveram lá. Os psicólogos podem dizer que esses valores vêm de experiências da infância. Eu gosto de pensar que eles fazem parte dos dons individuais que recebemos ao nascer. Seja qual for sua origem, o importante é perceber que eles estão dentro de nós, bem lá no fundo, e que influenciam o modo como cumprimos a tarefa de viver.

A segunda lei natural é uma extensão da primeira: *Temos uma inclinação natural para praticar ações que estejam de acordo com os valores governantes profundamente enraizados em nós.* É por isso que sofremos, quando nossas ações não estão de acordo com nossos valores. É quase como se tivéssemos algum tipo de mecanismo interno que compara o que estamos fazendo com o conteúdo da arca do tesouro interior, nossos valores governantes. Muitas de nossas escolhas quase sempre refletem esses valores, sobretudo depois que nos tornamos adultos, e esse é um processo do qual não temos consciência. Como crianças, tendemos a agir e reagir com base em nossos sentimentos íntimos sobre nós mesmos e o mundo que nos cerca, mas quando ficamos mais velhos acumulamos um número cada vez maior de "devo" e "tenho de" que pode cobrir muitos dos valores de nosso ser interior. Aos poucos, vamos perdendo a confiança em nosso guia íntimo e procuramos nas outras pessoas valores que parecem auspiciosos.

A terceira lei natural é: *Identificando e esclarecendo nossos valores governantes, podemos ter acesso a seu poder para aumentar nossa eficiência pessoal.* Um poder muito real e um foco aparecem, quando identificamos algo que existe nas profundezas de nossa alma e que é muito importante para nós. Esse poder e esse foco ajudam-nos a passar por incertezas e prioridades rivais e a caminhar na direção das metas que são importantes para nós. E o objetivo deste livro é ajudar você a liberar esse poder.

Por fim, a quarta lei natural: *Quando nosso comportamento está em harmonia com nossos valores governantes, experimentamos paz interior.* Como já foi mencionado antes, paz interior é nossa recompensa, um de nossos maiores objetivos na vida, algo de que necessitamos e que valorizamos de modo especial nesta época agitada em que vivemos.

De Onde Vêm Nossos Valores Governantes

Nossos valores governantes têm sua origem em muitas fontes e experiências. Alguns parecem emergir de nossa formação genética, sobretudo aqueles mais comuns, inerentes a nossa condição de membros da raça humana. Por exemplo, a maioria das sociedades valoriza a vida em si e a vê como sagrada. Manter-se vivo é uma das mais fundamentais necessidades do ser humano, e muitas pessoas têm como prioridade mais alta a vida dos outros, em vez da sua. Esse profundo valor dominante explica por que pais morrem para salvar os filhos. Também ajuda a explicar um comportamento igual ao que foi testemunhado por ocasião da queda de um avião nas águas geladas do rio Potomac, em Washington, alguns anos atrás. Um dos passageiros, agarrado a um destroço, ficou passando a corda salvadora para outras pessoas na água, até que sucumbiu ao frio, segundos antes de ser alcançado pela equipe de resgate. O piloto do helicóptero de resgate, que levou os sobreviventes para a margem, chorava ao contar a história para a imprensa: "Ele poderia ter ido na primeira viagem, mas colocou todo mundo a sua frente. Todo mundo".

Esses valores governantes refletem-se também nas muitas leis morais que se desenvolveram, mesmo em culturas remotas — leis baseadas no respeito pela vida, honestidade, integridade e outros elementos do tecido moral que nos une a todos. Esses valores humanos são a base dos laços universais de amor e atenção que existem entre nós, de todas as raças e culturas.

Outros valores emergem naturalmente dos papéis que desempenhamos na vida. O papel de amigo exige respeito mútuo, confiança e empatia, para que a amizade seja duradoura. O papel de líder ou administrador em geral inclui valores tais como integridade, discernimento e visão.

Muitos de nossos valores governantes são formados na infância, quando começamos a reconhecer nossos pais, irmãos e outros parentes, e a interagir com eles. Mais tarde, assimilamos valores de amigos e colegas. Quando ficamos mais velhos, alguns de nossos valores vêm de algo que podemos chamar de "delegação invisível", formada por todos aqueles, do passado e do presente, com quem tivemos e temos contato. Alguns dos membros dessa "delegação" são mentores e heróis poderosos que nos ajudam a descobrir o que existe dentro de nós, pois servem de exemplo do que é possível acontecer em nossa vida. Outros, sabendo ou não disso, podem em silêncio, mas de modo persistente, dizer-nos o que deveríamos estar fazendo. Pais, irmãos, professores, colegas e chefes, talvez até pessoas que nem mais estejam vivas, exercem influência sobre nossos valores governantes. É essencial lembrar que o membro mais importante de sua "delegação invisível" é você. Embora os outros membros possam ensinar-lhe muitas coisas, no final seu voto vale mais do que os votos de todos eles juntos.

E alguns de seus valores governantes emergirão do mais profundo recanto de seu ser. São aqueles cuja origem você não será capaz de identificar, pois simplesmente existem. Estão entre os mais importantes, porque refletem o que é mais importante para você.

Identifique Seus Próprios Valores Governantes

Tomando tudo isso como prólogo, reserve algum tempo para identificar seus valores governantes. Talvez seja bom escrever declarações curtas, que identifiquem as coisas que são importantes para você. Não se preocupe em usar palavras bonitas e frases perfeitas. Essa não será sua última lista. Apenas concentre-se em escrever. Mais tarde poderá aperfeiçoar a lista.

As coisas que são importantes para você podem ser pessoas, atividades, lugares, sentimentos, qualquer coisa que considere importante. E lembre-se de que está procurando coisas que são verdadeiramente seus valores governantes, aqueles dos quais você se sente proprietário.

Está se sentindo um tanto confuso e inseguro, sem saber por onde começar? Não é só você. É difícil decidir quais são nossos valores governantes, em parte porque já estão dentro de nós, e podemos não ter palavras para descrevê-los. Abaixo, seguem-se algumas perguntas que poderão ajudá-lo:

- Quais coisas me parecem mais importantes, no que se refere a cada um dos papéis que identifiquei?
- Que pessoas, atividades ou coisas têm real importância para mim?
- O que gosto de fazer quando não estou sob pressão, tendo de fazer outras coisas?
- O que eu faria se soubesse que tinha apenas mais seis meses de vida?
- Quando minha vida terminar, ficarei contente por ter feito o quê? O que eu gostaria que escrevessem em meu obituário?
- Que talentos ou habilidades especiais eu tenho? O que é que faço realmente bem?
- O que eu gosto de compartilhar com os outros?
- Existem coisas que sinto o desejo íntimo de desenvolver?
- O que estou fazendo nos momentos em que mais me sinto em harmonia e paz?
- O que sempre penso em ser ou fazer algum dia?
- Estou disposto a dedicar minha vida a quê?
- Quais das respostas acima refletem o que verdadeiramente quero, não apenas o que penso que deveria fazer ou o que os outros possam querer que eu faça?

Depois de responder a essas perguntas, responda a mais essa, que à primeira vista parece não ter nada a ver com as outras:

- O que é que me causa sofrimento?

A resposta pode sugerir valores que são importantes para você, mas a respeito dos quais está fazendo muito pouco ou nada. (Lembre-se do que foi dito antes sobre a dor que podemos sentir quando nossas ações estão em desacordo com um valor profundamente enraizado.)

Tente "pôr tudo na mesa", e por escrito. Mais uma vez, não se preocupe com a forma ou a ortografia. Só escreva.

Use a "Furadeira do por quê" para Aperfeiçoar Sua Lista

Uma ferramenta muito útil para ser usada no esclarecimento do que mais importa para você é aquela que chamo de "Furadeira do por quê". Talvez você tenha esquecido que possui uma. Quase todos nós usamos essa ferramenta quando éramos crianças, achando-a muito eficiente como instrumento de aprendizado. Na verdade, muito do que aprendemos na infância veio por intermédio da pergunta "por quê?". Quando não conseguíamos uma resposta que nos satisfizesse, repetíamos a pergunta até conseguir, muitas vezes deixando nossos pais e professores quase loucos.

O grande problema em usar a "Furadeira do por quê", na infância, tinha mais a ver com nossa própria imaturidade do que com falta de habilidade. Isto é, não sabíamos quando usá-la e nem quando não usá-la. Depois de ouvir diversas vezes papai e mamãe mandar-nos ficar quietos e parar de fazer perguntas, aprendemos que tínhamos uma ferramenta poderosa demais para ser usada todos os dias, que era melhor economizá-la para momentos de real necessidade. E quando chegamos à idade adulta, tendo obtido respostas para nossas perguntas mais importantes, simplesmente esquecemos a "Furadeira do por quê" e a deixamos juntando poeira num canto da mente.

Se, porém, a pegarmos e limparmos, teremos uma ferramenta valiosa que nos ajudará a compreender nossos valores governantes e a classificá-los, estabelecendo prioridades. Assim que tiver terminado sua lista inicial de valores governantes, use a "Furadeira do por quê" para refiná-la. Vai achar mais fácil ver a importância de um valor em particular e descobrir por que ele é importante para você. Talvez encontre um valor mais profundo em funcionamento, ou um que sirva de ligação entre vários valores escritos em sua lista. Procure os padrões que emergirão nesse processo. Quais são os valores que estão estabelecendo a mesma coisa, mas de maneiras diferentes? Existe um valor maior, que esses e outros valores relacionados estejam refletindo?

Seja brutalmente honesto consigo mesmo. Talvez algumas de suas respostas sejam surpreendentes. E, por falar nisso, aqui não existem respostas "certas" ou "apropriadas". Elas são para você e para mais ninguém.

Então, para cada valor governante que identificou, pergunte-se: "Por quê?". E anote as respostas. Escreva as primeiras coisas que lhe vierem à mente e preste atenção especial aos sentimentos gerados por suas respostas. As perguntas sobre seus valores podem ser mais ou menos assim:

- Por que gasto tanto tempo com essa pessoa, atividade ou coisa?
- Por que meus sentimentos são fortes em relação a esse valor?
- Por que gasto dinheiro com coisas relacionadas com esse valor?
- Por que estou gastando tanta energia com esse projeto, relacionamento ou atividade?
- Por que gasto tão pouco tempo, ou energia, com esse valor? Ele não é tão importante para mim quanto as coisas com as quais gasto tempo ou energia? Ou é importante,

mas no momento está sendo sobrepujado por outros compromissos ou urgências?

Essa reflexão pode ser extremamente valiosa. Usando a "Furadeira do por quê", você pode descobrir que algumas coisas não são tão importantes como achou que fossem. Por outro lado, alguma coisa que anteriormente foi considerada um valor de menor importância pode surgir como algo muito importante.

Continue perguntando "por quê?". Só pare quando estiver satisfeito, sentindo que encontrou a verdadeira razão ou motivação por trás de cada valor. Compreender por que valoriza uma determinada coisa o ajudará a descobrir se a considera realmente importante, ou se, de modo consciente ou inconsciente, escolheu o valor de outra pessoa. Pode ser que você descubra que vários de seus valores fazem na realidade parte de um único valor que pode ser expresso em um nível mais profundo. Esse exercício todo também o ajudará quando você classificar seus valores, estabelecendo prioridades. (Falaremos disso mais tarde.)

Chegando ao Alicerce

Alguns valores podem ser importantes, mas você não consegue identificar claramente o motivo. Talvez sua resposta ao "Por quê?" seja "Porque sim". Tudo bem. Esses valores geralmente são os mais profundamente enraizados no seu alicerce íntimo. São importantes apenas porque são importantes, não necessitando de maiores explicações ou raciocínios.

Meu colega e amigo Jerry Pulsipher nasceu em uma pequena cidade no interior do sudoeste do país, na terra dos *canyons* de rochas vermelhas, onde morou até os oito anos, quando sua família mudou-se para uma comunidade urbana. Jerry viveu longe dos *canyons* desde então, mas ainda tem uma ligação extremamente forte com a topografia e as paisagens daquela maravilhosa região. Sempre visita o lugar e lê muito a respeito de sua história natural e cultural. Existe alguma coisa na terra das rochas vermelhas, que para ele significa "lar", algo que produz intensas emoções. Ele não consegue explicar de outra forma por que é tão apegado àquele lugar, a não ser com a resposta "porque sim".

Assim que reconheceu que essa ligação tinha raízes no alicerce de seu ser, deixou que seu amor pela região trabalhasse a seu favor, não contra ele. Descobriu que não há problema em deixar lá esse valor e permitir-lhe que guiasse e influenciasse sua vida. Ele também pôde perceber como aquele valor profundamente enraizado trabalha com muitos outros de seus valores governantes, e conscientemente modificou suas metas vocacionais.

Vários anos atrás, Jerry renunciou ao cargo executivo que ocupava em nossa empresa. Amigos e colegas de trabalho perguntaram-lhe como ele podia deixar um emprego que lhe garantia uma boa renda e segurança. Mas, desde então, Jerry tem usado seus talentos literários e artísticos para planejar e desenvolver exposições nos centros turísticos dos parques e outros lugares para ajudar os visitantes a aprender e apreciar a história natural e cultural de seus bem-amados *canyons* e platôs de rochas vermelhas. Também está trabalhando em um livro que reunirá suas interpretações artísticas da região e textos que nascem de seus sentimentos profundos pela terra onde nasceu. Sente a satisfação de expressar sua criatividade, algo que jamais experimentaria se continuasse em seu antigo emprego, num ambiente mais formal de trabalho. Ele espera retirar-se para algum recanto daquele cenário especial, dentro de algum tempo, e passar os anos que lhe restam interpretando-o para outras pessoas, por meio da pintura e da literatura.

Quando você examinar seus valores governantes, tente conseguir uma lista compacta de coisas a respeito das quais pode dizer: "Sim, essas coisas são as mais importantes para mim, e estou disposto a investir tempo, dinheiro e energia nelas". Então, terá identificado seus mais profundos valores governantes.

Escreva uma Declaração Esclarecedora

Assim que tiver uma lista compacta de seus valores governantes, escreva cada um deles em uma ficha de arquivo ou folha de papel e coloque em cada uma delas algumas frases que expliquem o que aquele valor representa para você. Isso pode ser uma descrição mais profunda do valor, ou uma declaração sobre o motivo de ele ser importante para você, ou ainda, um pouco de cada coisa. Escreva apenas, mas de uma maneira significativa que o deixe motivado.

Essas declarações esclarecedoras e detalhes adicionais podem sugerir metas a longo prazo que levarão a uma ação mais completa do valor em sua vida. Além disso, na próxima vez em que você reler sua lista, não vai precisar perguntar-se: "O que foi mesmo que eu quis dizer com isso?".

Descobri que declarar meus valores governantes em forma de afirmações é um bom método. Descrevo como vou estar, quando um determinado valor estiver em plena ação em minha vida. Por exemplo, um de meus valores governantes é "Eu promovo o crescimento intelectual". Isso não significa que eu seja o maior professor do mundo, ou que meu intelecto atingiu o nível do de Einstein, mas resume um valor que é muito importante para mim. Minha declaração esclarecedora para isso diz: *Um homem não pode pensar mais profundamente do que lhe permite seu vocabulário. Leio todos os dias. Escolho para ler os melhores livros e as melhores matérias do dia. Um poço vazio não pode ensinar coisa alguma.*

Durante os anos em que venho utilizando esse processo, muitas pessoas têm falado comigo a respeito de seus valores governantes. São valores inspiradores, não apenas porque estabelecem muito bem o que é mais importante para essas pessoas, como também por causa da amplitude de interesses e esforços humanos que encerram.

Um homem, já perto da idade de se aposentar, deu ênfase especial a um de seus importantes valores governantes: "Responsabilidade pessoal". A declaração esclarecedora que ele escreveu dizia:

> Sou responsável pelo que sou, pelo que faço, pelo que penso e pelo modo como reajo. Crio minha própria situação. A felicidade vem da vitória, não do prazer — vitória sobre si mesmo, sobre o negativismo, a autopiedade, a propensão para a mesquinhez, o pecado e a apatia. Eu ouço. Tomo notas. Absorvo idéias. Faço das grandes pessoas meus modelos. Cumpro minha palavra. Sou honesto. Assumo poucos compromissos, mas o que assumo, cumpro. Aumento meu vocabulário constantemente, para que possa me comunicar melhor, aumentar meu QI e pensar de modo mais profundo. A capacidade de falar, de me expressar por meio de palavras, sentenças e parágrafos, é um dom precioso de Deus, por isso não digo obscenidades.

Isso é que é um plano para uma vida realizada e feliz!

Outro exemplo de valor governante bem esclarecido veio de uma mulher que recentemente mostrou-me sua lista. A declaração resumida é "Cresço intelectualmente". A declaração esclarecedora diz o seguinte:

> Ouço com a mente aberta o que as pessoas têm a dizer e assimilo o que acho que pode enriquecer meu mundo. Leio o que se relaciona com todos os aspectos de minha vida (emprego, filhos, o mundo em geral) e procuro assimilar tudo o que é de valor. Procu-

ro oportunidades de me educar, para aprender e crescer. Leio tudo o que posso sobre meu departamento e minha empresa, de modo a desenvolver minha capacidade de fazer um trabalho cada vez melhor.

Tenho certeza de que você pode perceber a profundidade e o poder que um valor assume quando o esclarecemos por escrito, assim tão bem. Vejo meia dúzia de metas a longo prazo nessa declaração, prontas para ser extraídas e colocadas no papel para ajudar essa mulher a trabalhar esse seu valor.

Outro participante de um de meus seminários escreveu a respeito de como o processo ajudou-o a descobrir um valor governante que era muito importante para ele, "levar uma vida disciplinada". Sua declaração esclarecedora foi escrita em forma de afirmações:

> Minha vida é disciplinada e bem orientada. Controlo os acontecimentos e estabeleço sua ordem em minhas atividades diárias. Estou livre do estresse causado pela falta de controle. Melhor, estou livre para definir meu próprio rumo na vida e gozar os benefícios dessa liberdade. Reconheço que estrutura não significa um rígido estilo de vida. Estrutura é simplesmente um alicerce firme sobre o qual uma vida de liberdade é construída. Se meu alicerce não for firme, se a estrutura for fraca, se eu for indisciplinado, minha vida será uma confusão. A minha é uma vida de orientação e disciplina, produtiva e significativa.

Escreva declarações esclarecedoras para cada um dos valores que fazem parte de sua lista final. Lembre-se de que a forma não importa. Você pode declarar seus valores como afirmações ou descrições, ou do modo como achar melhor. Se preferir, em vez de escrever parágrafos como os mostrados acima, escreva uma simples lista, como esta, que me foi enviada por um dos participantes de um seminário recente:

Saúde (valor governante)

- Faço exercícios três vezes por semana, durante uma hora.
- Não como lanches mais do que uma vez por semana.
- Melhoro a qualidade do tempo gasto em fins de semana.
- Sorrio ou rio com mais freqüência.
- Identifico e diminuo causas de estresse.

Ou, talvez, um formato de sumário como este combine melhor com seu estilo e temperamento:

I. Vou me esforçar para ser honesto a respeito de mim mesmo.
   a. Eu me esforço para conhecer meus pontos fortes e minhas limitações em todos os campos.
   b. Eu me recuso a mentir a mim mesmo quanto aos motivos que me levam a agir ou pensar de certa forma.
   c. Eu me esforço para conhecer meus motivos e impulsos, não importam se são baixos ou nobres.

Também gosto do modo cuidadoso, sucinto e organizado como o mesmo participante expressou um valor governante profundamente enraizado:

IX. A vida tem me dado muito. É importante para mim devolver ao mundo um pouco do que recebi.
   a. É importante para mim dedicar tempo e recursos ao serviço dos outros, sem que isso me cause desconforto.
   b. Minha comunidade deve receber o benefício de minha competência.
   c. Um pouco de meu tempo será dedicado ao serviço comunitário.

Seja qual for o meio que escolhamos para identificar e esclarecer nossos valores governantes, o importante é que eles façam sentido para nós, que saibamos o que significam.

Classifique Seus Valores por Ordem de Importância

O próximo passo, depois que você tiver identificado seus valores governantes, é classificá-los por ordem de importância. Isso pode ser muito difícil. Quando iniciar essa tarefa, reflita sobre a experiência e suas possíveis reações.

Suponhamos que apareça, estendida na rua, bem na frente de sua casa, uma viga de aço, dessas grandes, usadas na construção de edifícios e passarelas acima de rodovias. Se olharmos as extremidades da viga, veremos que têm a forma de um I ou de um H deitado. O formato dessa viga dá-lhe uma grande resistência. Vamos supor que a viga de que estamos falando tenha 40 metros de comprimento, 15 centímetros de largura no topo e na parte de baixo, e uma altura de cerca de 30 centímetros. Gostaria que você se posicionasse em uma das extremidades, enquanto eu me posicionaria na outra. Quando nós dois estivéssemos em nossos lugares, eu tiraria do bolso uma nota de cem dólares e gritaria para você: "Se conseguir andar daí até aqui em cima da viga, sem pôr nenhum dos pés no chão uma única vez, em menos de dois minutos, eu lhe darei esta nota". Você andaria? Imagino que você avaliaria a situação rapidamente, decidiria que era capaz de fazer o que eu lhe propusera, e iria até a minha extremidade andando sobre a viga. E ganharia cem dólares sem dificuldade.

Agora, vamos mudar a situação. Você põe a viga na carroceria de uma carreta e transporta-a até Nova York. Na parte mais baixa da ilha de Manhattan há dois famosos arranha-céus que formam o World Trade Center, as torres gêmeas mais altas do mundo, com cerca de 410 metros de altura. Continuando nossa experiência no teatro da mente, digamos que tivéssemos montado um guindaste no alto de uma das torres, que desceria um cabo até a carreta, ergueria a viga, a içaria até o topo e a atravessaria como uma ponte ligando os dois arranha-céus.

A viga seria presa firmemente com poderosas braçadeiras nas duas extremidades. Os dois edifícios, agora, oscilam no mesmo ritmo. (Por falar nisso, eles de fato oscilam. Foram projetados para oscilar até 9 metros no topo.) Bem, eu convidaria você a tomar um elevador e subir até o topo de um dos edifícios, enquanto eu subiria até o topo do outro.

Você já esteve no topo do World Trade Center? A vista, de lá, é simplesmente magnífica. De todas as vezes em que estive lá, o vento soprava. Digamos que, no dia de nossa experiência, o vento estivesse soprando a uma velocidade de 60 quilômetros por hora e, para tornar a coisa ainda mais interessante, estivesse chovendo. Você está no topo de um dos edifícios, eu estou no topo do outro, a 40 metros de distância. Eu grito, através da chuva e do vento: "Tenho aqui uma nota de cem dólares. Se você vier daí até aqui, andando sobre a viga, sem pôr nenhum dos pés para fora, em menos de dois minutos, eu lhe darei o dinheiro. Você vem?".

Tenho usado esse exemplo e feito essa mesma pergunta em centenas de seminários, e ainda não encontrei ninguém que aceitasse passar de um edifício para o outro andando sobre a viga.

Então, falando novamente com você, eu digo: "Muito bem. Em vez de cem dólares, darei 10 mil. Você vem?". Provavelmente você não aceitará. Subo a oferta para 50 mil. Tudo o que você precisa fazer é caminhar os mesmos 40 metros que andou na rua, na frente de sua casa. Você andaria de uma torre para a outra por 50 mil dólares? Provavelmente não. Então, ofereço 1 milhão de dólares. Claro que a chuva e o vento tornaram-se mais intensos, não existe nenhum dispositivo de segurança, a viga tem 15 centímetros de largura, 40 metros de comprimento, você está a 410 metros acima da rua. Você passaria de um edifício para o outro, andando sobre a viga, por 1 milhão de dólares? A menos que você seja um experiente artista de circo, daqueles que andam na corda bamba, sua resposta provavelmente ainda será "não".

Vamos mudar a situação uma última vez. Não sou eu quem está na outra ponta da viga, oferecendo-lhe 1 milhão de dólares, mas sua filha de dois anos, ou sua neta, sozinha, sem ninguém para impedi-la de subir na viga. Deliciada ao vê-lo do outro lado, a menininha começa a andar em sua direção. Acredito que você correria por toda a extensão da viga, ou que encontraria uma outra maneira qualquer de chegar ao outro lado e salvar sua criança.

Vamos dar mais uma olhada nesses acontecimentos e ver o que foi que fez a diferença em suas reações. Quando a viga estava na rua, parecia não haver nenhum perigo. O pior que poderia acontecer era você perder o equilíbrio e ter de pôr um dos pés no chão, e andar aqueles 40 metros era uma forma muito fácil de ganhar cem dólares. Mas quando transportamos a vida para o alto do World Trade Center, nem mesmo a oferta de 1 milhão de dólares foi suficiente para convencê-lo a enfrentar um perigo real apresentado pela altura de 410 metros, pelo vento e pela chuva.

Então, por que a situação mudou quando você viu sua criança na outra extremidade da viga? O perigo era o mesmo, mas você iria até o outro edifício. A ilustração da viga dá uma dramática demonstração do fato de que você já deu prioridade a algum de seus valores governantes. O valor governante de ter segurança financeira obviamente não é tão valorizado quanto o valor dominante relacionado com a preservação de sua vida. Mas, mesmo sendo o valor da autopreservação muito grande, o valor da vida de sua filha ou neta provou ser ainda maior.

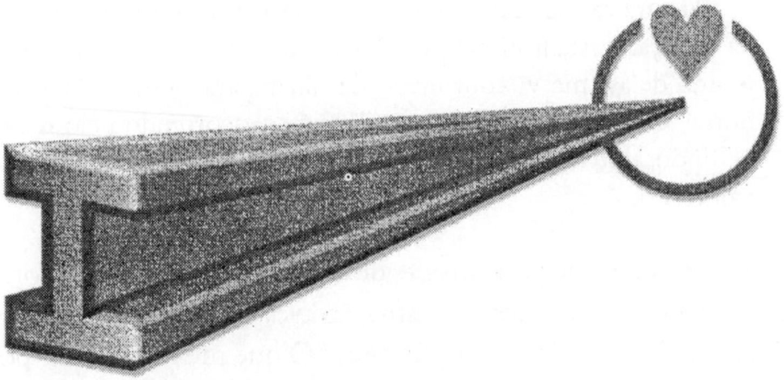

O que estou tentando mostrar com isso tudo? Quando você iniciar o processo de classificar seus valores por ordem de importância, pergunte-se: "O que me faria andar por aquela viga entre os edifícios?". É uma pergunta maravilhosa, porque os valores governantes assim identificados provavelmente são os mais importantes para você. Talvez você descubra que apenas dois ou três valores de sua lista merecerão essa classificação. Dos dezesseis valores governantes que identifiquei para mim mesmo, apenas quatro me fariam tentar a perigosa travessia.

Sempre que explico esse conceito, as pessoas me contam sobre todos os tipos de valores que, de repente, provaram ser de vital importância em suas vidas. Na maioria das vezes, são valores relacionados com familiares ou com outras pessoas queridas. A experiência da viga, além de tudo, ajudará você a descobrir coisas importantes a respeito de si mesmo, algumas das quais nunca imaginou. Uma mãe, que estivera carregando excessiva bagagem emocional, lutando contra a sensação de que não era boa o bastante, disse em uma carta comovente:

> O que me faria andar por aquela viga? Bem, já andei pelos meus filhos. Por causa disso, descobri que sou corajosa. Eu andaria por aquela viga outra vez.
>
> Fui para casa, naquela noite, sem conseguir tirar esse conceito da cabeça. Visualizei-me de pé, nas duas extremidades da viga. Numa delas, me vi com medo de olhar para mim mesma. Na outra, me vi de braços abertos, lágrimas escorrendo pelo rosto, pedindo ajuda. Com isso em mente, fui capaz de definir meus valores.

Então, coloque-se no topo de um dos edifícios do World Trade Center. Olhe para o outro, através do vento e da chuva, suba na viga estreita e pergunte-se: "O que me faria andar por esta viga até o outro lado?".

Como vê, é essencial que você coloque os valores que encontrou em ordem de importância. Se não o fizer, poderá acabar por ter de tomar decisões muito difíceis.

Deixe-me ilustrar isso. Dois de meus valores governantes são "sou financeiramente independente" e "sou honesto em tudo". Vamos, então, presumir que eu esteja passando por dificuldades financeiras e que alguém me procure para me oferecer a oportunidade, cem por cento segura, de dar a minha família a segurança financeira de que ela precisa. Há nisso, porém, um pequeno empecilho. Como você deve ter adivinhado, essa oportunidade não é uma coisa totalmente legal, e mesmo que eu nunca fosse apanhado, estaria fazendo algo imoral.

O que faço, então? Bem, isso depende do valor que é mais importante para mim. "Sou financeiramente independente" ocupa o décimo segundo lugar em minha lista de valores. "Sou honesto em tudo" ocupa o oitavo. O que isso mostra é que eu quero ser independente financeiramente, mas só se não tiver de comprar essa independência com desonestidade. Ser honesto, para mim, é mais importante do que me sentir seguro financeiramente. Como refleti sobre a importância relativa de cada um de meus valores e classifiquei-os de acordo, eu teria pouca dificuldade em dizer à pessoa que me ofereceu a oportunidade não muito honesta que não estava interessado.

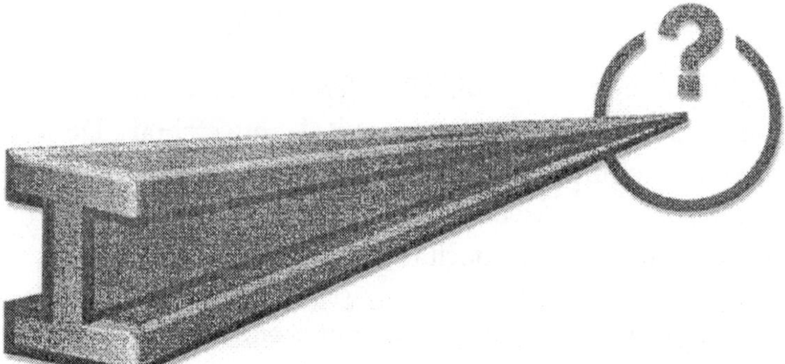

O melhor de tudo, no que diz respeito a classificar os valores, é que podemos fazer isso com antecedência. Talvez você precise decidir rapidamente entre dois modos de agir, que podem ou não trazer-lhe paz de espírito. Se não tiver certeza do que é mais importante para você, achará fácil racionalizar: "Bem, minha família é importante para mim. Com esse dinheiro eu poderia dar a meus entes queridos a segurança que eles merecem". Não saber o que é mais importante leva a situações nas quais as ações não são determinadas por valores ou princípios, mas pelos resultados desejáveis que elas possam produzir. Nesse caso, costuma-se dizer que "os fins justificam os meios". Acontece o tempo todo, e o único meio de acabar com isso é esclarecer quais as posições que nossos valores governantes ocupam em nossa lista.

O pai de um garoto de dez anos participou de um de nossos seminários e depois escreveu-nos para contar uma trágica experiência:

> No começo, eu era um pai muito devotado. Participava de todas as atividades esportivas do menino, como treinador ou assistente de treinador de seus times de futebol, basquete e beisebol. Mas, quando minha carreira tornou-se mais exigente, fui deixando isso de lado e acabei por mal participar da vida dele.

Esse pai contou que seu filho ferira-se seriamente em um acidente de carro e que sofrera graves danos cerebrais. De acordo com os cirurgiões que o operaram, o garoto poderia ter morrido, mas sobreviveu miraculosamente, sem apresentar nenhuma seqüela. O pai concluiu a carta dizendo:

> Infelizmente, às vezes são necessários acontecimentos como esse para que corrijamos a classificação de nossos valores. Agora posso lhes dizer que meu filho é o valor número um em minha vida, e espero nunca mais esquecer isso.

Leia sua lista final de valores governantes e as declarações esclarecedoras. Então, reordene a lista para que a importância relativa dos valores fique evidente. Coloque os mais importantes no topo, os menos importantes nas linhas de baixo. Esse exercício pode requerer uma pesquisa íntima, mas eu lhe asseguro que você só terá benefícios se decidir isso agora, em vez de ficar se debatendo na incerteza, num momento difícil.

Podemos Mudar Nossos Valores Governantes?

Se você foi completamente honesto consigo mesmo, durante esse processo pode ter descoberto alguns valores que preferia não ter. Precisa ficar com todos os valores que identificou ou existe a possibilidade de trocar alguns por outros, mais positivos, que também identificou?

Talvez tenha descoberto alguns valores que nem escreveu em sua lista. Eles estão lá, pois assim indicam suas ações e seu rumo atuais, mas você não quer admitir que existem. Os valores positivos, do tipo "que pessoas boas têm" sempre aparecem na lista, porém quase todos descobrimos que alguns não são tão positivos, e tentamos ignorá-los. Na verdade, alguns desses valores indesejáveis podem estar nos impedindo de desenvolver todo o potencial do lado melhor de nossa personalidade.

O processo de identificar valores é especialmente útil quando se trata daqueles valores que com relutância admitimos ter e que gostaríamos de mudar. Se você for completamente honesto consigo mesmo e puser um valor menos desejável em sua lista, ele ficará sempre à vista, e poderá ser tratado de modo mais direto. Poderá examiná-lo mais de perto e tentar compreender por que tal valor está lá. Será mais fácil, então, tomar algumas decisões e estabelecer algumas metas a respeito. (No capítulo que aborda o planejamento, falaremos mais sobre a parte do processo que envolve o estabelecimento de metas.)

Mas, e aqueles "bons" valores a respeito dos quais você está fazendo tão pouco ou mesmo nada? Conversando com as pessoas sobre esses valores, vejo que eles muitas vezes têm a ver com conflitos entre trabalho e família. Em pesquisas conduzidas ao longo dos anos, sobre o que executivos, homens e mulheres valorizam mais, foi grande a porcentagem das pessoas que responderam que o que mais valorizavam era a família. Mas, ao responder à pergunta sobre como usavam seu tempo, ficou óbvio que ficavam muito pouco em companhia de seus familiares. Isso indica que talvez existam outras coisas que essas pessoas valorizam mais do que a família, tais como sucesso financeiro, reconhecimento com colegas de profissão, e assim por diante. Elas "acertaram" ao responder "minha família", mas a família não era a coisa mais importante em suas vidas.

Muitos desses conflitos entre valores na verdade têm menos relação com o fato de termos um valor "bom" ou um "não tão bom" do que com a relativa importância que damos a eles. O tanto de valor que dou a "ser bem-sucedido" determinará quanto tempo e energia gastamos na tentativa de alcançar o sucesso. Se eu colocar valores relacionados com trabalho acima de valores relacionados com família, o trabalho ganhará quase sempre.

O que há de maravilhoso nesse processo é que você descobre que tem controle sobre essas questões e sobre seus valores governantes. Pode decidir que não gosta de um determinado valor. Pode decidir acrescentar ou eliminar um valor governante. Pode decidir mudar a interpretação, a compreensão e a definição de um valor em particular. Pode decidir que um certo valor governante deve ocupar uma posição mais alta em sua vida. É isso o que diferencia os seres humanos do resto do reino animal. Podemos mudar nossos valores. Não apenas isso, a experiência de identificar e esclarecer valores governantes pode ser tremendamente libertadora. Pode expandir nossos horizontes e ajudar-nos a ver nossas possibilidades na vida. Quando descobrimos o que realmente é mais importante para nós, não precisamos fingir nem nos comparar com outras pessoas. Podemos começar a ser nós mesmos, no mais puro sentido. Uma participante de um de nossos seminários, que estava trabalhando para doutorar-se em Direito, mas que intimamente odiava essa idéia, disse: "Eu não preciso mais fingir que sou advogada ou que gosto de ser. Posso ser apenas eu mesma. É tão empolgante!".

Capítulo 6

Qual É Sua Missão Pessoal na Vida?

Tentar subir — conquistar — sem um firme objetivo na vida, é conseguir nada.

— *Mary Robeling*

A pessoa mais patética do mundo é aquela que tem vista mas não tem visão.

— *Helen Keller*

Aquele que tem um porquê para viver pode suportar quase qualquer coisa.

— *Nietzsche*

ANOS ATRÁS, ENCONTREI uma declaração importante no Livro de Provérbios, do Velho Testamento: "Onde não há visão, o povo perece". Levei muito tempo para compreender o real significado dessa declaração.

Falando de visão no sentido literal, imagine-se dirigindo à noite, em pleno inverno. Digamos que você esteja indo por uma rodovia a 100, 110 quilômetros por hora, e de repente se vê no meio de denso nevoeiro. Como se sente, no momento em que percebe que não consegue ver além de 10 metros à frente? Sua primeira reação talvez seja de um certo pânico. Você pisa no freio, diminuindo drasticamente a velocidade do carro. Segue em frente o mais devagar que pode, de modo a não bater num outro carro, o que poderia ferir outras pessoas, você mesmo, e danificar os veículos.

Vamos tornar essa experiência um pouco mais desagradável. Suponha que o nevoeiro vá ficando cada vez mais denso, até que você não veja praticamente mais nada do que há lá fora, além de dois, três segmentos da faixa divisória. Pouca experiência causa mais pânico. Você tem medo de parar, pois outro carro pode bater no seu por trás, mas também hesita em ir em frente, porque não tem certeza de que não sairá da estrada. Já estive em situações como essa, em que forte nevoeiro deixoume totalmente desorientado. Isso deve ser o que acontece com os pilotos de avião, quando eles atravessam nuvens e não sabem se estão de cabeça para baixo ou na posição correta.

Agora, pense na sensação que você experimenta ao sair do nevoeiro. Em vez de dois, três segmentos da faixa, você vê quatro, seis, oito. Então, vê a próxima curva da estrada. O nevoeiro desaparece completamente, e os faróis de seu carro iluminam a pista 200 metros a sua frente.

Qual é sua imediata reação emocional? É provável que você emita um grande suspiro de alívio, flexione os músculos tensos e, então, seu pé passa do freio para o acelerador. Você começa a mover-se mais depressa. Pára de transpirar, enxuga as mãos, liga o rádio e sente paz novamente.

Em segurança, longe do nevoeiro, pense na única coisa que mudou durante essa experiência, um acontecimento que deve ter durado apenas alguns segundos. A única coisa que mudou foi sua visão, sua capacidade de ver. Com visão, você viu a estrada claramente e não se sentiu perturbado. Quando não havia visão, você estava, como diz o Livro de Provérbios, correndo o risco de perecer.

Você Está Vivendo em um Nevoeiro?

Todas as emoções negativas que você experimentou, dirigindo através de um nevoeiro, são iguais às que sente quando dirige sua vida da mesma maneira, quando não tem visão para a vida, para a profissão, para a família, para você mesmo, para o que deseja conquistar, quando não vê para onde está indo. Estar em um nevoeiro na vida é, de muitas maneiras, pior do que atravessar um nevoeiro na estrada. Dirigindo um carro através de um nevoeiro, sabemos que a situação não vai durar para sempre, mas não podemos ter a mesma certeza quanto a um nevoeiro na vida.

A falta de visão pode ser física e emocionalmente debilitante. Você acha difícil levantar-se da cama, de manhã. Move-se lentamente. Não se sente animado. Não se sente entusiasmo pelo novo dia e, à noite, não espera ansioso pelo amanhecer. Na melhor das hipóteses, tudo o que você quer é ir vivendo. Não existe divertimento em sua vida, nenhum senso de realização.

Mas, no minuto em que você cria visão em sua vida — e é a isso que estamos nos referindo quando falamos em descobrir o que é mais importante —, a energia volta. Você mal pode esperar para levantar-se de manhã. Sabe exatamente para onde está indo e por que está fazendo o que faz. A alegria que isso traz é a mesma que você experimentou ao sair do nevoeiro, viu a rodovia claramente e pisou no acelerador, com pressa de chegar a seu destino. Com visão, existe um senso de urgência, um divino e impaciente desejo de viver. Muitas pessoas bem-sucedidas mostraram visão. Pense em Winston Churchill às 3 horas da manhã, num momento extremamente difícil para a Inglaterra. Ele esperou impaciente pelo amanhecer.

Tenho esperança de que os exercícios que fizemos até agora tenham ajudado você a identificar seus principais papéis na vida, e que seus mais importantes valores governantes produziram um pouco da sensação de "sair do nevoeiro".

O Poder de Conhecer Sua Missão Pessoal na Vida

Vamos examinar um pouco melhor a ilustração dos faróis do carro e da estrada envolta em nevoeiro. Quando eu era jovem, morei durante algum tempo na Inglaterra, um país famoso pelo clima nebuloso, e muitas vezes me vi dirigindo através de densa neblina, notando que a maioria dos carros ingleses eram equipados com faróis de neblina — faróis fixados num nível mais baixo e com poderosa luz amarela que atravessa a neblina, dando uma visibilidade muito melhor que os faróis comuns. Não sou especialista na ciência da iluminação, mas imagino que a eficiência dos faróis de neblina tem algo a ver tanto como sua colocação baixa quanto com a cor. Seja qual for a razão, eles melhoram de modo marcante a capacidade de o motorista ver a estrada a sua frente, numa nebulosa noite inglesa.

De muitas maneiras, um farol de neblina é muito semelhante a um instrumento que melhora a visão e que podemos usar em nossa própria vida — sua *Declaração de Missão Pessoal, que é uma breve descrição, por escrito, de seu propósito geral na vida.* Pode parecer uma idéia um pouco arrogante, mas quando aplicado a indivíduos, esse é um instrumento que todos nós podemos usar, não apenas os inventores famosos, escritores talentosos ou humanitários conhecidos. Se você examinar a idéia de uma Declaração de Missão Pessoal à luz do que já aprendeu a respeito dos papéis que identificou em sua vida e dos valores governantes definidos para esses papéis, começará a ver a conexão. Sua missão pessoal na vida é formada de todos os papéis e valores descritos em uma ou duas sentenças que declaram *o que você quer ser e o que deseja realizar na vida.*

Encontrar as palavras certas para descrever seu único propósito na vida não será fácil, mas com certeza valerá a pena. Assim que tiver determinado sua missão pessoal na vida, isso se tornará seu farol de neblina, que iluminará claramente a estrada a sua frente e o ajudará a atravessar o nevoeiro das preocupações e atividades diárias.

A importância de ter uma Declaração de Missão Pessoal só me ocorreu há alguns anos, quando tomei conhecimento dos conceitos ensinados por meu colega e amigo Stephen Covey. Depois de aprender mais sobre a idéia de ter uma Declaração de Missão Pessoal, percebi que fazia tempo que eu tinha uma. Só não pensara nela nesses termos específicos.

Quem pôs minha Declaração de Missão Pessoal em palavras foi um de meus heróis, Winston Churchill. Quando eu estava morando na Inglaterra, tive a oportunidade de ouvi-lo falar. Foi no fim da vida desse grande homem, e ele discorreu sobre a história que testemunhara e na qual desempenhara tão poderoso papel. Mas o que mais sobressaiu, para mim, naquele discurso, foi o que ele disse a respeito da motivação dada pelo desejo de fazer alguma diferença, de ajudar o mundo a ser um lugar melhor.

Essa idéia — fazer alguma diferença — tocou uma corda profunda dentro de mim, e eu assumi o compromisso de usar toda minha capacidade para conseguir isso. Esse compromisso tem me orientado em muito do que faço, nas contribuições que tento dar mediante meus esforços profissionais e pessoais, nas causas que abraço. Em minha Declaração de Missão Pessoal aparecem as palavras de Winston Churchill — *"fazer alguma diferença"*.

Escrevendo Sua Declaração de Missão Pessoal

Se você fez os exercícios explicados anteriormente, já identificou os muitos papéis que desempenha na vida e alguns dos valores governantes relacionados com esses papéis. O terceiro passo, no processo, é sintetizar o que você escreveu numa concisa declaração de sua missão pessoal na vida.

Esses três elementos, que trabalham dinamicamente em conjunto, constituirão um preâmbulo de sua constituição pessoal, que diz respeito a quem você de fato é. Saber quem você é o capacitará a acessar o poder que flui desse conhecimento. Então, poderá determinar seus principais objetivos e sua missão. Depois, escolherá os passos intermediários necessários para você trabalhar nesses objetivos e as ações requeridas para que eles sejam alcançados.

Mas estou me adiantando. A tarefa imediata é expor por escrito sua missão na vida. Pode ser uma declaração de apenas duas, três palavras, como a minha. Pode ser escrita em forma de canção ou de poesia. Há pessoas cuja declaração ocupa uma página inteira. Não importa se a descrição de sua missão é curta ou longa, desde que a defina claramente.

Para ajudá-lo, pense no que é e no que faz uma poderosa declaração de missão.

Uma Declaração de Missão Pessoal...

> ...representa o que há de mais profundo e melhor em você. Emerge de uma forte conexão com sua vida interior.
>
> ...é a realização de seus dons, que são únicos. É a expressão de sua capacidade única de contribuir.
>
> ...é transcendente. Baseia-se em princípios de contribuição e propósito mais altos do que aqueles relacionados apenas com a própria pessoa.

...trata de todas as necessidades fundamentais e capacidades humanas. Inclui realização em todas as dimensões: física, social, mental e espiritual.

...é baseada em princípios que produzem uma melhor qualidade de vida. Tanto os fins como os meios são fundamentados em princípios verdadeiros.

...refere-se tanto à visão quanto a valores baseados em princípios. Não basta termos valores, se não temos visão. Queremos ser bons, mas queremos isso por algum motivo. Por outro lado, visão sem valores pode criar um Hitler. Uma poderosa declaração de missão tem a ver com caráter e competência.

...lida com todos os papéis significativos de sua vida. Representa um equilíbrio vitalício entre a pessoa, a família, o trabalho e a comunidade, isto é, todos os papéis que você sente que tem de desempenhar.

...é expressa por escrito para inspirá-lo, não para impressionar outras pessoas. Comunica-se com você e o incentiva da maneira mais essencial.

Como Stephen Covey diz: "Não inventamos nossa missão, nós a encontramos". Você pode iniciar seu próprio processo de busca revendo os papéis e os valores governantes que já identificou. Examine bem os papéis com os quais sente uma ligação especial, dos quais mais gosta e que deseja ardorosamente desempenhar bem. Examine também os valores governantes que parecem relacionar-se com muitos de seus papéis ou com todos eles. É quase certo que eles estão estreitamente vinculados com a sua missão na vida. Pode ser útil reunir em grupos os papéis e valores governantes que parecem ter algo em comum. Talvez você sinta que precisa rever as perguntas das páginas 109 e 111 que fez a si mesmo durante o processo de identificar seus valores governantes. Então, acrescente mais estas:

- Qual é a única coisa pela qual desejo ser lembrado?
- Qual o legado mais importante que posso deixar para minha família, meus amigos e outras pessoas que me cercam?

Enquanto faz tudo isso, não perca de vista o tema unificador, o único fio que ajuda seus papéis e valores governantes a manterem-se unidos. Talvez você precise procurar um pouco e entregar-se a alguma reflexão para encontrar a única idéia ou único princípio que mantém tudo isso junto.

Não existe nenhum jeito certo ou errado de declarar uma missão. O que você escrever será simplesmente a declaração de sua missão. Pode optar por usar o imperativo, por exemplo, "Primeiro, seja bem-sucedido em casa", "Sirva a Deus e aos seus semelhantes", "Ajude a fazer do mundo um lugar melhor". Ou, se você achar que afirmações ajudam-no a interiorizar importantes conceitos, pode declarar sua missão em termos como estes: "Usarei meu tempo, meus talentos e bens materiais para tornar a vida mais agradável e completa para os outros".

Permita-me dar-lhe alguns exemplos do que foi incluído na declaração de missão de pessoas que conheço:

- Criar alegria
- Ter paz
- Fazer alguma diferença
- Criar uma boa família
- Dar uma contribuição à sociedade
- Levar beleza para a vida das pessoas
- Tornar-me excelente em meu campo de ação
- Encontrar sucesso e realização mediante uma vida com propósito

Como você pode ver, esses exemplos cobrem muitos interesses e desejos íntimos. Uma das mais profundas e lindamente escritas declarações de missão que já li é da escritora Laurie Beth Jones: "Reconhecer, promover e inspirar a divina conexão em mim mesma e nos outros".

Não se esqueça de que o que mais importa é *criar uma declaração de missão que seja unicamente sua*. Não copie nenhuma das declarações que dei como exemplo, nem outras que possa conhecer, sobretudo se estiver nutrindo sentimentos de "eu devo" ou "eu tenho de". O resumo escrito do que você é e do que deseja fazer deve envolver algo que lhe desperte paixão, algo a que esteja disposto a dedicar sua vida. Só então essa declaração se tornará um poder interior que o impulsionará para a frente, em direção ao cumprimento de seu destino, que é único.

Uma Declaração de Missão Pode Fazer uma Grande Diferença em Sua Vida

Stephen Covey recentemente mostrou-me algumas cartas que recebeu de algumas pessoas que haviam participado de seus seminários sobre o tema *7 Hábitos*, obra na qual o conceito de Declaração de Missão Pessoal também é ensinado. Essas pessoas diziam em suas cartas como o fato de identificar e escrever uma Declaração de Missão Pessoal ajudara-as a salvar relacionamentos muito importantes para elas. Abaixo, você lerá trechos de duas dessas cartas, que ilustram muito bem o poder que vem da transformação do que é mais importante para nós em uma visão pessoal do que queremos ser e fazer. Um poder que modifica vidas.

Uma das cartas foi escrita por uma mulher que admitiu ter tido sempre dificuldade em assumir a responsabilidade por si mesma, achando "muito mais fácil e confortador culpar alguém ou algo pelas coisas que aconteciam — culpar qualquer um, menos a mim mesma". Depois de escrever sua Declaração de Missão Pessoal, ela colocou-a de lado e esqueceu-a. Seis meses mais tarde, leu uma matéria de jornal que a fez lembrar o valor de definir uma missão pessoal, e decidiu reler a declaração que escrevera para si mesma:

> Peguei minha Declaração de Missão Pessoal e a li. Bem no meio, aparece essa frase sobre apreciar o que há de bom em meu marido. Uma vozinha dentro de mim me desafiou, perguntando-me: "Você aprecia o que há de bom em seu marido?". Ignorei-a, mas assumi o compromisso de ler a declaração todas as segundas-feiras para me lembrar do que me propusera fazer. E toda segunda-feira de manhã tornava a ouvir aquela vozinha. Toda segunda-feira de manhã, mesmo naquela em que estava em um avião, lendo minha declaração, a pergunta saltou-me ao rosto: "Você aprecia o que há de bom em seu marido?". Então, eu pensava: "Estou realmente vivendo de acordo com isso?". Por fim, comecei a me examinar.
>
> Meu marido e eu somos pessoas muito diferentes. Sou muito controlada, organizada e tenho temperamento calmo. Ele é o oposto. É desorganizado e muito cabeça-dura. Suponho que algumas pessoas o achem intuitivo e emocionalmente liberado. Em minha tentativa de me sentir boazinha e me livrar da culpa, sempre vi as qualidades dele de modo negativo. Assim, podia culpá-lo por nossos problemas. Também cheguei a acreditar que não havia nada que pudéssemos fazer para resolver esses problemas. Larry era do jeito que era, eu não podia mudá-lo.
>
> Quando comecei a pensar nesse homem, com quem estou casada há 23 anos, pude vê-lo sob uma luz diferente. Percebi que, se não fosse por seu espírito livre e aventureiro, todas as nossas férias teriam sido programadas, do começo ao fim, e tudo acabaria em monotonia. Nunca teríamos visto os pingüins em uma praia em Cape Town, ou descoberto o restaurante voltado para o canal, em Amsterdã. Quando eu planejava as férias, sabíamos exatamente

aonde íamos, onde ficaríamos hospedados, como chegaríamos lá e a que horas. Descobri também que todas as características dele, que eu vira como negativas, pareciam-me negativas apenas porque eram diferentes das minhas, do meu jeito de fazer as coisas. Sempre relutei em aceitar tudo o que fosse diferente, mesmo que se tratasse de meu marido. De certo modo, eu o mantive a distância durante mais de vinte anos.

Naquele vôo em particular (quando percebi todas essas coisas), desenvolvi uma nova admiração por Larry. Começara a vê-lo de uma forma totalmente diferente.

Outra mulher, divorciada e mãe de quatro filhos, também teve uma experiência que lhe deu poder e transformou sua vida:

Vinte anos atrás meu marido me deixou, e fiquei com quatro filhos, cujas idades eram quatro, seis, oito e dez. Por algum tempo senti-me totalmente perdida. Fiquei arrasada. Durante dias não consegui sair da cama, e só chorava. Meu sofrimento era grande demais. E eu tinha medo, pensando no que meus filhos e eu teríamos de enfrentar. Não sabia como poderia ir em frente. Havia vezes em que passava o tempo só dizendo a mim mesma que não chorara na última hora e que faria o possível para não chorar na próxima. Tudo isso era muito difícil para as crianças, porque o pai delas acabara de sair de casa, e parecia que sua mamãe também "se fora".

Foram elas, por fim, que me deram forças para reagir e suportar. Percebi que, se não me recuperasse, não apenas me arruinaria, como estaria levando quatro pessoas preciosas comigo.

Comecei a pensar, então, que precisava de uma nova visão. Não éramos mais uma família normal, como pensávamos que sempre seríamos, e como nossa situação não parecia mais a mesma, eu precisava mudar a "visão" de tudo.

Ela conta, então, como, conversando e trabalhando com as crianças, conseguiu definir essa nova visão. A missão e a visão que ela criou esboçavam os valores, princípios e outras coisas boas que desejava para sua vida e dos filhos. Mas apenas isso não resolveu todos os problemas. Quando começou a cumprir a missão que estabelecera, ela percebeu que havia mais coisas a fazer:

> Eu precisava analisar meus sentimentos em relação ao pai de meus filhos, avaliar seus pontos bons, sem perder de vista os que não aprovava. Naquele tempo eu não queria perdoá-lo. Não queria que as crianças tivessem contato com ele. Mas a minha consciência e meu lado bom diziam-me que aquele tipo de atitude não daria bons resultados.
>
> Não foi fácil. Às vezes eu ficava com tanta raiva daquele homem que tinha vontade de matá-lo, sobretudo quando o que ele fazia magoava as crianças. Com o passar dos anos, porém, consegui dominar a raiva e finalmente cheguei a gostar dele quase como se fosse meu irmão. Comecei a vê-lo não como meu ex-marido, não como pai de meus filhos, mas como uma pessoa que cometera erros verdadeiramente trágicos.

Depois de contar como cada uma das crianças perdoou o pai e foi capaz de redefinir seu relacionamento com ele, ela fala como estabelecer uma missão pessoal ajudou-a, e aos filhos:

> O que mais nos ajudou foi o fato de termos conseguido ir em frente com uma nova finalidade em mente. Criamos uma visão diferente de nossa família.

Como essa carta mostra, uma Declaração de Missão Pessoal não precisa limitar-se a uma pessoa. Uma família também pode ter uma missão em comum, baseada no que é importante para cada um de seus membros. O importante, para indivíduos ou famílias, é que exista essa declaração, para servir de guia.

Antes de prosseguirmos, quero dizer mais uma vez — nunca é demais — como é importante que você reveja suas metas e valores governantes e sintetize sua própria declaração de missão. Certo, pode ser difícil identificar o que realmente é importante para você. Mas, depois que fizer um resumo e criar sua Declaração de Missão Pessoal, terá um documento que se tornará um padrão pelo qual todas as atividades e acontecimentos de sua vida poderão ser avaliados. Pode ser um documento tão poderoso, para você ou sua família, quanto a introdução da Constituição dos Estados Unidos, a declaração de missão nacional, que tem guiado a nação norte-americana por mais de dois séculos.

Capítulo 7

"A Maior Força da Criação..."

Há apenas um milagre, e ele já foi realizado.
Esse milagre é a alma humana.

— *Hermann Hagedorn*

O CONCEITO DO ÁTOMO me fascina desde que estudei química e física no segundo grau. Primeiro de tudo, o átomo é tão pequeno que nossos instrumentos óticos não são poderosos o bastante para nos permitir ver um. Os cientistas agora calculam que 10 milhões de átomos, enfileirados, ocupariam apenas 1 milímetro.

Depois, há a idéia de que todos os átomos são compostos dos mesmos ingredientes básicos: prótons, de carga positiva; elétrons, de carga negativa; e nêutrons, que não contêm carga eletromagnética. Prótons e nêutrons formam o núcleo do átomo, e os elétrons circulam em órbitas ao redor do núcleo. Não se esqueça de que a estrutura e a atividade atômicas não podem ser vistas. Os cientistas tiraram essa concepção de átomos observando os efeitos produzidos por vários fenômenos naturais e conduzindo experiências.

Outro fato interessante é que esses prótons, elétrons e nêutrons formam os blocos da base de toda a matéria. Os prótons são todos iguais; os elétrons, idênticos; e os nêutrons também. O modo exato como esses blocos combinam-se para formar átomos continua a ser um mistério que desafia os cientistas. Mas, quando números iguais de cada um são combinados, os átomos criam o que os químicos chamam de elementos básicos. O hidrogênio, o mais simples e abundante dos elementos, consiste em um elétron que gira em torno de um próton, e é o único que não contém nenhum nêutron.

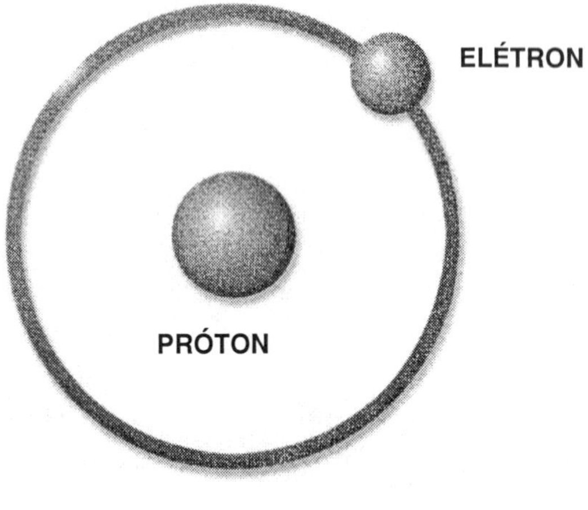

O oxigênio tem um núcleo de oito prótons e nêutrons, circundado por oito elétrons. O urânio, um dos elementos naturais mais "pesados", consiste em 92 prótons e 92 nêutrons, com 92 elétrons em sua órbita.

Não me lembro de quando foi que notei a similaridade entre a estrutura de um átomo e nosso sistema solar — sendo que a única diferença é a escala, que, num caso é tão pequena que não pode ser imaginada, e no outro, também não pode ser imaginada de tão grande.

Se todas essas coisas não houvessem sido conclusivamente demonstradas por séculos de ciência, poderíamos descartar a idéia de que átomos são como pequenos sistemas solares de partículas carregadas, considerando-a absurda. Poderia um dos mais minúsculos blocos construtores de matéria realmente ter a mesma estrutura de um dos mais imensos? Também é de pasmar ver que o homem aprendeu a dominar a força que existe no átomo. Na fissão do átomo, o processo usado em uma bomba atômica, o núcleo de um átomo de urânio é bombardeado com nêutrons. Quando isso acontece, o núcleo se parte liberando mais nêutrons, que podem dividir outros átomos de urânio. Isso causa uma reação em cadeia que libera tremendas quantidades de energia. Na fusão nuclear, usada nas bombas de hidrogênio, o processo é inverso. Envolve um novo arranjo dos prótons e nêutrons de um átomo. Os físicos dizem que o processo de fusão libera uma energia ainda maior do que a divisão, e que esse é o processo que cria a luz e a energia do sol e da maioria das estrelas visíveis.

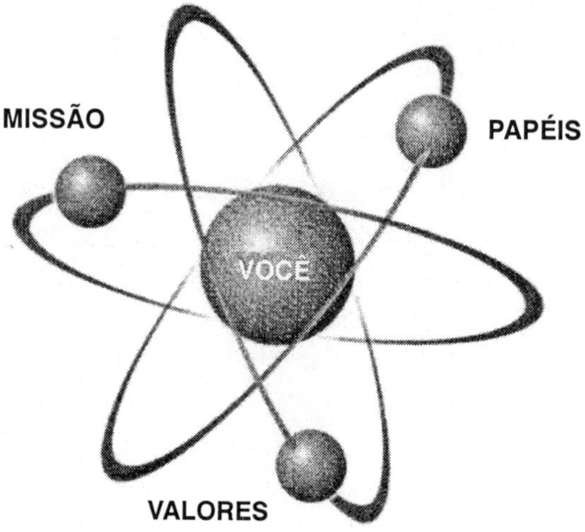

Por que toda essa conversa, própria de uma aula de física? Porque eu quero que você compreenda minha empolgação quando, pela primeira vez, percebi que a tripla equação é, na verdade, muito parecida com o átomo. O núcleo do átomo é você, como ser físico, espiritual e emocional, uma criação individual e única. Você contém potencial inimaginável. Os elétrons circundantes são as coisas externas que ajudam a definir quem e o que você é. O primeiro elétron que gira à volta do núcleo a grande velocidade representa os papéis que desempenhamos. O segundo, os valores governantes identificados e que nos ajudam a desempenhar nossos papéis. O terceiro elétron é a missão que descobrimos e à qual vamos dedicar a vida. Esses três elétrons representam o que estivemos identificando e esclarecendo nos últimos três capítulos. Quando os reunimos, temos um dinâmico modelo atômico que é nosso retrato verdadeiro. E, como o átomo, possuímos uma tremenda energia em potencial que pode ser liberada.

Agora, então, a tripla equação bidimensionada tornou-se uma unidade atômica tridimensional e poderosa: você. Como vê, esse modelo passa de exemplo estático a uma metáfora forte, sinérgica, fornecedora de energia, e espero que você também veja como esse conceito dará orientação e poder a sua vida.

Enquanto reflete sobre a metáfora do átomo, lembre-se de que o poder dentro de você pode ser usado tanto para o bem como para o mal. Os átomos do urânio ou do plutônio podem gerar a eletricidade que ilumina cidades e países, como também pode produzir força para destruir essas mesmas cidades e países. Como exemplo, a reação atômica pessoal que Winston Churchill produziu para o bem do mundo foi magnífica. Seu adversário, Adolf Hitler, causou muito mal à humanidade, pois usou seu poder para destruir. É muito importante que percebamos que *somos nós que escolhemos como vamos usar esse poder.* Se o dirigirmos para o bem, produziremos milagres. Se o dirigirmos para o mal, causaremos destruição. Veja que frase maravilhosa: "O poder de guiar é o poder de desviar, e o poder de desviar é o poder de destruir". Se fizéssemos uma lista dos dez maiores oradores do século XX, o nome de Churchill constaria dela, assim como o de Hitler.

Um professor que teve grande influência sobre mim na juventude, uma vez me deu um ensaio, ou poema — nunca soube em que categoria colocar aquele texto — intitulado "A Bomba que Caiu Sobre a América", de Hermann Hagedorn. É uma bela fábula, na qual uma bomba nuclear devasta os Estados Unidos. Um dos sobreviventes é mandado à presença de Deus para pedir-lhe um milagre que restaurasse nas pessoas a fé em si mesmas e em sua capacidade de lidar com os problemas. Depois de repreendê-lo por pedir um milagre, uma solução instantânea para o problema, Deus diz ao mensageiro que "existe apenas um milagre". E esse já foi realizado na alma humana. "O homem é igual ao átomo", Deus continuou. "Maravilhosamente igual ao átomo. Pense no átomo, tão diminuto que nenhuma lente pode aumentá-lo bastante para torná-lo visível. No entanto, existe um sistema solar inteiro dentro dele, girando ao redor do núcleo como os planetas ao redor do sol. Tão frágil, quando preso, é a maior de todas as forças da criação, exceto uma. A maior força, a não ser uma. Eu lhe dei uma alma, e você me pede para descer lá e fazer um truque de mágica!", troveja a voz do Criador.

Depois de explicar que os homens que haviam descoberto a energia atômica não tinham ido pedir a Deus que descesse e dividisse o átomo, mas lançaram-se ao trabalho sozinhos e liberaram a energia, o autor termina a fábula dizendo como podemos liberar aquela que existe dentro de nós:

Há poder na alma humana, quando a libertamos.

Como o poder do átomo, mas mais poderosa que o átomo, a alma pode controlar o átomo, e é a única no mundo que pode.

Eu lhes disse que o átomo é a maior de todas as forças do mundo, exceto uma.

E essa é a alma humana.

Toda vez que leio essas palavras fico arrepiado, porque elas me fazem lembrar novamente como a alma humana é poderosa. É por isso que esse átomo pessoal que você está descobrindo e definindo é tão importante. É mais poderoso que todos os átomos do universo. E quando circundamos esse núcleo com definições claras de quem somos, do que mais importa para nós, da direção que estamos seguindo e por quê, os milagres começam a acontecer em nossa vida e na vida das pessoas a quem servimos.

Espero ter ajudado você a ver o poder desse átomo metafórico. Se mais pessoas tivessem a percepção dessa estrutura atômica em suas vidas e permitissem que o poder de quem elas realmente são subisse à tona, a energia positiva liberada na Terra poderia fazer uma diferença que seria imensurável.

Terceira Parte

Fazendo Algo a Respeito do que Mais Importa

Saber não basta. Temos de aplicar o que sabemos.
Intenções não bastam. Temos de agir.

— *Goethe*

A idéia é tomar decisões e agir — decidir o que é importante realizar, decidir sobre a melhor forma de fazer alguma coisa, achar tempo para trabalhar nisso e terminar a tarefa.

— *Karen Kakascik*

ESTIVE NO EGITO ANOS ATRÁS e andei ao redor das grandes pirâmides de Gizé. Essas construções realmente magníficas são maravilhas arquitetônicas, e é difícil acreditar que já eram antigas na época do Império Romano e que os viajantes daquele tempo olhavam-nas com o mesmo deslumbramento dos turistas de hoje.

Essas grandes pirâmides de pedra, erguendo-se na orla do vale do Nilo, são impressionantes, não apenas por causa de seu tamanho e simples beleza geométrica, mas porque realizaram as aspirações daqueles que as construíram, há mais de 4.500 anos. Foram feitas para permanecer eternamente, como monumentos à crença de seus construtores de que a alma humana também permanece para sempre.

É espantoso o fato de os construtores terem escolhido a pirâmide, a forma geométrica que mais dá estabilidade a construções verticais. Lendo a respeito de pirâmides, fiquei surpreso ao descobrir que sua característica mais importante não faz parte do monumento que se eleva acima da terra, mas do alicerce natural em cima do qual elas se erguem. Nem mesmo a forma geométrica mais estável mantém-se em pé se não se erguer sobre um alicerce sólido. O peso da pirâmide precisa repousar numa base uniforme. Se qualquer parte da pirâmide alicerçar-se em areia, ou solo, ou rocha com rachaduras, haverá uma zona de fragilidade que pode causar seu desabamento. Por isso, aqueles antigos construtores retiraram do local a areia do deserto e ergueram as gigantescas pirâmides sobre rocha sólida.

Podemos comparar a rocha sólida, em cima da qual repousam as pirâmides, ao alicerce que você encontrou nos últimos três capítulos, o fundamento firme de saber quem você é e o que é mais importante em sua vida. E, construindo sobre essa base sólida, você pode transformar sua vida em um monumento que realmente refletirá sua personalidade e individualidade.

As pirâmides do Egito foram construídas por reis-deuses que desejavam deixar um legado eterno. Da mesma forma, existe em todos os seres humanos o anseio quase universal de alcançar a imortalidade por meio de algo que perdure depois de sua morte. Essa motivação universal encontra-se por trás de muitos dos assuntos que estamos discutindo, desse anseio que nos diz que a vida deve nos oferecer mais do que às vezes oferece. Esse anseio também aparece no desejo que muitas pessoas sentem de deixar um legado, algo para o qual os outros possam ver para saber que elas viveram e fizeram uma contribuição ao mundo. Por esse motivo, todos nós temos a percepção de uma missão pessoal. É quase como se fôssemos geneticamente programados para isso.

Se vamos fazer alguma coisa a respeito de missões pessoais e das coisas que mais nos importam, precisamos construir nossas vidas com o mesmo tipo de cuidado meticuloso e trabalho arquitetônico que usaríamos para erguer uma construção. Grandes vidas e grandes legados não acontecem simplesmente. Primeiro, temos de planejar, desenvolver as plantas da construção e, então, guiando-nos pelo que planejamos, construir uma vida que reflita o que de fato somos. Temos de supervisionar a construção com um cuidado maior do que aquele de dedicamos a qualquer outra coisa que fazemos. Para ajudá-lo, usarei o exemplo da pirâmide para ilustrar os três mais importantes níveis do desenvolvimento de sua Pirâmide de Produtividade, uma forma de representar o processo *O que Mais Importa* como uma pirâmide construída solidamente sobre o alicerce que você encontrou nos capítulos anteriores.

Ao examinar o processo de construir a pirâmide de sua vida, leve em consideração o fato de que você já preparou o

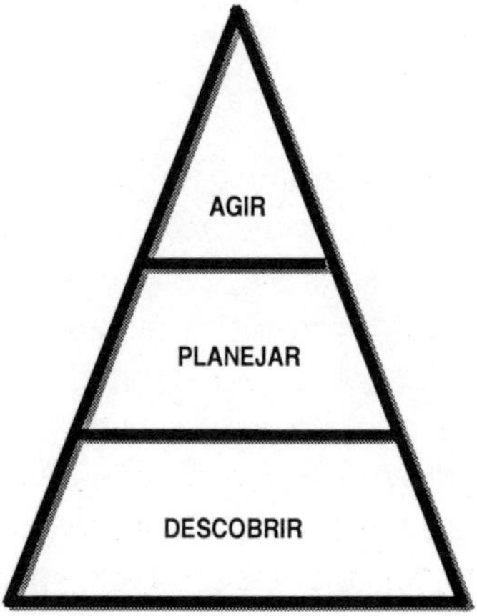

Pirâmide da Produtividade

alicerce, já *descobriu* quem é e o que mais lhe importa. Este livro ajudou-o a cavar profundamente a fim de encontrar, para a pirâmide de sua vida, a base firme que representa o motivo de tanto esforço. Agora, o processo passará à fase em que você fará alguma coisa a respeito do que é mais importante em sua vida.

O Capítulo 8 ajudará a planejar e desenvolver suas plantas, descrevendo tanto *o que* você deseja realizar quanto *como* vai conseguir isso. Então, no Capítulo 9 falaremos da ação real, por meio da qual você desenvolverá seus planos, transformando-os em realidade.

No Capítulo 10 veremos como a mudança em nosso comportamento é influenciada por nossa Vitrine de Convicções. Essa metáfora poderosa o ajudará a certificar-se de que sua percepção da realidade está de acordo com a realidade, com as coisas como elas realmente são, não como você as imagina ou como gostaria que fossem. Armado com seu plano e com um processo de desenvolvê-lo, você estará no caminho certo para harmonizar sua vida com aquilo que mais lhe importa.

Capítulo 8

Use o Poder que Existe em Planejar

Deixar de planejar é um plano para o fracasso.

— *Effie Jones*

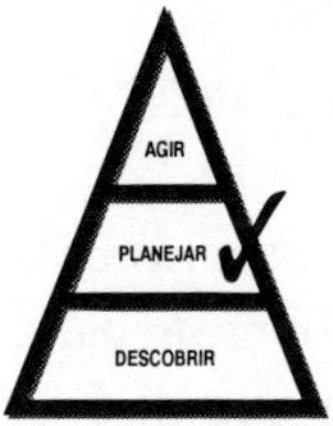

DURANTE A GUERRA DO VIETNÃ tive a oportunidade de servir no Exército dos Estados Unidos. Passei pela Escola de Aspirantes a Oficiais, em Fort Sill, Oklahoma, recebi um cargo na Artilharia e, em vez de ir para o Vietnã, fui para a Alemanha, como comandante de pelotão de uma unidade de mísseis Pershing. Os mísseis Pershing não fazem mais parte do arsenal militar norte-americano, mas, na década de 60, no tempo da Guerra Fria, eram armas nucleares eficientes, que as forças norte-americanas e da Otan apontavam contra a União Soviética e seus aliados da Europa Oriental.

A Alemanha Ocidental mantinha mísseis Pershing em vários locais, todos apontados para o lado oriental e a União Soviética, para o caso de haver algum problema, e estar no comando de algum desses postos era uma experiência inebriante para um jovem de 22 anos. Eu, como comandante de pelotão, tinha quatro ogivas e mísseis sob minha responsabilidade. A menor ogiva que nosso pelotão possuía era 32 vezes mais poderosa que a bomba atômica que caiu sobre Hiroxima. Estremeço ao pensar nisso agora, mas naquele tempo isso apenas fazia parte do meu trabalho.

Como nossa missão consistia em conservar esses mísseis no que era chamado de estado de prontidão, fazíamos freqüentes treinamentos práticos, nos quais simulávamos dispará-los. Nessas periódicas simulações de ação de guerra levávamos os mísseis para um certo local, contávamos regressivamente de dez até dois (dois segundos antes do lançamento), parávamos a contagem, então avaliávamos nosso desempenho no preparo dos mísseis para o lançamento. Se, na contagem regressiva, chegássemos a zero, os mísseis seriam de fato lançados. Havia outros tipos de proteção para evitar um desastre nuclear acidental, mas estávamos sempre totalmente conscientes de que a contagem regressiva nos treinamentos tinha de parar no "dois" para não darmos início à Terceira Guerra Mundial.

Uma noite, no meio de um desses exercícios, tivemos uma experiência que me ensinou uma grande lição sobre preparo, planejamento e a necessidade de sabermos em que direção estamos caminhando e que precisamos fazer na vida. Fomos convocados para um treinamento às 2 horas da madrugada, e tive de tirar 150 homens da cama e fazê-los enfiar-se em seus uniformes de batalha. O pelotão, já pronto, teria de embarcar em seus veículos (havia mais de cinqüenta caminhões e jipes), ir para o campo com cinco veículos puxando os reboques que carregavam as armas nucleares, encontrar o local predeterminado, posicionar os mísseis e simular seu disparo.

Havia entre nós um subtenente a quem chamavam de Chief Hewlett. Nunca esquecerei esse homem e a lição que ele me ensinou naquela noite. Chief Hewlett desembarcara na

Normandia com a Primeira Divisão de Cavalaria, na Segunda Guerra Mundial, dedicara sua vida ao Exército e desenvolvera verdadeira perícia no que dizia respeito ao sistema de mísseis Pershing, que foi o que lhe dera o posto de subtenente.

Por alguma razão, ele estava com nosso pelotão naquela noite. Entramos no mato levando nosso míssil e começamos o processo de prepará-lo para o disparo. Em determinado ponto, tínhamos de erguer o míssil da carreta de transporte e colocá-lo na posição correta. Para isso, acionávamos um aparelho elevador, muito parecido com esses que erguem a caçamba de um caminhão basculante. Ao chegar à posição certa, o míssil assentava-se em um grande aro de aço sustentado por três pernas e que podia ser hidraulicamente ajustado para corrigir o desnível do chão.

Essas pernas tinham cerca de 20 centímetros de diâmetro e eram muito fortes, pois precisavam sustentar todo o peso de um míssil de 12 metros de altura, quase a de um prédio de três andares, e só a ogiva media mais ou menos 3,5 metros de comprimento. Os resto do míssil era constituído em grande parte de combustível sólido para foguetes, similar àquele que aciona os propulsores de uma nave espacial. Um pequeno espaço, reservado para os controles, localizava-se entre as seções de combustível e a ogiva. No total, um míssil Pershing pesava alguns milhares de quilos e, quando posicionado para lançamento, na posição vertical, era de crucial importância que as três pernas que o sustentavam mantivessem o aro de aço nivelado.

Chief Hewlett e eu estávamos atrás do míssil, procedendo à contagem regressiva. O míssil começou a erguer-se, saindo da posição horizontal para a vertical, de disparo. As três pernas do aro de aço já se encontravam no chão, em posição nivelada. Mal o míssil assentou-se sobre essa plataforma circular, uma das pernas começou a retrair-se, por algum motivo desconhecido. Isso fez com que o míssil, sustentado apenas por duas pernas, começasse a inclinar-se. Não caiu imediatamente porque o aro sobre o qual se assentava ainda continuava preso ao mecanismo que o erguia e ao veículo.

Então, começou a cair lentamente. Quando isso aconteceu, um alarme disparou, para que todos soubessem que surgira um sério problema. Os companheiros corriam freneticamente de um lado para outro, tentando encontrar uma solução, evitar um desastre que parecia iminente. Diante de meus olhos começaram a desfilar quadros, mostrando-me na corte marcial ou enfrentando um severo inquérito.

Um de nossos sargentos lançou-se à perna com defeito e começou a baixá-la, usando uma manivela. Era uma possível solução, mas, depois de ver o sargento girar a manivela umas seis vezes, percebi que ele não conseguiria baixar a perna a tempo de impedir o míssil de tombar.

No meio de toda aquela atividade, vi, pelo canto do olho, uma cena inesquecível: Chief Hewlett, um veterano que lutara na Segunda Guerra e na Coréia, estava parado, de braços cruzados, observando o míssil. Quando o Pershing oscilou mais perigosamente, Chief Hewlett continuou parado pelo que me pareceu uma eternidade, mas acredito que tenham se passado apenas três, quatro segundos. De repente, como se tivesse tido uma revelação, ele descruzou os braços, caminhou para os geradores que forneciam força para todo o sistema de lançamento e apertou três interruptores, um após o outro. Quando acionou o terceiro interruptor, a perna desceu automaticamente e de modo rápido, e a base começou a endireitar o míssil, que logo voltou à posição vertical, e o problema foi resolvido.

O suspiro de alívio foi coletivo. O que segundos antes parecera um desastre inevitável estava completamente sob controle. Perguntei-me o que acontecera para a situação reverter-se de tal maneira.

Enquanto a agitação desaparecia, fui até Chief Hewlett e perguntei: "Chief, o que estava fazendo quando ficou parado, olhando o míssil? Por que demorou tanto para agir?". Nunca esquecerei a resposta: "Tenente, eu precisava planejar antes de agir".

Tenho pensado naquela experiência muitas e muitas vezes. Chief Hewlett sabia quase tudo o que alguém podia saber a respeito daquele míssil e o sistema associado a ele. Em algum recanto de seu cérebro havia uma informação sobre o que causara o problema e o que era necessário fazer para solucioná-lo. Ele sabia que correr de um lado para outro, em pânico, não iria adiantar nada. Então, permaneceu em total tranqüilidade por alguns segundos, e encontrou a solução para o problema. Daí entrou em ação, executando seu plano, e evitou uma situação que poderia ter sido catastrófica.

Há nessa experiência uma maravilhosa lição para todos nós que tem a ver com a importância de primeiro criar mentalmente, antes de criar fisicamente. Precisamos analisar as coisas, refletir sobre elas. Seja o que for — a solução de um problema, um novo empreendimento, uma família mais harmoniosa —, deve, antes de tudo, ser criado em nosso cérebro. Quando mentalmente criamos uma situação e temos uma visão do que deve ser feito e de qual será o resultado, podemos realizá-la fisicamente. No caso de nosso míssil Pershing inclinado, é provável que esse procedimento tenha salvado alguma vida. Como o lançamento era simulado, não passava de um treinamento, a ogiva não fora armada, de modo que não havia o perigo de uma explosão nuclear. Mas o planejamento e a ação de Chief Hewlett naquele momento de crise decididamente evitaram que um dos homens se ferisse, ou mesmo morresse, além de salvar milhões de dólares em equipamentos.

Esse fato, ocorrido às 4 horas da manhã, na zona rural do sul da Alemanha, ilustra a definição de planejamento que tenho ensinado há anos. Para fazer algo a respeito das coisas que mais lhe importam, você deve compreender alguns princípios básicos referentes a agir com eficiência.

Por exemplo, *planejar é predeterminar um curso de acontecimentos* — decidir o que deve acontecer para que determinado resultado seja obtido. Como você já passou pelo processo de identificar o que é mais importante em sua vida, é provável que agora tenha uma visão mais clara do que identificou e do que deve fazer a respeito. O próximo passo é o planejamento, que vai assegurar que algo será feito para a realização daquilo que é mais importante para você.

A única coisa que eu adicionaria à definição de "planejar" é: *por escrito*. Então, *planejar é predeterminar um curso de acontecimentos, por escrito*. Por que é tão importante que isso seja feito por escrito? Respondendo de modo simples, porque escrever seu plano é vital para que você realmente o veja sendo realizado.

Quando digo isso, as pessoas costumam replicar com certos comentários. "Mas eu tenho minhas melhores idéias no chuveiro!", ou "Planejo as coisas quando estou dirigindo ou fazendo uma caminhada". O que acontece no chuveiro, no carro ou durante uma caminhada pode ser parte de um plano, mas não passa de uma reflexão sobre um projeto ou atividade. A menos que seus planos sejam colocados no papel, você estará agindo como um arquiteto tentando construir uma casa sem uma planta. Se você não criar um planejamento por escrito, seus mais profundos pensamentos poderão permanecer no estágio do "algum dia". Um plano escrito, por outro lado, parece produzir um poder e um compromisso que o impulsionam para a ação.

Planejamento: Examine-o Através de Três Lentes

Quando você começa a desenvolver um plano, pode achar útil comparar esse processo a uma câmera de três lentes. Numa câmera com *zoom*, a lente de longo alcance fornece a foto grande, a maior quantidade de informações visuais sobre a cena fotografada. A lente de *close-up* vai ao outro extremo, aproximando a cena e mostrando seus detalhes. A lente de alcance médio oferece uma cena que fica entre as outras duas.

Lentes de uma Câmera

Cada uma das lentes tem sua função e oferece vantagens, dando sua particular perspectiva. Numa foto grande, temos uma maravilhosa visão geral, mas não conseguimos distinguir detalhes. Da mesma forma, numa foto de detalhes, não vemos a cena maior. Às vezes é bom ter uma visão que nos dê alguns detalhes, mas que também nos permita ver um pouco da cena geral.

Aplicando essa analogia ao planejamento de fazer alguma coisa a respeito do que é mais importante para nós, o melhor é começar com a lente de longo alcance. Você já criou uma boa parte dessa vista panorâmica de quem é realmente, quando completou os exercícios explicados na Segunda Parte deste livro. A esta altura, espero que já tenha uma boa idéia de seus principais papéis na vida e que já tenha feito uma lista de seus valores governantes e escrito sua Declaração de Missão Pessoal. Esses são os elementos que criam a grande foto de quem você é e do que é mais importante para você.

Agora, pare um pouco e faça uma revisão. Comece por sua Declaração de Missão Pessoal, que lhe dará uma boa fotografia de seu propósito na vida. Depois, veja os papéis que vem desempenhando e o grau de importância que atribuiu a cada um deles. Por fim, releia sua lista de valores governantes e os esclarecimentos que escreveu.

Enquanto olha a vista panorâmica do que você é, selecione um de seus papéis para ser examinado. Pode ser o papel que atualmente você julga o mais importante, ou aquele que vem negligenciando, mas com o qual deseja envolver-se mais profundamente. A escolha do papel é com você. Escreva esse papel, de modo que possa tê-lo bem claro a sua frente, enquanto passa pelo processo de planejamento.

Agora, examine os valores governantes que emergem desse papel ou têm muito a ver com ele, e escreva tudo isso também.

É hora de deixar de lado a lente de longo alcance e usar a de médio alcance. Imagine-se daqui a cinco, dez anos ou mais, e identifique uma meta a longo prazo, relacionada com o papel que selecionou e que você gostaria de alcançar nesse período de tempo. Quais são seus sonhos a respeito desse papel? Pode descrever um deles por escrito? Quando descrever seu sonho, coloque uma data ou época em que acha que o terá realizado, mas seja realista. Pode ser algo bem específico, por exemplo, 25 de março de 2005, ou mais geral (dentro de cinco anos).

Um Sonho ou uma Meta

Penso que agora você já pode falar sobre a diferença entre um sonho e uma meta. *Uma meta é um sonho com prazo*. Dar um prazo ao seu sonho tirará você do vago "algum dia". O sonho adquirirá vida própria, criando um limite de tempo dentro do qual deverá ser realizado. Sua mente pode visualizar sua realização, o modo como você se sentirá, como a vida será diferente quando esse propósito estiver cumprido. O simples ato de escrever uma meta começa a liberar o poder e o impulso que o ajudarão a alcançá-la.

A essa altura você completou duas importantes fases do processo de realização. Determinou *o que quer fazer* (a meta) e fez uma lista das *razões pelas quais deseja fazê-lo* (papéis e valores governantes que motivaram essa meta).

A terceira e última fase do processo de planejar uma meta é determinar *como você vai atingi-la* — quais as etapas intermediárias que terá de vencer para chegar lá. Parece uma tarefa muito difícil, mas se tornará mais fácil se você pensar bastante. Quando pensar em algo que precisamos fazer para atingir sua meta, escreva esse pensamento. Se a meta for uma mudança em sua vida profissional, no prazo de dois anos, as etapas podem incluir coisas como determinar o tipo de trabalho que gostaria de fazer, identificar as qualificações necessárias, procurar empresas ou organizações que possam empregá-lo e assim por diante.

Não se preocupe agora com a ordem das etapas. Pode pensar nisso depois. O que você está tentando fazer é planejar o processo de atingir sua meta e identificar as etapas principais que terá de vencer. Escreva todas essas etapas, mesmo aquelas que lhe parecerem inadequadas ou estranhas. O importante é pensar, pôr todas as idéias e pensamentos no papel, antes de avaliá-los para decidir se são relevantes e adequados ou não. No decorrer do processo, você pode eliminar aqueles que considerar inúteis.

Quando achar que identificou todas as etapas necessárias, determine a ordem em que deverá lidar com elas. Identifique qual deve ser a primeira, depois a segunda, e assim por diante. Agora, você só tem de ler sua lista de etapas e estabelecer um prazo para cada uma. Seja realista ao calcular quanto tempo levará para executar cada tarefa, sobretudo se parece haver muito pouco tempo livre em sua vida. Você não vai gostar de ver suas metas a longo prazo sufocadas sob o peso de outros acontecimentos e responsabilidades. Se isso acontecer, é muito provável que você desanime e desista de tudo antes que as coisas comecem a deslanchar. O importante é *planejar de que modo você possa fazer algo por sua meta, regularmente*, estabelecendo prazos intermediários de maneira realista, para que sirvam de marcos de seu progresso ao longo do caminho. Pode ser que você descubra que seu prazo final está fora da realidade. Tudo bem. A menos que haja uma forte razão para que ele não possa ser mudado, estabeleça um novo prazo final. Fazendo tudo isso, você verá que o processo lançou-o na estrada que o levará até sua meta.

Não Tenha Medo do Poder que Existe em Planejar

Uma das maiores razões que geralmente nos impedem de planejar é o medo do compromisso e seu primo em primeiro grau, o medo do fracasso. Não há problema quando se trata de pensar no que precisamos fazer para realizar alguma coisa, mas se traçamos planos bem definidos e os colocamos no papel, podemos fracassar. Esse medo do compromisso e do conseqüente fracasso é de fato uma das maiores evidências do poder que um plano escrito pode dar a qualquer empreendimento. Não conheço nenhum jeito melhor de ter sucesso em algo do que traçar um plano realista e deixá-lo ser a força motivadora que nos levará até o fim. Lembre-se de que a diferença entre um sonho e uma meta reside no ato de escrever o plano. Se você não o escrever, quase posso garantir que fracassará. Sua meta permanecerá apenas um sonho de "algum dia".

Capítulo 9

"Cumpra-se!"

Podemos escolher entre ir para trás, em busca de segurança, ou ir em frente, em busca de crescimento. O crescimento deve ser sempre o escolhido; o medo deve ser sempre dominado.

— *Abraham Maslow*

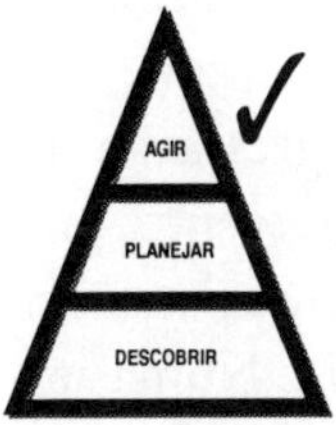

EM MINHA JUVENTUDE fui abençoado ou amaldiçoado (às vezes não tenho muita certeza) com uma tendência para a ação. Durante toda minha vida tenho me visto sempre com pressa de terminar seja lá o que for que tenha decidido fazer, limpar o quintal em metade do tempo, entregar rapidamente os jornais para poder ir jogar basquete com os amigos, ou pintar a cerca mais depressa do que qualquer um imaginaria possível. "Acabar" sempre representou uma espécie de desafio para mim, algo que me ajudou bastante, porque tenho sido capaz de realizar muitas coisas.

Nos primeiros anos de minha vida adulta essa tendência para a ação acompanhou-me em minha relativamente curta carreira militar. No capítulo anterior contei como aprendi, com Chief Hewlett e o míssil desequilibrado, a importância de um cuidadoso planejamento. Outro acontecimento instrutivo, que envolveu não apenas planejamento como também a execução de planos, ocorreu quando eu estava na Escola de Aspirantes, em Fort Sill, Oklahoma, em 1966.

O propósito da escola era transformar um jovem alistado não só em um oficial do Exército, mas também em um cavalheiro, em seis meses. Era um verdadeiro castigo. Mais ou menos dois terços dos alunos não conseguiam cumprir o programa e eram mandados de volta para as fileiras de soldados comuns. Isso aconteceu com minha turma. Começamos com 180 aspirantes ao posto de oficial, mas apenas sessenta conseguiram formar-se. Nós, que conseguimos chegar até o fim, nos formamos em 17 de dezembro de 1966, sentindo-nos completamente realizados.

Na Escola de Aspirantes, o posto ocupado pelo aspirante era determinado por seu desempenho. No decorrer das últimas semanas de curso, meu desempenho foi o melhor da turma, de modo que recebi o posto de comandante de regimento.

Por causa do grande número de jovens que ingressavam na Escola de Aspirantes naquela época, devido aos crescentes problemas no sudeste da Ásia, não havia lugar suficiente para abrigar todos nos alojamentos Robinson, em Fort Sill. Numa sexta-feira de manhã, o comandante da escola, coronel Howard, chamou-me a seu gabinete e disse: "Aspirante Smith, tenho um desafio para você e seus homens. Temos mais aspirantes do que lugares para acomodá-los, de maneira que vamos ter de usar uma parte de Fort Sill que não é usada desde a Segunda Guerra Mundial".

Entramos no carro dele e nos dirigimos a uma área que estivera abandonada durante anos. Ali havia três alojamentos de madeira, com capim alto a toda volta. Ninguém ocupara aqueles alojamentos depois de 1945.

O coronel Howard ordenou: "Aspirante Smith, esses alojamentos precisam ser limpos e arrumados para receber uma nova turma que vai chegar na manhã de segunda-feira. Alguma pergunta?".

Olhei para aquilo tudo e pensei: "De jeito nenhum poderemos deixar esses alojamentos decentes num tempo tão curto". Aquelas construções não poderiam ser usadas nem mesmo para alojar prisioneiros de guerra, e os padrões de higiene e conforto de nossa escola eram altíssimos. Deixá-las de acordo com esses padrões parecia uma missão impossível. Olhei para o coronel Howard, e as palavras que saíram de minha boca espantaram a mim mesmo: "Coronel, cumpriremos a tarefa".

De volta a minha sala, convoquei seis companheiros que também ocupavam postos por causa de seu bom desempenho no curso. Expliquei a situação, o verdadeiro desafio que nos fora apresentado. Eles resmungaram algumas obscenidades, dizendo que não iríamos conseguir. Então, minha tendência para a ação manifestou-se, e tive a audácia de declarar: "Podemos e vamos conseguir".

Sentamo-nos para planejar um meio de cumprir a difícil tarefa. Durante horas, nós sete trabalhamos num plano para transformar os alojamentos arruinados em abrigos condizentes com os padrões de nossa escola. Decidimos que precisaríamos de oitocentos homens e três caminhões carregados de material de limpeza e de carpintaria. Precisaríamos também de novos ladrilhos e linóleo para os pisos, venezianas para as janelas, material de pintura e peças para os banheiros.

Criamos uma lista e tanto! Então, convocamos os comandantes dos batalhões e informamos que, às 18 horas daquela sexta-feira, seus homens deveriam estar diante dos alojamentos que seriam reformados, usando uniformes de serviço.

Três de meus seis companheiros e eu fomos ao almoxarifado e, às 6 horas da tarde, entramos com os caminhões carregados no estacionamento ao lado dos alojamentos. Oitocentos homens em uniformes de serviço, liderados por seus comandantes, chegaram marchando e pararam em formação diante dos alojamentos. Dividimos aquela maravilhosa força de trabalho em cinco unidades, demos as instruções, e, por volta de 18:30, a atividade começou.

Entre as 6:30 da tarde de sexta-feira e 6 horas da manhã de segunda, um milagre aconteceu em Fort Sill, Oklahoma. Foi uma coisa linda de ver. O capim de 1,20 metro de altura desaparecera. Pedras pintadas de branco guarneciam uma faixa ao redor de cada prédio, e a terra fora coberta de cascalho. As três construções de dois andares exibiam pintura nova. No interior, todos os ladrilhos do piso haviam sido removidos e substituídos pelos novos. As venezianas velhas, cerca de trezentas, foram trocadas. Nos banheiros, os antigos ladrilhos do piso, vasos sanitários, mictórios, pias e espelhos também foram substituídos. Torneiras, canos e chuveiros haviam sido consertados ou substituídos. O telhado e as calhas estavam perfeitos.

Já tarde, na noite de sábado, ficou claro que terminaríamos todo o trabalho, desde que ninguém dormisse. Foi uma verdadeira beleza ver a camaradagem que surgiu entre as equipes de trabalho e o entusiasmo dos homens diante da transformação, a alegria evidente que eles sentiam por saber que haviam participado daquele esforço.

Uma das características dos alojamentos da Escola de Aspirantes era o piso revestido de linóleo, encerado e lustrado até que uma pessoa pudesse de fato ver-se refletida no chão. Quando o novo linóleo acabou de ser colocado, na noite de domingo, 75 homens em cada alojamento começaram a encerá-los e lustrá-los. Foi a última coisa que fizemos. Queríamos que, quando o coronel Howard e seus homens entrassem, vissem seus rostos refletidos no chão, que ficara igualzinho ao de todos os outros alojamentos.

Às 4 da manhã de segunda-feira, a tarefa estava finalmente concluída. Oitocentos homens exaustos enfileiraram-se no pátio gramado do estacionamento, que se transformara num lugar lindo. Parecia um campo de golfe bem tratado. Não havia um fio de grama mais alto que outro. Não havia uma pedra fora do lugar. Tudo o que era pintado recebera nova tinta. O lugar todo brilhava, literalmente. Todas as luzes estavam acesas. Todos os beliches estavam prontos para inspeção, forrados com roupa de cama limpa e com os cobertores perfeitamente dobrados nos pés. Os beliches e os novos baús individuais haviam sido arrumados de modo a formar fileiras perfeitas. Os cabides, que logo receberiam os uniformes da nova turma de aspirantes, separados por um espaço de dois dedos, enfileiravam-se em todos os armários dos três alojamentos. Como uma delicadeza extra, enchemos todos os mictórios com água e pusemos um peixinho dourado em cada um, para que os novos homens fossem recebidos com um toque de humor. O resultado, de fato, era digno de admiração.

Disse aos homens que podiam voltar para seus alojamentos, mas que estivessem de volta às 6 horas, usando seus uniformes de gala, para receber o coronel Howard e os outros oficiais que o acompanhariam, e também para ver a reação daqueles homens diante do que o grupo realizara. Os comandantes dos batalhões, então, deram suas ordens, e os oitocentos jovens marcharam de volta para seus alojamentos, depois de sessenta horas sem dormir ou dormindo muito pouco.

Meu grupo de seis e eu fomos para nossos alojamentos, tomamos banho, vestimos os uniformes de gala e retornamos aos prédios reformados, chegando lá um pouco antes dos outros. Às 6 horas, oitocentos aspirantes, em seus uniformes imaculadamente limpos, entraram marchando no pátio de estacionamento e ficaram em posição de sentido. Ainda estava escuro, de modo que acendemos todas as luzes dos três alojamentos.

Às 6:05, o coronel Howard e mais três oficiais chegaram. O coronel desceu de seu carro, olhou para os três prédios, que brilhavam aos primeiros raios do sol, e aproximou-se de mim. Fiz-lhe continência garbosamente, e ele disse algo que nunca esquecerei: "Oh, meu Deus! Não acredito no que estou vendo".

Essas palavras fizeram com que cada uma das sessenta horas de trabalho valesse a pena. Os seis homens sob minhas ordens e eu seguimos o coronel e seus acompanhantes em sua inspeção dos dois andares dos três prédios. Andamos pela área externa também. Tudo isso durou cerca de trinta minutos, enquanto os oitocentos aspirantes continuavam no pátio de estacionamento em posição de descanso.

Por fim, acompanhamos o coronel até seus carros. Antes de entrar, ele olhou para mim e disse: "Quando lhe dei a tarefa de arrumar esses prédios, pensei que se tratava de algo impossível, que você apenas os tornaria habitáveis, e que os homens que estão chegando passariam os próximos seis meses acabando de reformá-los. Essa foi a coisa mais admirável que já vi. Como conseguiu?".

Apontei para os homens no pátio de estacionamento e respondi: "Foram eles que conseguiram, senhor. Precisa dizer a eles como apreciou seu trabalho".

O coronel, então, caminhou até lá, parou na frente dos jovens perfilados e dirigiu-se a eles, falando o mais alto que pôde, dizendo como ficara atônito diante daquela magnífica proeza, porque nunca pudera imaginar que os alojamentos passariam por tão completa transformação em sessenta horas. Agradeceu a todos pelo trabalho bem-feito, voltou para o carro e foi embora.

Enquanto os oitocentos aspirantes deixavam o estacionamento, voltando aos alojamentos, onde se preparariam para o início de outra semana de treinamento, olhei para aqueles três prédios, tomado por uma onda de emoção. Havíamos feito o impossível. Havíamos cumprido uma tarefa que ninguém acreditara que seríamos capazes de cumprir. Planejamos o modo de cumpri-la, sabíamos que conseguiríamos, e conseguimos. A satisfação que isso me deu e o impacto que a experiência causou em minha vida são imensuráveis. Toda vez que me defronto com uma situação a respeito da qual os outros acham que nada pode ser feito, vejo-me novamente diante daqueles alojamentos, maravilhado com o fato de havermos realizado algo impossível.

"Cumpra-se!"

O comando militar, usado na série de ficção científica *Jornada nas Estrelas*, sempre me impressionou. Quando Jean-Luc Picard, capitão da nave espacial *Enterprise* emite uma ordem, ele não diz "Faça", ou "Essas são minhas ordens". Diz: "Cumpra-se!" Gosto tanto da delegação de responsabilidade como do incentivo à ação contidos nessa frase. A pessoa não apenas faz alguma coisa em resposta a esse comando, toma também a responsabilidade de fazê-la acontecer. Espero que você não se esqueça disso quando, agora, der uma nova olhada nos planos que fez, lendo o capítulo anterior. Vamos falar como você pode lidar com o "cumpra-se".

O trabalho que fez, identificando seus papéis, valores governantes e missão pessoal, ajudou-o a construir a base de sua pirâmide, a descobrir quem você é e o que é mais importante em sua vida. Espero que também tenha desenvolvido por escrito um plano para alcançar uma ou mais metas relacionadas com as coisas que lhe são mais importantes, ou seja, o segundo andar da pirâmide. Agora chegou o momento de subir ao terceiro andar e agir, fixar datas e dar os passos necessários para que suas metas sejam atingidas.

Por mais que quiséssemos que fosse assim, a vida não pára, enquanto nos concentramos em executar nossos planos. Por isso, você deve integrar esses novos planos, tarefas e atividades ao torvelinho da vida moderna, com todas as suas variadas e conflitantes exigências. Por exemplo, talvez você tenha tomado a decisão de escrever um grande romance histórico. Mas, a menos que dinheiro não seja um problema e você tenha uma porção de empregados para cuidar das tarefas corriqueiras da vida, terá uma série de obrigações que tomarão quase todo seu tempo: trabalhar para ganhar seu sustento, de assistir a intermináveis e tediosas reuniões, levar os filhos a jogos de futebol, cuidar da casa e do quintal, comprar comida e outras coisas necessárias, lavar o carro, levá-lo à oficina, e assim por diante.

O mecanismo da administração do tempo não é o tema deste livro, mas, a fim de ser eficiente na execução de seus planos, você precisa conhecer alguns princípios fundamentais a respeito do bom uso do tempo.

Conheça a Diferença entre Urgente e Importante

Alguns anos atrás, dirigi um seminário no Citibank, na cidade de Nova York, no qual falei sobre a diferença entre tarefas urgentes e tarefas importantes. Em dado momento, resolvi perguntar: "Quantos de vocês, aqui nesta sala, gostariam de ler mais?".

Todos os participantes ergueram a mão. Então, prossegui: "Nossa! É óbvio que dão valor à leitura, mas não estão lendo tanto quanto gostariam. Por quê?".

A sala ficou em total silêncio, pois eu já havia dito que, quando explicamos que não fazemos algo porque não temos tempo, na realidade estamos dizendo que damos mais valor a alguma outra coisa, de modo que ninguém queria dizer que não lia mais porque não tinha tempo.

Continuei esperando uma resposta. Por fim, vi um homem, no fundo da sala, erguer a mão. Em tom muito tranqüilo, ele disse: "Porque livros não têm uma campainha que toca".

Que resposta fabulosa e tão verdadeira! Quem de nós consegue resistir ao impulso de atender a um telefone que começa a tocar? Livros, porém, não têm campainha, nem pulam de cima da mesa ou da estante proclamando: "Ei, você! Sou um livro maravilhoso. Por que não me lê?". Eles simplesmente ficam lá. Enquanto não decidirmos que ler é urgente, não leremos. E isso acontece com qualquer outro tipo de coisa.

No processo de realmente fazer algo a respeito do que é mais importante em sua vida, você deve aprender a lidar com todos os outros acontecimentos e atividades que consomem tempo e que lhe são impingidos. Muitos deles se apresentarão como emergências, situações que não podem ser ignoradas. Vou dar alguns exemplos. Você precisa preencher seu formulário do Imposto de Renda até o dia 15 de abril, e hoje é 14. Você precisa interromper o que está fazendo para socorrer um filho que se machucou. O patrão chamou e quer que você vá imediatamente à sala dele. Sua prova na escola será daqui a cinco dias, e você ainda precisa estudar quatro capítulos do livro. O telefone toca, é uma pessoa querendo lhe vender uma assinatura de jornal, e você, por educação, não consegue livrar-se dela rapidamente. Se sua vida for parecida com a minha, essa pressão toda deve lhe parecer bastante familiar.

Na extremidade oposta estão as coisas que não ficam nos chamando aos gritos nem impondo sua presença. Talvez sejam meras distrações atraentes, "mais divertidas" do que outras coisas que devemos fazer, ou atividades às quais aderimos quase por descuido, porque não planejamos outra coisa para fazer. Nessa categoria encaixam-se assistir à televisão ou jogar um joguinho no computador, em vez de digitar um relatório. Mas algumas dessas coisas que "não gritam" têm a ver com o futuro e são relegadas a um canto de nossa mente, subjugadas pela pressão dos acontecimentos atuais. Infelizmente, é aí que muitas vezes vão parar nossos sonhos de "algum dia".

A fim de lidar com todas essas situações que disputam seu limitado tempo, você precisa saber julgar a urgência, assim como a importância de acontecimentos e atividades. Por exemplo, preencher o formulário do Imposto de Renda, porque o prazo está expirando, tanto é urgente como importante, o mesmo valendo para a necessidade de socorrer um filho. Atender ao chamado do patrão também pode ser colocado nessa lista. Mas, e quanto ao telefonema da pessoa que ligou para vender uma assinatura de jornal? Pode ser urgente, porque é preciso atender ao telefone, mas não é importante. Estudar para a prova é importante, mas pode ser urgente ou não, dependendo de quanto o aluno já sabe sobre a matéria e de seu grau de capacidade para ler depressa e aprender o que leu. Muitos são os fatores envolvidos, quando temos de classificar algo como urgente, importante, ou ambos, sem falar que essa classificação pode mudar com o tempo e ser diferente para cada pessoa.

Talvez você descubra que muitas das coisas que mais lhe importam são de fato importantes, mas não urgentes. São de vital importância, porém não gritam para chamar sua atenção. É nessa categoria que se encontram nossos sonhos de "algum dia", juntamente com a construção de relacionamentos, de carreira, e até os exercícios de descoberta explicados neste livro.

É triste, mas as coisas que mais nos importam muitas vezes estão à mercê daquelas que menos importam. Mesmo o que é importante, mas não urgente, com freqüência acaba por ser atropelado pelo que é urgente. Para completar o problema, as coisas importantes muitas vezes acabam sendo relegadas em favor das que não são importantes, e essas incluem tudo o que fazemos e que representa desperdício de tempo.

Talvez tudo isso que discutimos possa ser resumido em duas leis naturais:

- Damos prioridade às coisas que são realmente importantes para nós.
- Urgências não são nossas verdadeiras prioridades. Têm influência sobre nossas verdadeiras prioridades.

É importante que você se lembre dessas duas declarações, quando começar a fazer algo a respeito das coisas que mais lhe importam. As urgências, sejam importantes ou não, sempre existirão, prontas para desviar sua atenção das coisas que mais lhe importam. Você terá de fazer todo o possível para resguardar seu tempo, aprender como e quando dizer "não" e sair graciosamente de uma situação que o está fazendo perder tempo. Você precisará arrumar tempo para trabalhar em suas prioridades, inclusive em tudo aquilo que é mais importante em sua vida.

E não negligencie uma atividade importante, mas não urgente, que pode ser uma de suas maiores auxiliares na busca do que mais lhe importa: seu próprio preparo. Isso inclui revisar e atualizar o que você fez, seguindo as instruções deste livro, e regularmente afinar o instrumento ou "afiar o serrote". Isso é ilustrado pela antiga história folclórica sobre um homem que estava tão ocupado serrando madeira que não encontrava tempo para afiar o serrote. Isso, porém, dificultava seu trabalho, tornando-o mais demorado. Em seu planejamento, não deixe de reservar tempo para ler, meditar, "cheirar rosas", revisar regularmente seus papéis, valores governantes e Declaração de Missão Pessoal. É por intermédio disso que ganhará força e receberá o sempre necessário lembrete do que é realmente importante para você. Em outras palavras, não se esqueça de manter o serrote afiado ou instrumento afinado.

Primeiro as Pedras Grandes

Deixe-me ilustrar um princípio fundamental que o ajudará a usar de modo mais eficiente os esforços e tempo dedicados à tarefa de fazer alguma coisa a respeito do que é mais importante para você. Talvez já tenha visto uma demonstração da experiência que vou descrever e que usa um pote grande de vidro, pedras grandes e pedrinhas. O desafio consiste em colocar todas as pedras e pedrinhas no pote. A princípio parece impossível. Temos a impressão de que o pote é pequeno demais para conter tantas pedras, mas a pessoa que conduz a demonstração afirma que é perfeitamente possível. Então, qual é o truque?

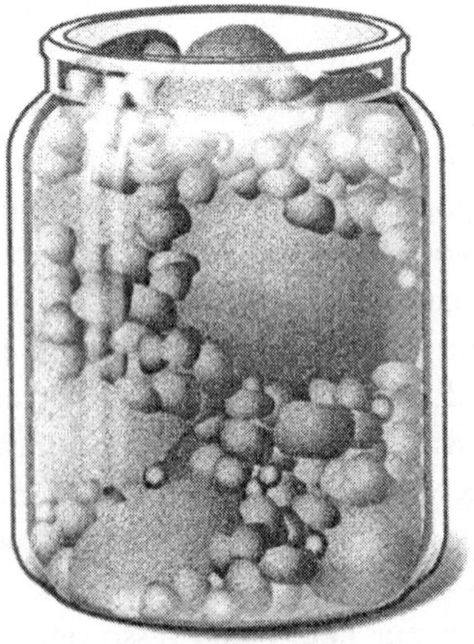

Na verdade, não há nenhum truque. É necessário apenas que compreendamos alguns princípios fundamentais de física. Começamos pelas pedrinhas, e logo fica evidente que não haverá espaço para algumas das pedras maiores. Então, o demonstrador começa com as pedras maiores, ajeitando-as no pote e, então, adicionando as pedrinhas. Isso requer colocação cuidadosa das primeiras pedrinhas e muita chacoalhação, de modo que eles preencham os espaços entre as pedras grandes. No fim, todas as pedrinhas estão dentro do pote.

Tenho visto usarem mais dois componentes nessa demonstração: areia e água. Depois de todas as pedras estarem acomodadas no pote, junta-se a areia, que não é pouca, chacoalha-se mais um pouco, e os grãozinhos enchem todos os espaços deixados pelas pedras grandes e pedrinhas. É espantoso. Então, o demonstrador verte uma boa quantidade de água no pote, e é uma maravilha ver o líquido acomodar-se entre os grãos de areia.

Aqui existe um princípio que pode ajudá-lo a planejar seu tempo de modo mais eficaz. Podemos chamá-lo de "primeiro as pedras grandes".

É bom lembrar essa demonstração com pedras grandes e pedrinhas, quando você estiver desenvolvendo seu plano de fazer algo em favor das coisas que mais lhe importam. O pote de vidro é o tempo a nossa disposição durante uma semana normal. As pedras grandes são os acontecimentos e atividades relacionadas com as coisas mais importantes. As pedrinhas são todas aquelas pequenas tarefas que enchem nossos dias. A areia pode representar as muitas maneiras pelas quais ocupamos nosso tempo, quando estamos acordados, e a água, o tempo que passamos dormindo.

Use a Lente de *Close-up* para Executar Seu Plano

Está na hora de voltar ao exemplo da câmera fotográfica descrito no capítulo anterior e trocar a lente de médio alcance pela de *close*. Quando traçou seu plano, você usou a lente de longo alcance para destacar, no panorama, quem é você e um dos papéis que desempenha na vida. Então, mudou para a lente de médio alcance, enquanto identificava e planejava metas a longo prazo, os importantes resultados que você deseja obter e que estão relacionados com aquele papel.

O uso da lente de *close-up* pode ser comparado ao ato de examinar os detalhes do "agora" em sua vida, vistos da perspectiva de uma única semana. Uma semana lhe dá um bom tempo para vencer as etapas finais, necessárias para que você atinja suas metas. E também é bastante curta para que possa vê-la em sua totalidade e planejar o trabalho que fará nesse limite de tempo e como usará as oportunidades oferecidas. Mas não é tão curta que você possa perder-se nos detalhes microscópicos de cada um de seus dias. Então, pense na próxima semana como se fosse um grande pote de vidro que você logo encherá com tudo o que consome seu tempo.

Sugiro que, todas as semanas, dedique algum tempo ao seu planejamento. Pode ser que queira usar o modelo abaixo:

1. **Reveja o que Mais Importa.** Releia o que escreveu sobre seus papéis, valores governantes e Declaração de Missão Pessoal, de modo que possa ter tudo isso em mente enquanto prossegue.

2. **Reveja suas metas a longo prazo relacionadas com O que Mais Importa.** Examine as metas que estabeleceu e determine que etapas intermediárias poderiam ser vencidas durante essa semana.

3. **Selecione as metas e etapas intermediárias nas quais deseja trabalhar durante essa semana.** Aqui, você vai criar uma lista de "pedras grandes", acontecimentos e atividades que deseja que caibam no "pote" da semana.

4. **Agende os acontecimentos que não dependem de sua vontade.** Esses são as inevitáveis obrigações, reuniões, entre-

vistas e outros acontecimentos e atividades sobre os quais você tem pouco ou nenhum controle. Como não pode mudá-los, precisa saber em que dia e hora acontecerão, de maneira que possa organizar seu tempo entre eles.

5. Agende as pedras grandes. As pedras grandes são as etapas relacionadas ao que mais lhe importa. Você precisa certificar-se de que há espaço para elas no pote. Esperar para ver se sobra tempo para cuidar das pedras grandes é uma maneira quase certa de não lidar com elas naquela semana. Marque, para as pedras grandes, dias e horários em que você poderá dar-lhes mais atenção, ou, no caso de tarefas relacionadas a elas que levam vários dias, pelo menos esforce-se para fazer algum progresso. Se for necessário, marque um compromisso com você mesmo e bloqueie esse tempo para que ele não seja invadido por alguma urgência que possa surgir.

6. Agende todo o resto. Com as pedras grandes no lugar, ajeite as pedrinhas à volta delas. Mesmo que sua agenda esteja lotada, deixe um pouquinho de espaço, sobretudo ao redor das pedras grandes. Reserve algum tempo para o inesperado, assim como para a tarefa de afinar o instrumento. Uma agenda completamente lotada é o caminho certo para o estresse. Se não houver espaço no pote para todas as pedrinhas, pelo menos você terá certeza de que as coisas importantes já estão lá dentro. Algumas pedrinhas terão de esperar até a semana seguinte. Algo muito bom, também, é planejar os dias deixando uma margem de tempo para todas aquelas coisas pequenas e relativamente sem importância que todos nós parecemos inevitavelmente colocar em nossas listas de tarefas. Considere os espaços em branco em sua agenda "momentos para serem sabiamente investidos no esforço de alcançar alguma meta pessoal", como disse um participante de um de nossos seminários.

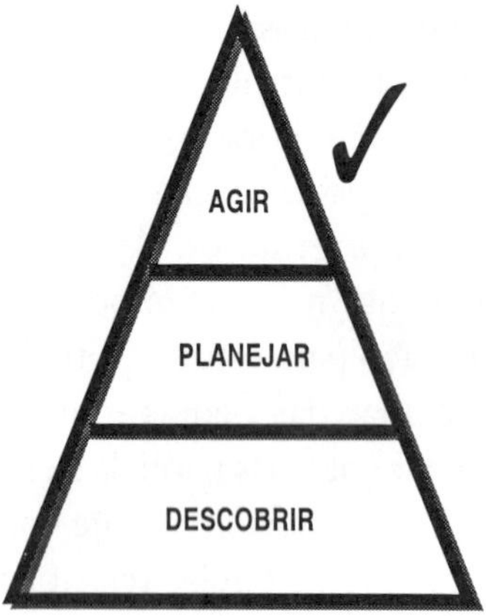

Tempo de AGIR

Agora, que você planejou sua semana, chegou o momento de entrar em ação, de fazer coisas que produzirão os resultados desejados. Lembre-se de que a ação sempre acontece naquele momento dinâmico a que nos referimos como *agora mesmo*. E é geralmente nesse momento que encontramos nosso maior problema. Se agirmos apenas reagindo aos acontecimentos e atividades que nos aparecem, podemos, acidentalmente, ser produtivos. No entanto, também podemos perceber que estamos apenas sendo reativos e andando em círculos, jogados de um lado para outro por ventos em constante mudança. Quando agimos com base naquilo que identificamos sendo o acontecimento ou a atividade mais importante do dia, somos mais produtivos e nos sentimos mais realizados. E quando agimos baseados no que é mais importante na semana, nossa produtividade, a sensação de realização e a paz interior são muito maiores.

O segredo de tomar decisões diárias e de agir de modo eficiente é algo que gosto de chamar de *Pensamento Laser*. De certa forma, é igual ao ritual infantil de tentar queimar coisas usando uma lupa. Por sorte, a incrível força do sol é difusa, em seu estado normal, de maneira que não nos queimamos toda vez que nos expomos aos seus raios. Mas uma lupa focaliza esses raios até o ponto em que a energia concentrada é capaz de queimar papel e outras coisas.

O que estou sugerindo é que todos nós temos uma tremenda força em nosso interior. O problema é que na maior parte do tempo essa força não é concentrada. Portanto, não haverá concentração no que fizermos no momento da escolha, a menos que saibamos com absoluta clareza o que é mais importante para nós e o que vamos fazer a respeito. Quando possuímos essa clareza de visão, reunimos a energia, da mesma forma que uma lupa e o *laser* fazem com a luz. Com o Pensamento de Laser no momento da decisão, podemos enxergar através do nevoeiro e ver que acontecimentos e atividades favorecerão aquilo que é mais importante para nós, em determinado dia, e quais os acontecimentos e as atividades que apenas ocupam espaço.

A maioria dos grandes pensadores e heróis da nossa vida tem a capacidade de usar o Pensamento de Laser. Essa capacidade permitiu que Winston Churchill enxergasse através do nevoeiro político que envolvia tantos líderes europeus, nos dias negros do rearmamento alemão e da mortal ameaça da Segunda Guerra Mundial. Temos visto o Pensamento de Laser em ação em atletas como Michael Jordan, cuja incrível concentração parecia dar-lhe a capacidade de decidir vencer o jogo, quando tudo parecia perdido. E tudo começa com a compreensão de quem realmente somos e do que é mais importante para nós. Armados com esse tipo de visão, podemos usar o Pensamento de Laser nos momentos em que precisamos tomar uma decisão. Um participante de nossos seminários recentemente contou-nos a respeito de um desses momentos.

Referindo-se a sua determinação de equilibrar as exigências de seu trabalho com sua vontade apaixonada de desenvolver sua habilidade musical, ele escreveu:

> Saber que essas informações (sobre prioridades e administração do tempo) terão bom uso me dá uma incrível paz de espírito, assim como saber que, se algo não pode ser feito hoje, isso não significa que vá desaparecer, que não poderá ser feito em outro dia. Também me sinto mais honesto comigo mesmo sabendo que meus sonhos e metas nunca me deixarão. Sempre fui bem-sucedido, mas agora sinto-me mais no comando de minha vida.
>
> Trabalho como engenheiro de computação durante o dia, e à noite treino baixo elétrico. Antes, ferozmente determinado a não desistir da música, eu ensaiava até muito tarde, todas as noites, e dormia pouco. Agora, admito que ainda faço isso, mas com menos freqüência, e também estou conseguindo separar uma parte maior do meu tempo para praticar: o tempo que realmente desejo gastar com a música a fim de me tornar o baixista que serei um dia. Ainda preciso compreender melhor como muitas coisas podem ser feitas num único dia, mas isso significa aperfeiçoar a técnica, e ela virá com o tempo. No momento, é simplesmente bom não me sentir tanto como se estivesse puxando um tigre pela cauda, e me sentir mais como se o estivesse montando!

Combatendo Nossos Demônios

Eu queria poder dizer que, para fazer alguma coisa a respeito do que mais lhe importa, você deve simplesmente seguir os princípios que delineei neste capítulo. Infelizmente, ainda precisará encontrar maneiras de lidar com telefonemas indesejáveis, pessoas que espiam para dentro de sua sala para contar a última fofoca, e as emergências em casa, no trabalho e em outros lugares. Haverá vezes em que nem mesmo a nova e mais clara visão de quem você realmente é será suficiente para motivá-lo a fazer algo pelas coisas que mais lhe importam.

Um interessante fenômeno acontece na vida da maioria das pessoas, quando elas decidem realizar algo importante. Pode ser uma grande decisão ou nem tanto: voltar para a escola, mudar de emprego, realizar uma difícil tarefa no trabalho. Tomamos uma decisão, então entramos numa batalha com o que chamo de "nossos demônios". É como se diabinhos se sentassem em nossos ombros e murmurassem palavras de desânimo e derrotismo em nossos ouvidos. E eles parecem apresentar todas as razões pelas quais não estamos fazendo o que havíamos decidido fazer.

Houve um tempo em que ganhei um pouco mais de peso, isso me incomodou, e decidi emagrecer. No princípio, fiquei muito motivado. "Tenho de perder doze quilos, e vou conseguir!". Mas eu mal terminara de tomar essa decisão, os diabinhos chegaram: *De jeito nenhum você vai perder peso. Teria de fazer ginástica, e você odeia isso.* Aquelas vozes íntimas tentavam me convencer de que eu não seria capaz de emagrecer.

Temos de lidar com esses demônios durante toda a vida e, se quisermos exorcizá-los, não podemos permitir que consigam nos atrasar ou interromper o que estamos fazendo. A arma mais eficiente que encontrei para exorcizar os demônios é ter alguma espécie de vitória, todos os dias, sem exceção. Quando você fizer alguma coisa certa, pare e saboreie a sensação. Até mesmo uma pequena vitória faz maravilhas por sua confiança e motivação. Faça um esforço consciente para, a cada dia, completar alguma tarefa relacionada com algo que é realmente importante para você. Isso o ajudará a manter os demônios a distância.

Medo do Fracasso

Muitos tipos de doença afligem o corpo humano, e gastamos milhões, talvez bilhões de dólares, tentando encontrar as curas.

Mas há em nossa sociedade uma doença de proporções epidêmicas com a qual gastamos muito pouco dinheiro e esforço, ou mesmo nenhum. Essa doença que mutila chama-se medo do fracasso.

Quando meu filho mais velho estava no primeiro ano do colegial, disputou uma vaga no time de basquete, porque jogar por sua escola era muito importante para ele. Na primeira parte da temporada de basquete, notei seu estranho comportamento durante as partidas. Quando ele atirava a bola e errava, não fazia mais nenhuma tentativa. Se colidia com um dos jogadores adversários, recuava. Deixava de ser agressivo, de lutar pela bola. Esse padrão começou a aparecer também fora da quadra. Se ele tirava más notas na escola, fechava-se em si mesmo e tornava-se desagradável. Uma vez, até foi bastante grosseiro ao ver minha reação diante de suas notas.

Eu me preocupo com meus filhos, então um dia falei com ele e perguntei-lhe por que parava de tentar fazer cestas, por que recuava quando colidia com um oponente, por que ficava tão intratável quando tirava notas baixas. Não consegui uma resposta imediata. Continuamos a conversar e, em um momento de total franqueza, ele confessou que morria de medo de fracassar.

Visualizei uma bandeira vermelha de perigo ao ouvi-lo dizer isso e comentei: "Acho que finalmente chegamos à raiz do problema. Você acredita que fracassar é ruim. De onde tirou essa idéia?".

Com voz trêmula, ele disse: "Papai, você não sabe o que é fracassar".

Surpreso, repliquei: "Quem falou que eu não sei?".

Ele respondeu: "Ora essa, papai, você tem uma grande empresa que emprega muita gente. O que é que você entende de fracasso?".

Contei a meu filho os fracassos que conhecera na vida e ajudei-o a entender que na verdade não existe nada de errado em fracassar, que isso faz parte do aprendizado, e que o importante é tentar de novo depois de errar.

Uma das coisas que impedem as pessoas de realizar o que é mais importante para elas é esse tipo de medo: *Suponhamos que eu identifique o que é mais importante para mim. Então me defrontarei com o que não estou fazendo a respeito disso, posso achar que fracassei, e não quero fracassar. Não quero experimentar os sentimentos amargos que o fracasso causa. Assim, não vou perder tempo passando por todo esse processo, porque, se eu souber o que é mais importante para mim, estou correndo o risco de fracassar.* Não deixe que esse medo o imobilize, impedindo-o de fazer algo pelo que é mais importante para você.

Quando, naquele dia, acabamos de falar sobre fracasso, meu filho e eu decidimos que havia um princípio melhor e mais verdadeiro no qual ele podia acreditar: o fracasso faz parte do processo de crescimento, é fracassando que aprendemos. Armado com esse princípio, meu filho tornou-se um jogador de basquete totalmente diferente. Às vezes, vendo-o jogar, eu até achava-o um pouco agressivo demais. Perdeu a mania de ficar de mau humor quando tirava notas baixas. Seus fracassos eram agora experiências de aprendizado.

Estreitamente ligado ao medo de fracassar está o medo de mudar: *Pode ser que eu não seja totalmente feliz, mas pelo menos me sinto bem. Se eu fizer todas as coisas que este livro ensina, minha vida provavelmente terá de mudar, tirando-me de minha zona de conforto e me mandando para um território desconhecido.*

Em seu livro maravilhosamente motivador, *Release Your Brakes*, James Newman fala de "zonas de conforto", aqueles lugares e condições para os quais somos atraídos pelos caminhos da pouca resistência e geralmente por negligência. Deixar nossas zonas de conforto pode ser difícil, a menos que, como Newman aconselha, percebamos que isso pode ser uma aventura, uma experiência rejuvenescedora e empolgante.

Se acreditarmos que sair de zonas de conforto é embarcar numa aventura, não teremos medo de fracassar e poderemos compreender que precisamos falhar muitas vezes, antes de, por fim, ter sucesso. Thomas Edison fracassou várias vezes, antes de ser bem-sucedido em algumas de suas mais importantes invenções, inclusive a lâmpada elétrica. Mark McGwire e Sammy Sosa erravam mais do que faziam *home runs*, mas uma pessoa nunca faz um *home run* sem dar uma boa tacada na bola. Hoje, ninguém se lembra dos erros de Babe Ruth. Fracassar nada mais é do que uma lição que nos prepara para a próxima e maior batalha.

Conheço uma história fantástica sobre um empresário a quem perguntaram a que ele atribuía seu grande sucesso. A resposta: "Decisões certas". Em seguida, perguntaram o que o levava a tomar decisões certas. O homem respondeu: "Experiência". Então, a última pergunta: "E como se consegue experiência?". E a resposta: "Decisões erradas".

Esse é um verdadeiro tratado sobre como se cresce. Aprendemos com a experiência. Aprendemos com os erros. Aprendemos com os fracassos. Aprendemos tentando — às vezes isso funciona, às vezes não, mas acabamos por encontrar o melhor caminho. Faça tudo o que puder para tirar o medo do fracasso de dentro de você. O fracasso é uma bênção maravilhosa, magnífica, que nos ensina a crescer.

Este capítulo e este livro não têm como tema o fracasso, mas o sucesso. Os processos e princípios sobre os quais falamos são poderosos instrumentos, testados e aprovados, que o ajudarão a definir o que deseja fazer e como. Nas últimas duas décadas, esses conceitos fizeram uma grande diferença em minha vida, no que diz respeito a eficiência pessoal e auto-estima. Também vi o que fizeram na vida de milhares de pessoas a quem ensinei. Podem fazer o mesmo por você. Basta que os use para viver de acordo com o que é mais importante em sua vida.

Capítulo 10

O que Existe em Sua Vitrine de Convicções?

Não vemos as coisas como elas são, vemos as coisas como nós somos.

— *Anaïs Nin*

Como a felicidade ou o bem real dos homens consistem em ações corretas, e ações corretas não podem ser produzidas sem opiniões corretas, cabe a nós, acima de tudo no mundo, cuidar para que nossas próprias opiniões sobre as coisas estejam de acordo com a natureza das coisas.

— *Benjamin Franklin*

DIGAMOS QUE VOCÊ TENHA identificado e esclarecido o que é mais importante em sua vida e haja traçado alguns planos específicos sobre como usar, de modo mais completo, seus valores profundamente enraizados. Talvez já tenha começado a colocar os planos em ação. Mas, mesmo seguindo o processo, você pode ter percebido que ainda não está vivendo no estilo "feliz para sempre", que continua achando difícil mudar alguns antigos comportamentos negativos.

Então, qual é o empecilho? O que deu errado? Deixe-me apresentá-lo a sua Vitrine de Convicções. Como a maioria das pessoas, você talvez não saiba da existência dessa pouco conhecida mas muito importante parte de sua pessoa, que afeta muitas de suas decisões e a maneira como você se comporta em diferentes situações.

Na verdade, não podemos ver nossa Vitrine de Convicções, porque ela é invisível, mas todos nós temos uma. Está, de modo figurado, presa à cabeça, na frente do rosto. Toda vez que nos movemos, ela acompanha o movimento. Olhamos o mundo através dessa vitrine, e o que vemos é filtrado de volta para nós, também através dela.

A Vitrine de Convicções está sempre conosco, filtrando o que vemos — os verdadeiros oceanos de dados e informações pelos quais temos de navegar todos os dias — e ajudando-nos a compreender o mundo que nos cerca. Influencia o modo como vemos os outros, como interpretamos situações, e os sentimentos que temos a respeito de nós mesmos. E, se existe alguma informação que não queremos "ver", usamos nossa Vitrine de Convicções para filtrá-la para fora e mantê-la longe de nós.

A dificuldade a respeito da Vitrine de Convicções é que colocamos nela impressões que acreditamos ser absolutamente verdadeiras, reflitam ou não a realidade. Por exemplo, suas experiências e a resposta social podem levar-nos a acreditar que somos inteligentes ou estúpidos, bonitos ou feios, competentes ou incompetentes, criativos ou não criativos, mesmo que essas convicções não sejam legítimas. E, porque acreditamos nelas, agimos de acordo.

Como você pode ver, a Vitrine de Convicções exerce uma poderosa influência sobre nossas ações e nosso comportamento. Por esse motivo, mudar o comportamento torna-se uma tarefa difícil. Mesmo que intelectualmente saibamos que determinado comportamento, como fumar, é prejudicial, uma convicção profundamente enraizada, tal como "para mim não faz mal", nos impedirá de fazer as mudanças necessárias. Impressões enganosas em nossa Vitrine de Convicções podem ser um grande empecilho para nosso esforço de tornar nossas ações mais congruentes com nossos profundos valores.

Até percebermos que vemos o mundo através da nossa Vitrine de Convicções, que constantemente filtra nossas experiências, continuaremos a achar que vemos a vida "como ela realmente é". A menos que nossa Vitrine de Convicções de fato reflita a realidade, as coisas como elas são, não como queremos que sejam ou achamos que deveriam ser, acabaremos por descobrir que estamos enganando a nós mesmos e correndo o risco de diminuir a chance de alcançar sucesso em nossos empreendimentos.

Uma das coisas mais importantes que podemos fazer é manter nossa Vitrine de Convicções tão limpa quanto possível, para que ela reflita com fidelidade o que acontece em nossa vida. Talvez seja também a mais difícil, porque temos de engolir o orgulho e admitir que possuímos uma Vitrine de Convicções que afeta muito do que fazemos, além de reconhecer que algumas das coisas que colocamos nela são incorretas. Fazendo isso, teremos vencido a primeira etapa do processo de nos livrarmos das idéias erradas que temos a nosso próprio respeito e das coisas enganosas que dizemos a nós mesmos e que podem impedir nosso progresso.

O que se Vê em Sua Vitrine de Convicções?

Em nossa Vitrine de Convicções, colocamos tudo o que consideramos verdadeiro a respeito do que vemos no mundo, de nós mesmos e das pessoas que nos rodeiam. Isso pode parecer tão simples e óbvio quanto dizer que os objetos caem no chão quando os jogamos de um lugar mais alto, ou que antibióticos matam bactérias que causam infecções. Essas convicções são baseadas em provas científicas, portanto podem ser consideradas corretas. Uma convicção, como a de que as mulheres sentem mais compaixão que os homens, pode ser menos absoluta, mas em geral é verdadeira, como mostra a experiência. Porém, no caso de outras convicções, do tipo "o mundo é chato", que um dia foram amplamente difundidas, ficou provado que não são verdadeiras. Às vezes nossas convicções refletem a realidade, mas às vezes não. Algumas delas podem ser totalmente subjetivas. Porém acreditamos que são verdadeiras, mesmo que não sejam, e agimos de acordo com elas.

Todo mundo tem uma miscelânea de convicções corretas, incorretas e contestáveis em sua Vitrine de Convicções. Todas elas influenciam o comportamento. Lembre-se de que "corretas" e "incorretas" não significam um julgamento moral. Se uma convicção reflete uma lei natural ou a realidade, é considerada correta. Se, ao contrário, não é baseada na realidade e, em conseqüência, não funciona, é considerada incorreta. Uma convicção que é um julgamento subjetivo, ou uma questão de opinião, não é correta nem incorreta. Em todos os casos, porém, o essencial é identificar as convicções contidas em nossa Vitrine de Convicções e mudar aquelas que sejam incorretas ou inadequadas.

Testando Convicções

Podemos testar nossas convicções, tanto ativamente como por meio de observação, para ver se são verdadeiras, falsas ou apenas opiniões. Os cientistas testam convicções (chamadas de hipóteses ou teorias) e, graças a seus esforços, o mundo substituiu muitas das incorretas pelas corretas. Mas o problema com nossas convicções pessoais é que nem sempre sabemos se verdadeiramente descrevem a realidade, ou se são apenas concepções falsas. Se não forem testadas, podem nos causar dificuldades, porque conduzimos nossas vidas como se tudo o que está contido em nossa Vitrine de Convicções fosse verdadeiro.

Além de nossa vitrine particular, às vezes temos também o que podemos chamar de Vitrine de Convicções coletiva. Essa é cheia de convicções que adquirimos, por exemplo, na empresa para a qual trabalhamos ou em qualquer grupo a que pertençamos. Quando olhamos por essas duas vitrines ao mesmo tempo, podemos notar que as convicções escritas em uma entram em conflito com as escritas na outra e, então, temos de decidir a qual delas dar prioridade. A cultura da organização para a qual você trabalha, por exemplo, representa uma Vitrine de Convicções coletiva, e nela você pode encontrar uma convicção que insiste em que deve haver um alto grau de conformidade entre os funcionários. Se sua própria Vitrine de Convicções diz que individualidade e criatividade são importantes, você terá de decidir que convicção quer seguir. Se optar pela conformidade, talvez sinta-se altamente frustrado. Por outro lado, se optar por expressar sua individualidade no ambiente de trabalho, poderá ser considerado um rebelde, o que o impedirá de ser promovido ou de receber aumento por mérito, porque não é "um bom cidadão da empresa". Talvez, conhecendo essas duas Vitrines de Convicções e os conflitos entre elas, você decida procurar outro emprego, onde a vitrine coletiva esteja mais de acordo com suas convicções pessoais.

As Vitrines de Convicções Definem Nossos Limites e Capacidades

As convicções que existem em nossas vitrines estabelecem parâmetros para nosso sucesso e nossa felicidade. Qualquer um que tenha assistido a um show de hipnotismo viu como é surpreendente o modo como esse princípio funciona. Um amigo me contou que, em um show desses, um homem baixinho apresentou-se como voluntário para ser hipnotizado. Antes de colocá-lo em transe, o hipnotizador pediu-lhe para cantar alguma coisa. A voz do homenzinho era estridente, desagradável, mas ele cantou uma canção até o fim, a despeito das gargalhadas da platéia. A idéia de que não sabia cantar, de que tinha voz feia, estava claramente exposta em sua Vitrine de Convicções.

Mas essa convicção logo mudou. O hipnotizador colocou-o sob transe e disse-lhe que ele era um cantor mundialmente famoso e que naquele momento iria começar a cantar para uma platéia imensa, e que as pessoas haviam pago caro pelos ingressos do show. Então, pediu-lhe para cantar. A diferença foi espantosa. Dessa vez, o homenzinho cantou de modo bastante agradável, muito melhor do que a platéia esperara. A única coisa que mudou foi algo que estava em sua Vitrine de Convicções. A idéia que o hipnotizador pusera em sua mente, de forma temporária, redefinira seus limites e sua capacidade. Quando essa idéia temporária desapareceu, esses limites e capacidade voltaram ao nível anterior.

As Vitrines de Convicções Influenciam Nossas Ações

Colocamos muitas de nossas convicções nessas vitrines como uma tentativa de satisfazer nossas necessidades humanas básicas, tais como viver, dar e receber amor, de ter experiências variadas, de nos sentirmos importantes e de descobrir que há sentido em nossa vida.

Para cada convicção que colocamos na vitrine, subconscientemente criamos regras mentais que governam nosso comportamento. Essas regras são declarações com "se" e "então", que transformam essas convicções em ações. Se, por exemplo, você acredita que todos os cães *doberman* são ferozes, sua mente começa a funcionar para estabelecer regras que governarão seu comportamento em relação a esses cachorros. Com maior freqüência, essas regras são subconscientes, mas existem.

Uma regra mental surgida dessa convicção pode ser mais ou menos assim: "Se todos os cães *doberman* são ferozes, então sairei correndo quando encontrar um deles solto na rua". Ou: "Se todos os cães *doberman* são ferozes, então não quero ter um; comprarei um são-bernardo, um pequinês ou um *poodle*".

Algo que é preciso compreender é que toda essa interação mental sobre necessidades, convicções e regras acontece em nossa mente, onde ninguém pode vê-la, nem nós mesmos. Esse processo ocorre no subconsciente, de modo que agimos automaticamente toda vez que nos encontramos em situações perigosas.

À medida que vamos transformando nossas convicções em regras mentais e depois em ações, o processo começa a tornar-se visível. Para ilustrar, voltemos a examinar a convicção de que todos os cães *doberman* são ferozes. Se você entrar em meu jardim com essa convicção em sua Vitrine de Convicções, e meu enorme *doberman* estiver solto, qual será sua reação? Bem, a regra que você estabeleceu automaticamente assumirá o controle de seu comportamento. Você pulará o muro, subirá numa árvore ou voltará correndo para a rua e fechará o portão. Se precisar realmente falar comigo, me chamará pelo telefone celular, ou se armará com um pedaço de pau, ou uma pedra, e tornará a entrar no jardim, aproximando-se da casa com a cautela de um soldado nas proximidades das linhas inimigas.

Resultados e Retorno

Quais são os resultados de seu comportamento? E, mais importante, esses resultados satisfazem suas necessidades? Se a resposta for "sim", você pode dizer que a percepção de sua Vitrine de Convicções é correta. Se for "não", isso sugere que você deveria examinar melhor tanto suas necessidades quanto a convicção que está usando para tentar satisfazê-las. Mas, como saber se suas necessidades estão ou não sendo satisfeitas por uma certa convicção? Bem, a única maneira de saber com certeza é fazer seu comportamento passar pelo teste do tempo. Avaliar resultados geralmente leva tempo. Por exemplo, se você passar anos e anos fugindo de cães *doberman* e nunca for atacado por um, pode concluir que sua convicção é correta. Pelo menos, é verdade que sua necessidade de permanecer vivo e inteiro está sendo satisfeita.

Às vezes, porém, segurança não é nossa prioridade mais alta. Pode ser que uma de nossas outras necessidades manifeste-se e sobrepuje a necessidade de viver. Então, temos um conflito. Suponhamos, por exemplo, que em sua Vitrine de Convicções esteja a de que "todos os cães *doberman* são ferozes", mas que essa convicção divida espaço com outra que diz que "homem que é macho de verdade não tem medo de cães *doberman*". Tal convicção pode derivar da necessidade de se sentir importante. Mas as duas convicções são conflitantes. Não é possível seguir as duas. Nesse caso, você, de modo subconsciente, faz uma classificação e dá um valor maior a uma delas. Se sentir-se um "macho de verdade" for mais importante do que sentir-se seguro, talvez você fique um pouco inquieto ao ver um *doberman*, mas não fugirá dele. Passará a uma certa distância, fingindo que não o viu. E poderá ser atacado. Esse é o preço que pagará por dar mais valor à convicção que determinou seu comportamento. O ataque, por sua vez, poderá convencê-lo a fazer uma mudança, e, então, você apagará de sua vitrine a frase "homem que é macho de verdade não tem medo de cães *doberman*", substituindo-a por "um homem esperto tem medo de cães *doberman*".

Modificar convicções é um processo que acontece o tempo todo, e isso chama-se "experiência". Ben Franklin escreveu: "A experiência é uma escola cara, mas é só nela que os tolos aprendem". Outro escritor disse: "O bom julgamento vem da experiência, e a experiência vem do mau julgamento". Nossas experiências fazem com que alteremos nossas convicções, adotemos novas ou atribuamos um valor maior a algumas das que temos.

Avaliar Resultados Leva Tempo

Como já foi mencionado, se os resultados de seu comportamento satisfizerem suas necessidades, você provavelmente tem uma convicção correta. De modo inverso, se os resultados não satisfazem suas necessidades, você pode ter certeza de que a convicção em questão é incorreta.

Vamos testar isso. Suponhamos que você esteja atrasado para um compromisso e corra para chegar ao local. O fato de acreditar que é um bom motorista, e que por isso pode ultrapassar o limite de velocidade sem nenhum perigo, faz que essa convicção seja correta? Não necessariamente. Quase sempre, avaliar resultados leva tempo. Se tocamos algo quente, conhecemos o resultado imediatamente, mas os resultados de muitas outras ações podem levar anos para tornarem-se evidentes.

Mas, e se você seguisse aquela sua convicção sobre dirigir em alta velocidade durante toda sua vida, sem nunca sofrer um acidente, sem nem mesmo levar uma multa? Isso torna sua convicção correta? Mais uma vez, não necessariamente. Às vezes, quando agimos de acordo com uma suposição incorreta, temos sorte e nada nos acontece. Por essa razão, é bom fazer com que nossas convicções passem por dois testes: um por meio de nossas próprias experiências, e outro por meio das experiências de outras pessoas. Nesse caso em particular, podemos examinar os dados referentes a motoristas que dirigem depressa demais, talvez estatísticas a respeito da velocidade desenvolvida por motoristas envolvidos em acidentes de trânsito. Podemos também pensar na multa pesada aplicada aos motoristas que dirigem a, digamos, 130 quilômetros por hora. O bom senso ou a possibilidade de colhermos maus resultados podem levar-nos a procurar convicções melhores. "Segurança é mais importante do que pontualidade" talvez seja uma alternativa mais razoável.

A idéia de que "as leis de trânsito não foram feitas para mim" também sugere que há outras convicções em funcionamento. Uma delas pode ser: "Não faz mal sair atrasado de casa". "Falta de pontualidade prejudica os negócios" pode ser outra. Talvez, mudar uma dessas convicções torne irrelevante aquela sobre alta velocidade. Por exemplo: "Chegar atrasado não é o fim do mundo". Ou: "Sair de casa cedo para não chegar atrasado é obrigatório". Ou ainda: "Acho muito importante respeitar as leis". Qualquer uma dessas convicções na vitrine eliminaria a necessidade de justificar o fato de dirigir em velocidade excessiva.

Crescer É Atualizar a Vitrine de Convicções

Podemos dizer que crescimento pessoal é o processo de desafiar e atualizar o que existe em nossa Vitrine de Convicções. O primeiro passo é aceitar que há a possibilidade de algumas de nossas convicções serem falsas. Aceitar isso é um sinal de maturidade.

Quando acabei de apresentar um seminário na empresa de um de nossos maiores clientes, uma executiva do Departamento de Recursos Humanos, casada e com filhos, procurou-me e falou da transformação que se operara em sua mente quando havíamos discutido a questão de convicções corretas e incorretas. Ela me contou que fazia tempo que carregava esta convicção: "Boas mães ficam em casa cuidando dos filhos". Então, disse que guardava um sentimento de culpa que a perseguia diariamente e que afetava seu desempenho, tanto como executiva quanto como mãe.

Sua convicção era incorreta, e ela percebera isso durante a apresentação. E quanto às mães que criam os filhos sozinhas, ou àquelas que precisam ajudar a sustentar a família, que simplesmente têm de trabalhar fora de casa para dar aos filhos alimentação, abrigo, roupas e educação? São mães "más"? Claro que não. Ser uma boa mãe não tem nada a ver com ficar em casa. Uma mulher pode trabalhar fora e ser uma boa mãe. No decorrer do seminário, aquela mulher começou a compreender que sua idéia de que "boas mães ficam em casa" estava produzindo resultados muito insatisfatórios em sua vida e decidiu reavaliá-la. Contou-me, então, que estava substituindo a antiga convicção por outra: "Boas mães ficam onde os filhos precisam dela". Isso deu-lhe paz de espírito para aumentar sua eficiência no trabalho e concentrar-se ainda mais nas necessidades dos filhos.

Usando a Vitrine de Convicções para Mudar um Comportamento

Alguns anos atrás, quando começamos a explicar o conceito de Vitrine de Convicções, eu estava em meu escritório, e o telefone tocou. Era o promotor público estadual de Utah. Ele disse: "Estou farto de prender jovens por causa de drogas e alcoolismo. Decidi percorrer todas as escolas de segundo grau do nosso Estado para tentar ensinar a esses garotos como ter controle sobre a própria vida. O time de basquete Utah Jazz comprometeu-se a mandar um jogador para nos acompanhar, cada vez que formos dar uma palestra. Você iria junto, para falar com os jovens durante cerca de 45 minutos, sobre como podemos comandar nossas vidas?".

Fiquei muito entusiasmado com a idéia. "Pode contar comigo", afirmei.

Nos três anos seguintes, visitamos 148 escolas em Utah, vinte em Estados vizinhos, e falamos com mais de 300 mil jovens. Em março do segundo ano, fomos a uma escola de uma das zonas rurais de Utah, e o promotor não pôde ir conosco naquele dia. Por alguma razão, tivera de ir a Washington e mandara um assistente, a quem chamaremos de Sam. O time Utah Jazz estava em turnê e não pôde mandar um jogador, de modo que apenas Sam e eu visitamos a escola.

O diretor nos recebeu e levou-nos para seu gabinete.

— Vocês estão acostumados a falar com todos os alunos de uma vez, certo? — perguntou, depois que nos acomodamos.

— Isso mesmo — confirmei.

— Bem, não quero que façam isso aqui — o diretor informou. — Nem todos os alunos são problemáticos. Gostaria que vocês falassem com aqueles que usam drogas ou que já são alcoólatras.

— O senhor sabe quem são esses garotos? — indaguei.

— Claro que sei.

— Bem, então falaremos com aqueles que o senhor quiser.

— Ótimo.

Ele levou-nos o auditório da banda. Se você tem adolescentes em casa, deve saber como é um auditório desses, geralmente com o piso elevando-se em degraus largos que sobem da frente para a parte traseira e onde ficam as poltronas. Naquele, havia apenas uma porta. Sam e eu entramos, fomos até a primeira fileira, a mais baixa, e nos sentamos para esperar que soasse o sinal.

Quando isso aconteceu, a porta abriu-se e entraram cinqüenta garotos. Eu nunca vira rostos mais carrancudos e belicosos.

Pense nos membros de gangues juvenis que andam por aí hoje em dia e terá uma boa idéia do que estou dizendo. Pois bem, entraram cinqüenta adolescentes desse tipo. Um deles tinha cabelos verdes, espetados para cima. Vários usavam brincos, pulseiras e colares que eram grossas correntes, e quase todos pareciam muito mais velhos do que realmente eram.

Sentaram-se, espalhando-se com as pernas por cima dos braços das poltronas. Olharam em volta, para ver se reconheciam alguém, e aparentemente reconheceram, porque a atmosfera de hostilidade na sala tornou-se ainda mais pesada. Era um grupo feio e muito hostil.

O diretor entrou e caminhou para a frente do auditório, mas antes que chegasse à metade do corredor, um garoto, numa fileira do centro, levantou-se de um salto. Observando o grupo, eu já imaginara que ele fosse o líder das arruaças. Tinha *piercings* pelo rosto todo, em lugares verdadeiramente inacreditáveis.

Abordou o diretor dizendo:

— Ei! Queremos saber por que nos mandou aqui.

— Porque vocês são todos viciados em drogas e alcoólatras, e esses dois homens vieram dar um jeito nisso.

Vou lhe dizer uma coisa. Eu já fora apresentado de muitas formas, mas nunca tivera uma apresentação daquelas. O diretor só disse isso, virou-se e saiu do auditório. Não iria ficar para assistir à palestra! Sam e eu nos entreolhamos.

Sam é um sujeito maravilhoso. Seu trabalho é mandar gente para a cadeia, o que ele faz muito bem. Falar com jovens, porém, não era seu negócio, e isso ficou claro muito depressa. Ele se levantou e, após dar alguns passos na direção da frente do auditório, por alguma razão achou que precisava ficar mais parecido com os garotos, de modo que tirou o paletó e a gravata e jogou-os numa poltrona da primeira fileira. Então, preludiou:

— Vou avisá-los de uma coisa, caras. Se eu os pegar usando drogas, trancarei todos numa cela e jogarei a chave fora. Entenderam? Trancarei vocês!

O rapaz que interpelara o diretor saltou da poltrona mais uma vez.

— Uma ova, cara! (Ele não disse "ova". Na verdade, naquele dia eu aprendi alguns palavrões novos.) Ainda não temos dezoito anos, cara. Somos menores. Você não pode encostar um dedo na gente. Depois de duas, três semanas no centro de recuperação, estaremos na rua de novo. Você não pode fazer nada!

Então, a turma toda berrou, quase em uníssono:

— É isso aí, cara! Você não pode fazer nada!

Os garotos tinham razão, e Sam ficou sem saber o que dizer. Era para ele falar durante quinze minutos, mas sua "palestra" não passou de noventa segundos. Ele voltou para seu lugar a meu lado e cruzou os braços.

— Essa cambada é toda sua — disse.

Levantei-me e fui à frente. Quando falo com as pessoas, mantenho uma grande conversa comigo mesmo, e daquela vez fiz o mesmo. Subindo os três, quatro degraus para o palco, disse a mim mesmo: "Sabe, Hyrum, isso não pode ficar pior, de jeito nenhum". Mas ficou! Virei-me para a platéia e olhei para um rapaz à direita, esparramado na poltrona. Ele tinha cabelos compridos e a camisa estava aberta até o umbigo. Usava um desses óculos *funk*, com espirais pintadas nas lentes e parecia muito à vontade.

Por algum motivo, senti o impulso de brincar com ele.

— Parece que temos aqui o estudioso da turma.

No mesmo instante, o garoto levantou-se, tirou os óculos e vociferou:

— Não sou obrigado a aturar isso!

— Tem razão, não é. Por que não vai embora? — sugeri.

— É o que vou fazer — ele replicou, andando para a porta como um furacão.

Então, virou-se e me xingou, usando três palavras que eu nunca ouvira em minha vida, e saiu, batendo a porta atrás de si. Imediatamente, a turma toda começou a gritar:

— Vamos pegar o homem de terno!

Entenda que, quando fazíamos essas palestras em escolas, reuníamos cerca de 1.500 alunos em um auditório grande. Exibíamos um filme de doze minutos sobre três garotos que haviam se metido com drogas e, então, o promotor público estadual levantava-se e falava sobre o aspecto legal do uso de drogas. Em seguida, Karl Malone ou John Stockton, do time de basquete Utah Jazz, conversam com os jovens sobre drogas e esportes. Depois disso era a minha vez, e eu explicava de modo descontraído como uma pessoa pode e deve assumir o controle da própria vida; e, para terminar, ensinava um soneto de Shakespeare.

Mas naquele dia comentei comigo mesmo: "Quer saber de uma coisa, Hyrum? Se tentar ensinar um soneto de Shakespeare a essa turma, você é um homem morto. Este será seu último dia na Terra. Acho bom inventar outra coisa".

Até aquela ocasião eu nunca tentara ensinar o conceito de Vitrine de Convicções a um grupo de jovens, muito menos a um igual àquele. Estávamos começando a desenvolver esse conceito, juntamente com um processo que chamávamos de Modelo de Realidade, que mostrava a relação entre nossas necessidades humanas, convicções, regras mentais que criamos sobre essas convicções, o comportamento produzido e seus resultados. Mas comecei a pensar: "Esses garotos vão ter de aprender o que é Vitrine de Convicções e Modelo de Realidade, nem que eles me matem". Àquela altura, eu já estava achando que eles seriam bem capazes de acabar comigo.

Estavam comportando-se da pior maneira possível. Gritavam, atiravam coisas uns nos outros, falavam todo tipo de grosseria. Precisei gritar para que me ouvissem, quando comecei:

— Escutem! Vim a esta escola para falar a respeito de um modelo. Chama-se Modelo de Realidade. Vou enfiá-lo na cabeça de vocês. Como não há um quadro-negro aqui, preciso de cinco voluntários. Vou escolher esses "voluntários". Você aí, venha cá.

Escolhera um de aparência bastante hostil. Fui até ele e arrastei-o para o palco, plantando-o numa cadeira.

— Você representa as quatro necessidades humanas básicas. Grave-as na memória, e o resto da turma que faça o mesmo. Elas são: *viver, amar e ser amado, sentir-se importante* e *ter variações na vida*. Agora, repita uma delas.

O rapazinho recusou-se a falar, mas depois de muita insistência, consegui que ele resmungasse, dizendo uma das necessidades. Para ser a Vitrine de Convicções, escolhi o jovem que interpelara o diretor e Sam. Precisei de seis minutos para que ele me dissesse seu nome verdadeiro: J.D.

Logo eu tinha cinco garotos sentados no palco, cada um representando uma parte do modelo. Tentando fazer-me ouvir acima do barulho, expliquei como o modelo funcionava.

— Muito bem. Vou lhes dar uma convicção que vocês devem ter em sua Vitrine de Convicções. Vocês vão me dizer qual é a necessidade que produz essa convicção, e depois a testaremos de acordo com o Modelo de Realidade. Aqui vai: "Meu próprio valor depende de que eu tenha a aprovação dos meus amigos".

(Você conhece algum jovem que tenha essa convicção em sua vitrine? Conhece alguma pessoa mais velha que a tenha?)

— Digam-me que necessidade humana produz esse tipo de convicção — prossegui.

Um garoto levantou-se.

— Sentir-se importante? — disse em tom debochado.

— Pode ser que sim — respondi. — E o que me diz de "ser amado"? Talvez existam duas necessidades por trás dessa convicção. Vamos testá-la por intermédio do modelo. Se é verdade que não estarei bem, a menos que meus amigos me aprovem, e vou a uma festa, e eles me oferecem drogas e álcool, o que é que eu faço?

As respostas partidas da platéia foram todas mais ou menos assim: "O que é que você acha, cara? Eu aceito".

A isso, perguntei:

— Os resultados desse comportamento satisfarão suas necessidades ao longo do tempo?

Eles não tinham a menor idéia do que eu estava falando.

Então, comecei a apresentar diferentes convicções que as pessoas em geral têm sobre várias coisas, e a testá-las pelo Modelo de Realidade. Depois de 25 minutos, J.D., o garoto que representava a Vitrine de Convicções, entendeu o que eu estava fazendo. Levantou-se e disse em tom animoso:

— Muito bem, Hy-rum!

Não é comum as pessoas que assistem às minhas palestras dirigirem-se a mim desse modo. O resto da turma ficou em completo silêncio. Eu imaginava o que os garotos estavam pensando: "J.D. vai pegar o homem de terno!".

— Esse seu modelo é uma burrice — J.D. declarou. — Você acabou de dizer que, se os resultados de nosso comportamento não satisfazem nossas necessidades, é porque existe uma convicção incorreta em nossa Vitrine de Convicções, certo?

— Certíssimo! — afirmei. Percebi onde ele queria chegar e, para não lhe dar tempo, acrescentei: — Só um minuto, J.D. Você bebe?

— Bebo.

— Muito?

— De oito a dez cervejas por semana, e encho a cara no sábado e no domingo.

— Fica bêbado todo fim de semana?

— Fico.

— Então, é um alcoólatra.

— De jeito nenhum, cara. Um alcoólatra não bebe como eu bebo.

— Você acabou de me dar uma das convicções que existem em sua Vitrine de Convicções.

— Dei?

— Deu, sim. Você me disse que acredita que pode tomar de oito a dez cervejas durante a semana, ficar bêbado todo fim de semana, sem ser um alcoólatra.

— E daí?

— Isso é tudo, J.D. Eu só queria ter certeza de que você entendeu. Prossiga.

— Muito bem, Hyrum. Isso quer dizer que, se os resultados do nosso comportamento *satisfazem* nossas necessidades, então existe uma convicção *correta* em nossa Vitrine de Convicções. Certo?

— Certo!

— Eu tenho uma convicção na minha Vitrine de Convicções, Hyrum. (Fiquei entusiasmado, porque ele estava usando o vocabulário do modelo, compreendera o que eu estava ensinando.) Eu não ligo para o que esses garotos pensam de mim. (Era uma grande mentira. Ele ligava, e muito, mas não admitia.) A convicção na minha vitrine é que é divertido usar drogas e álcool. E a necessidade que a produz é a de *variar*, cara! Vamos passar isso pelo seu estúpido modelo. Vou a uma festa e os meus amigos me oferecem drogas e álcool. Aceito. O resultado disso satisfaz as minhas necessidades? Pode apostar que sim, cara. Quando uso drogas ou bebo, eu me sinto ótimo! Isso significa que tenho uma convicção correta na minha Vitrine de Convicções, concorda?

O silêncio era total.

— Concordo — respondi.

— Concorda? — ele repetiu em tom surpreso.

— Concordo, sim, mas você esqueceu uma segunda lei, J.D. A avaliação dos resultados leva tempo. Você ainda não os conhece. Pode se sentir bem na noite da festa ou durante o fim de semana todo, mas com o passar do tempo isso vai satisfazer as suas necessidades?

— Pode satisfazer, e se eu usar drogas e beber durante toda minha vida provarei isso.

Garoto esperto!

— Claro, você pode fazer isso — eu disse. — Seria o jeito mais idiota de provar que tem uma convicção correta em sua Vitrine de Convicções, mas pode fazê-lo, se quiser.

— Existe outro jeito? — ele indagou.

— Existe. É algo chamado sementes e frutos.

— O que é isso?

— Você já vai entender. Pense no que é a vida de uma pessoa que usou drogas e álcool durante a vida toda e veja se isso realmente satisfez as suas necessidades. Consegue fazer isso?

— Consigo.

— Muito bem, então me dê um exemplo. — A essa altura estávamos nos encarando com firmeza. Eu suava em bicas, mas os jovens não sabiam, porque não tirei o paletó. — Fale de uma pessoa que se drogou e bebeu a vida toda, e como foi que isso satisfez as suas necessidades. Quero um exemplo só.

Sabem que exemplo ele deu? Elvis Presley!

— Elvis Presley?! — exclamei. — E onde ele está?

— Morreu.

— Morreu? De quê?

— *Overdose*.

— Isso satisfez as necessidades dele?

J.D. sentou-se.

— Quero outro exemplo — eu disse, dirigindo-me à platéia.

Um garoto gritou o nome de Janis Joplin.

— E onde está Janis Joplin? — indaguei.

— Morreu.

— De quê?

— *Overdose*.

— Isso satisfez as necessidades dela?

O terceiro exemplo que me deram, e não estou brincando, foi John Belushi.

— Onde está Belushi? — perguntei.

— Morreu.

— De quê?

— *Overdose*.

— Isso satisfez as necessidades dele?

Pela primeira vez, eu tinha a atenção total daqueles garotos.

— Agora escutem, rapazes. Não vim aqui para lhes dizer o que existe ou deixa de existir na Vitrine de Convicções de cada um de vocês. Não é da minha conta. Vim para dizer que vocês têm uma Vitrine de Convicções, que têm as mesmas necessidades básicas que eu, que todos os dias estão colocando na vitrine convicções que acham que vão satisfazer essas necessidades. Vocês são bastante maduros para tirar essa vitrine, colocá-la na mesa e descobrir se suas convicções são corretas?

Lembra-se do garoto de cabelos verdes e arrepiados? Sentado na última fileira, no degrau mais alto, ele estava acima de todos os outros. Levantou-se e declarou:

— Isso não passa de um monte de porcaria.

— Explique-se.

— Quem quer saber desse modelo idiota? Daqui a dez anos estaremos todos mortos.

— Como assim?

— Nós mesmos vamos explodir tudo.

— Você me mostrou uma das convicções que estão em sua Vitrine de Convicções — comentei.

— Verdade?

— Verdade. Você me disse que acredita que estaremos todos mortos daqui a dez anos. — Dirigi-me aos outros: — Quantos acreditam nisso?

Quarenta e três mãos levantaram-se.

— Vamos testar — continuei. — Todos nós estaremos mortos daqui a dez anos. Se isso for verdade, então nós inconscientemente criamos algumas regras sobre como essa convicção afetará nosso comportamento, e agora é o momento de você estudar. Qual será seu comportamento na escola?

O garoto ao lado dele levantou-se.

— Ei, cara, esse aí é o mais burro da escola. Ele vai ser reprovado.

— Reprovado? — repeti. — Os resultados desse comportamento satisfarão suas necessidades ao longo do tempo? Suponhamos que você não esteja morto daqui a dez anos. E que daqui a doze continue vivo. Quem vai comprar tinta verde para você tingir os cabelos?

Foi uma confrontação agressiva. O rapazinho me olhou como se houvesse levado uma pancada na cabeça.

— Bem, isso não significa que não tento.

— Não significa? Você está tentando hoje? Como está indo na escola?

O jovem sentado na poltrona ao lado da dele tornou a levantar-se.

— Ele é o bobo da aldeia, cara. Vai ser reprovado.

Nesse instante, o sinal tocou, anunciando o final de mais uma aula. O diretor entrou, sem saber de nada do que estava acontecendo.

— Acho que o nosso tempo acabou — observei.

— Acabou coisa nenhuma, cara. Ainda não.

— Não acabamos? — perguntei. — Vocês querem mais?

Vi cinqüenta mãos erguerem-se, e os rapazes iniciaram uma acalorada discussão com o diretor.

— Queremos mais uma hora! — exigiam.

— Não é possível. Este é o intervalo para o almoço.

— Não podemos voltar depois do almoço?

— Bem, acho que sim.

— A que horas?

— Ao meio-dia e meia.

Em alguns segundos o auditório ficou vazio.

Ao meio-dia e quinze, os cinqüenta alunos com quem eu falara retornaram trazendo mais dez, que tinham aparência ainda pior que a dos primeiros. Os cinco que eu escolhera voltaram ao palco, deixando claro que queriam continuar lá, e sentaram-se, ajeitando as bandejas de comida no colo. Achei aquilo muito interessante.

Notei que grande parte da hostilidade inicial desaparecera. Não vou dizer que havíamos nos tornado amigos ou coisa assim, mas achei que fizera algum progresso com eles. Fiz um rápido resumo da primeira parte da palestra para os dez que não a haviam assistido, então dirigi-me a todos:

— Antes do intervalo, eu disse que, se testemunharmos um padrão de comportamento, podemos dizer o que existe na Vitrine de Convicções, certo?

— Certo, cara.

— Muito bem. Estou aqui em cima, testemunhando um padrão de comportamento. — Pela expressão dos rostos voltados para mim, percebi que os meninos estavam se perguntando do que era que eu estava falando. Prossegui: — Vocês têm uma aparência horrível.

Quando eu disse isso, a hostilidade voltou bem depressa.

— Olhem para vocês — continuei. — Se vocês tentassem participar do mundo do qual eu participo, não ficariam lá um minuto com esses cabelos, roupas, tatuagens e *piercings*.

Vi que os garotos ficaram muito zangados, e eu próprio perdera um pouco de minha compostura. Mas precisava ter certeza de que eles entendiam o que eu estava querendo dizer. Virei-me para um rapaz de cabelos longos:

— Levante-se. — Ele obedeceu, então observei: — Você tem cabelos compridos.

— E daí?

— Há quanto tempo não corta os cabelos?

— Cinco anos.

— Isso é um padrão de comportamento, não é?

— É.

— Bem, deve haver alguma coisa em sua Vitrine de Convicções que faz que use cabelos tão longos. Quero saber o que é.

O garoto ficou mudo durante um minuto inteiro. Você sabe quanto um minuto demora a passar quando imaginamos que podemos estar prestes a morrer? Por fim, ele explicou:

— Assim, chamo a atenção de meu pai.

Que necessidade básica daquele adolescente não estava sendo satisfeita? Por favor, compreenda que, quando uma de nossas necessidades não é satisfeita, toda nossa energia flui para satisfazê-la. Começamos a pôr convicções em nossa vitrine, achando que vão nos ajudar a suprir aquela necessidade. Se colocamos lá uma convicção que gera um comportamento que funciona no momento, mas torna-se destrutivo a longo prazo, mantemos esse comportamento? Mantemos, sim, a menos que decidamos reconhecer e controlar as necessidades e convicções que estão por trás desse comportamento.

Àquela altura, eu sabia que tinha de reconquistar aqueles garotos. Eles estavam furiosos comigo.

— Ouçam, rapazes. No começo de nossa conversa, vocês me viram pôr um colega seu para fora, não viram?

— Vimos.

— Esse é um padrão de comportamento, não é?

— É.

— Talvez exista uma convicção a respeito, em minha Vitrine de Convicções.

— Existe. Você acha que garotos de cabelos compridos não prestam.

— Não, não acho isso, mas vamos supor que sim e colocar isso em minha Vitrine de Convicções: Garotos de cabelos compridos não prestam. Se eu acreditar nisso, então estabeleço minhas regras. Venho a esta escola, e um jovem de cabelos compridos começa a me causar problemas. O que eu faço?

— Põe o cara para fora — a turma toda respondeu.

— Certo. Pronto, já mandei o rapaz embora. Os resultados do meu comportamento satisfarão minhas necessidades ao longo do tempo?

Sessenta cabeças moveram-se num gesto afirmativo.

— Não, não, não! — discordei.

— O rapaz está aqui?

— Não

— Vai voltar?

— Não.

— Isso satisfaz as minhas necessidades?

— Não.

— Então, o que isso diz a meu respeito?

— Que a sua Vitrine de Convicções é uma bagunça, Hyrum — respondeu um menino.

Apontei para uma jovem que entrara com o novo grupo. Estava carrancuda, parecia muito mais velha do que era.

— Levante-se. — Esperei-a erguer-se e perguntei: — Você está usando uma calça jeans alvejada com ácido.

— Estou, e daí?

— Sempre usa esse jeans?

— Todos os dias.

— Isso é um padrão de comportamento, concorda?

— Concordo.

— Bem, deve haver em sua Vitrine de Convicções algo que a faz usar esse jeans alvejado com ácido. Quero saber o que é.

— Eu acho bonito.

— Quem disse que é bonito?

— Eles.

O que existe na Vitrine de Convicções dessa mocinha? Só vou ser legal se eles disserem que sou legal, e se dizem que tenho de usar jeans alvejados com ácido, o que eu faço? Uso jeans alvejados com ácido.

— Não estou aqui para criticar jeans alvejados com ácido — expliquei. — Eu mesmo tenho um par. Existe outra razão para eu estar aqui falando com vocês.

— Com certeza, cara.

J.D. levantou-se. Àquela altura, ele e eu estávamos nos tornando bons amigos.

— Muito bem, Hyrum. Temos duas coisas para testar de acordo com o nosso modelo. — Vibrei. J.D. dissera "nosso" modelo. — Primeiro de tudo, o que você veio fazer aqui?

— Vim porque tenho uma certa convicção em minha Vitrine de Convicções.

— E qual é?

Você pode imaginar meu entusiasmo quando percebi que eles haviam entendido o processo? Estávamos nos comunicando, finalmente.

— Que convicção é essa?

— Bem, eu tenho a convicção de que preciso fazer alguma diferença.

— O que isso quer dizer?

— Não tenho certeza. Uma vez, ouvi Winston Churchill falar, e ele disse que iria fazer alguma diferença no mundo. E fez. Naquele momento, decidi que Hyrum Smith também iria fazer alguma diferença. Vamos testar isso. Falamos de necessidades. Qual delas poderia causar uma convicção dessas?

— Sentir-se importante — sugeriu um dos garotos da platéia.

— Pode ser — concordei. — E a necessidade de amar? E a necessidade de variar? Por que vim aqui, falar com esta turma de bagunceiros? Necessidade de variar, podem crer. — Os jovens riram. — Vamos fazer o teste. Se o promotor público estadual me pede para vir aqui, falar com vocês sobre drogas e álcool, o que eu faço?

— Você vem — o grupo respondeu em uníssono.

— Hyrum, isso satisfaz as suas necessidades? — perguntou um rapazinho, imitando meu jeito de falar.

— Não sei. Não se esqueçam de que avaliar resultados leva tempo. Por isso, ainda não sei.

— Se alguns de nós parassem de usar drogas e beber, você se sentiria melhor?

— Eu me sentiria ótimo! — afirmei.

— Posso entender isso — disse J.D., começando a andar de um lado para outro do palco. — Muito bem, vou dizer o que está acontecendo. O problema é uma garota, minha amiga. Ela não é minha namorada. — Os jovens todos ficaram em total silêncio, e eu compreendi que sabiam de quem ele estava falando. — Ela é viciada em cocaína e álcool. Os pais dela também. São completamente doidos e batem nela todo dia. Hoje cedo ela me telefonou e disse que ia se matar. E agora está por aí, pensando em cometer suicídio. Como podemos impedir essa garota de fazer isso, Hyrum?

Os jovens todos olharam para mim. Esperavam que o "cara de terno" tivesse a solução para o dilema. Refleti um pouco, então respondi:

— Não sei.

— Como assim, não sabe?

— Você usa terno! Tem de saber! (E minha Vitrine de Convicções é que era "uma bagunça".)

— Bem, não sei — repeti. — Vamos passar o que sabemos pelo Modelo de Realidade.

— Nós conhecemos o comportamento dela — disse J.D.

— Como é esse comportamento?

— Já falei. Ela é viciada em cocaína e álcool — respondeu J.D.

— Esse comportamento satisfará as necessidades dela ao longo do tempo?

Naquele momento tive a experiência mais eletrizante de minha carreira como palestrante e dirigente de seminários. Vi sessenta cabeças moverem-se de um lado para outro: *não*.

— Vocês entenderam bem — comentei. — O que isso significa, então?

— Significa que a Vitrine de Convicções dessa garota é uma porcaria — respondeu um dos jovens.

— Se eu disser a essa menina que a sua Vitrine de Convicções é uma porcaria, ela simplesmente vai me mandar para o inferno — afirmou J.D.

— Acho que J.D. tem razão, caras — eu disse. — A questão é mais profunda. Uma das necessidades dessa garota não está sendo satisfeita. Qual será?

Um dos rapazes levantou-se. Nunca o esquecerei. Um metro e noventa de altura, no mínimo, com uma jaqueta do Exército, barba maltratada, cabelos compridos e *piercings* em todos os lugares visíveis. Seu rosto brilhava, era como se ele houvesse tido uma revelação.

— Ser amada — o jovem declarou.

— Essa é uma boa idéia — aprovei. — Então, o que vamos fazer a respeito?

Ele me olhou como se eu fosse um completo idiota.

— Nós a amamos, seu tonto.

— Ah! Como vamos mostrar isso a ela?

Os jovens começaram a oferecer as idéias mais maravilhosas a respeito do que podiam fazer para mostrar à amiga que a amavam.

— Vocês acham que, se a necessidade de amor dessa menina começar a ser satisfeita, nem que seja um pouquinho, poderíamos falar com ela sobre as convicções em sua Vitrine de Convicções? — perguntei.

— Com certeza.

A campainha tocou. Nosso tempo acabara, dessa vez para valer. O diretor entrou e mandou que os alunos deixassem o auditório. Ainda não sabia o que acontecera ali dentro. Enquanto os garotos saíam, J.D. aproximou-se de mim, fitou-me nos olhos e disse:

— Quero lhe contar uma coisa. Faz dez anos que faço terapia para deixar as drogas e parar de beber.

Tinha dezesseis. O irmão mais velho dera-lhe cocaína quando ele estava com seis.

— Já fui preso quatro vezes — J.D. contou. — Passei por todos os psiquiatras deste Estado, mas esta é a primeira vez que alguma coisa faz sentido para mim.

— J.D., vou lhe dizer novamente que não vim aqui para dizer a vocês o que devem colocar em sua Vitrine de Convicções. Isso não é da minha conta. Vim para dizer que todos nós temos uma Vitrine de Convicções. Vocês têm as mesmas necessidades que eu, e todos os dias colocamos convicções na vitrine, achando que elas vão satisfazer as nossas necessidades. Você é homem bastante para pegar sua vitrine, colocá-la na mesa e examinar suas convicções para ver se são corretas?

O jovem endireitou os ombros e respondeu:

— Sou.

— Acredito que tornaremos a nos ver, certo?

A Vitrine de Convicções possui duas características poderosas. Primeiro, ela põe a responsabilidade de um comportamento sobre o indivíduo que o exibe. Acredito que chegue um momento em que temos de assumir total responsabilidade por nosso comportamento. Não podemos mais pôr a culpa nos outros. Não podemos mais culpar nossos genes. Não podemos mais pôr a culpa na cidadezinha provinciana de onde viemos. Somos os únicos responsáveis pelo modo como nos comportamos. Se isso é verdade, pelo que mais somos responsáveis? Por tudo o que se encontra em nossa Vitrine de Convicções. O que nos separa do resto do reino animal é o fato de podermos mudar o conteúdo da Vitrine de Convicções.

A segunda características poderosa é que podemos atacar com bastante veemência a Vitrine de Convicções das outras pessoas, porque não as estamos atacando pessoalmente. *Eu sou uma boa pessoa, não sou, papai? Eu te amo muito, filho, mas sabe de uma coisa? Sua Vitrine de Convicções é uma droga, e vamos ter de fazer algumas modificações no conteúdo.* A Vitrine de Convicções é uma representação simbólica do que está acontecendo, e, já que as coisas estão acontecendo, por que não assumir o controle delas?

Todos nós temos necessidades. Todos nós temos uma Vitrine de Convicções. Estabelecemos regras internas baseadas nessas convicções, e essas regras governam nosso comportamento. O problema é que tendemos a não avaliar os resultados, fazendo a pergunta que dá início às mudanças: *"Os resultados desse comportamento satisfarão minhas necessidades ao longo do tempo?"*.

Uma pequena nota de rodapé: o episódio envolvendo estudantes de segundo grau, narrado acima, ocorreu no sul de Utah, em 1987. Foi uma experiência tão forte e comovente para mim que a tenho contado a centenas de platéias, por todo o mundo. Contei essa história tantas vezes que comecei a me perguntar: tudo aconteceu realmente do modo que venho contando, ou, nas palavras de Skakespeare, "lembro aumentando"? Quando uma história é tão boa e provoca tanto impacto como essa, ficamos preocupados com a possibilidade de embelezá-la um pouco quando a contamos.

Vários anos depois daquela experiência inesquecível, convidaram-me para ser o principal orador na semana anual de combate às drogas, promovida pela Universidade Southern Utah. A pessoa que me apresentou na noite em que falei, Tom Jackson, fora especialista em drogas e álcool do distrito escolar onde ocorrera o episódio que não canso de contar. O que eu havia esquecido era que ele estivera presente no auditório.

Quando o sr. Jackson me apresentou como palestrante da noite, não disse nada sobre haver tido contato comigo naquele dia. Falei ao público e, no fim da palestra, contei a história, como sempre fazia. Voltei para o meu lugar, e o sr. Jackson pegou o microfone e disse aos milhares de estudantes ali reunidos:

— Gostariam que soubessem, senhores e senhoras, que eu estava naquele auditório no dia em que o sr. Smith teve a experiência que acaba de contar.

Senti um aperto no peito e pensei: "Ah, não! Ele vai me desmentir. Vou descobrir que as coisas não aconteceram do jeito que eu conto".

— Foi exatamente isso o que aconteceu — o sr. Jackson prosseguiu. — Eu estava lá. Eu vi.

Gratidão e outras emoções inundaram-me, quando ouvi a confirmação de que eu não embelezara a história.

Naquela noite, o sr. Jackson também me deu notícias de J.D. e fiquei muito contente em saber que o garoto levara em frente a decisão de terminar o curso de segundo grau e ir para a faculdade. Ele tivera maturidade suficiente para substituir algumas convicções impróprias por outras que lhe fizeram um bem muito maior. Quanto ao grupo como um todo, houve dois tipos de resultado. Além de J.D., nove daqueles jovens mudaram de vida completamente, depois de conhecer a idéia da Vitrine de Convicções. Seu comportamento mudou drasticamente quando eles descobriram que, com o passar do tempo, os resultados do que estavam fazendo não iriam ser bons. Os outros não compreenderam isso. Seja qual for a razão, os cinqüenta restantes não viram a necessidade de mudar, de modo que seu comportamento continuou o mesmo. Mas foi muito gratificante saber que dez pessoas que caminhavam para a autodestruição foram capazes de parar, ver o que estava acontecendo com elas e fazer as mudanças necessárias para que sua vida mudasse.

Sua Vitrine de Convicções pode ser uma força poderosa na formação de sua vida e de seu comportamento, tanto de maneira positiva como negativa. E é especialmente importante agora, quando você está tentando estabelecer congruência e harmonia entre o modo como está levando sua vida e as coisas que realmente são importantes para você. Enquanto cria planos para fazer que aconteçam coisas novas e melhores em sua vida, não se esqueça de que tem uma Vitrine de Convicções e de que tudo o que você puser nela poderá ajudá-lo ou prejudicá-lo em seus esforços.

Examine com muito cuidado o que existe em sua Vitrine de Convicções. Se encontrar convicções que estejam atrasando seu progresso, lembre-se de que elas podem ser substituídas por outras que o beneficiem. Quanto mais suas convicções e percepções estiverem próximas da realidade, do que realmente são, mais bem-sucedido você será ao enfrentar os desafios da vida e mais fácil achará viver de acordo com o que mais lhe importa.

Quarta Parte

O que Mais Importa — a Visão Mais Ampla

É bom ter um destino na direção do qual viajar, mas, no fim, o que importa é a viagem.

— *Ursula K. LeGuin*

A ESTA ALTURA VOCÊ provavelmente já percebeu que o pleno desenvolvimento desse processo leva algum tempo, em especial na área de fazer alguma coisa a respeito do que é mais importante para você. Na verdade, viver de acordo com o que é mais importante será a tarefa de uma vida toda, mas uma tarefa que traz recompensas e paz interior. Anime-se pensando que a parte mais difícil já foi feita. Seus papéis e valores governantes foram identificados, e você escreveu sua Declaração de Missão Pessoal. Agora pode escolher as metas a longo prazo nas quais deseja trabalhar. Escolha quantas quiser. Haverá vezes em que coisas urgentes e importantes o pressionarão, temporariamente impedindo-o de concentrar-se no que é mais importante para você. Não se preocupe. O processo estará sempre a sua espera, e você poderá usá-lo quando e quantas vezes quiser.

Agora que você compreendeu como funciona esse processo, eu gostaria de falar sobre algumas implicações mais amplas de tudo o que discutimos até aqui. No Capítulo 11, veremos como o processo e os princípios por trás dele podem ser aplicados também ao mundo dos negócios e a organizações. O fato é que as organizações mais bem-sucedidas, que existem há décadas e mesmo séculos, seguem os princípios sobre os quais falamos. Essas empresas "de visão" sabem o que realmente são e o que mais gostam de fazer. E, como muitos indivíduos bem-sucedidos e realizados, funcionam de acordo com o que é mais importante para elas, no sentido empresarial.

No Capítulo 12, veremos o processo em termos da influência que você exerce sobre um círculo mais largo, enfatizando o modo como os esforços de um único indivíduo causam mudanças na vida das pessoas e na História. Esses indivíduos, capazes de provocar transformações, são aqueles que sabem quem são, o que é mais importante para eles e conhecem sua missão. Eles têm causado grandes mudanças, tanto em famílias e comunidades como em nações e mesmo na civilização como um todo.

O processo *O que Mais Importa* é visto de uma perspectiva mais ampla no Capítulo 13, no qual discutiremos a idéia de que a vida não está fixada em concreto. Os relacionamentos, acontecimentos e prioridades de sua vida mudam no decorrer do tempo, e o que é mais importante para você hoje também mudará. Examinaremos isso tudo e o modo como os princípios e o processo de que estamos falando podem ajudá-lo a lidar com as inevitáveis mudanças.

Por fim, no Capítulo 14, dividirei com você alguns de meus pensamentos sobre a grande recompensa que recebemos por viver de acordo com nossos valores governantes: a capacidade de nos voltarmos para fora, para ajudar os outros por meio do que chamo de Mentalidade de Abundância.

Capítulo 11

Organizações Também Precisam Saber Quem São

Como os ideais fundamentais de uma grande nação, Igreja, escola, ou qualquer outra instituição duradoura, a ideologia central de uma empresa de visão é um conjunto de preceitos básicos que fincam uma estaca firmemente no chão: "Isto é o que somos, isto é o que pretendemos, isto é o que representamos".

— *James C. Collins e Jerry I. Porras,* em Built to Last: Successful Habits of Visionary Companies

DO PONTO DE VISTA LEGAL, quase todas as organizações formais — empresas, sociedades, companhias limitadas, associações, uniões, entidades governamentais — são consideradas "pessoas" jurídicas. Como tal, uma organização tem os mesmos deveres e direitos legais de um indivíduo. Mas as similaridades não param aí. Da mesma forma que os seres humanos, as organizações nascem e crescem. Podem viver muito, mesmo centenas de anos e, em alguns casos, milhares. Uma organização pode ser saudável ou doentia. Pode ter de lutar pela própria vida em batalhas econômicas ou políticas contra organizações rivais. Pode comprar, vender, ter propriedades, ser responsável por seus atos, pelos quais pode ser recompensada ou punida. E, com o tempo, morre.

Há uma boa razão para as organizações terem essas características dos seres humanos: são formadas, dirigidas e administradas por pessoas.

Até agora, falamos de seres humanos, que desempenham seus papéis na vida e são guiados e influenciados, conscientemente ou não, por profundos valores governantes. Vimos que as pessoas mais bem-sucedidas geralmente têm alguma compreensão desses papéis e valores e, na maioria das vezes, uma forte percepção de sua missão pessoal.

Com as organizações acontece o mesmo. Os papéis que desempenham refletem as funções que exercem nos mercados econômicos ou nas estruturas políticas da sociedade humana. Um sindicato, por exemplo, ou uma cooperativa agrícola existem para dar força a seus membros e ajudá-los a alcançar as metas estabelecidas pelo grupo. Órgãos governamentais criam e administram as leis pelas quais nações, Estados e cidades regulamentam as complexas interações de seus cidadãos. As empresas existem para fornecer renda a seus funcionários, proprietários ou acionistas, geralmente mediante a troca de produtos e serviços por dinheiro e outros bens. Organizações religiosas procuram o bem-estar espiritual de seus adeptos. Instituições educacionais educam as pessoas, exércitos e forças policiais protegem a cidadania, e organizações sociais oferecem recreação e oportunidades de interação social. Qualquer organização desempenha pelo menos um papel na sociedade. As mais importantes desempenham múltiplos papéis.

As organizações também têm valores, sejam claramente compreendidos ou apenas implícitos, que governam suas decisões e ações. Esses valores exercem influência positiva ou negativa, tanto para o grupo quanto para a sociedade em geral. Por exemplo, uma organização pode valorizar o controle rígido de seu pessoal, de seu mercado, enquanto outra incentiva as inovações e a coragem de correr riscos. São os valores governantes das pessoas que formam as organizações que causam essas diferenças. Há governos que funcionam numa atmosfera de confiança, enquanto outros mantêm seus cidadãos sob rígido controle porque não confiam neles. Algumas organizações são altruístas e dão sua contribuição ao mundo, outras são egoístas, voltadas apenas para si mesmas. Há uma grande variedade de características e valores, tanto no caso de organizações como de indivíduos.

Quase todas as organizações têm também algum tipo de missão ou propósito claramente estabelecidos ou não. A missão de uma empresa pode ser simples e direta como "ter lucro", enquanto a de uma outra organização seja a de "salvar o mundo".

Como acontece com as pessoas, as organizações alcançam sucesso e realização quando funcionam em harmonia com sua estrutura de papéis e valores governantes e tomam decisões e agem de acordo com o que sabem ser sua missão. A Constituição norte-americana engloba esses três elementos, papéis, valores e missão, que funcionam no contexto de uma organização muito grande chamada Estados Unidos da América.

Entre as organizações menores, encontramos a família, que hoje é definida como a união de duas ou mais pessoas por meio de algum tipo de parentesco legal ou consangüíneo. Mas, da mesma forma que os indivíduos, as famílias nem sempre reconhecem que os três elementos que residem no centro da identidade individual ou organizacional também estão em funcionamento em seus pequenos grupos. Elas se beneficiariam muito, se usassem o processo descrito neste livro e aplicassem seus conceitos, pois se concentrariam no que é mais importante e satisfatório para seu grupo familiar. Os membros de uma família precisam identificar seus papéis, tanto na parentela mais próxima como na mais distante, assim como no bairro e na cidade em que vivem. Uma família funciona melhor quando seus membros esclarecem e declaram por escrito quais são os valores que os governam ou deveriam governar, podendo até sintetizá-los em uma simples mas motivadora Declaração de Missão Familiar.

Esse processo coletivo de descobrir e escrever o que mais importa para a família não deve substituir o individual, e a Declaração de Missão Familiar não precisa necessariamente estar acima do que cada membro estabeleceu como sendo mais importante para si. A família, como qualquer outra organização, existe para suprir as necessidades de seus membros e não deve anular os valores individuais. Isso quase sempre exige um pouco da habilidade de um equilibrista e muito dar e receber, mas as recompensas, em termos de uma família cujos membros florescem viçosamente, são imensuráveis.

Outra organização com a qual a maioria de nós tem de lidar é a empresa, nome genérico para organizações cujas atividades incluem as várias transações de produtos, serviços e informações, tudo aquilo, enfim, que forma o aspecto econômico da vida. Aqui também os princípios relacionados à necessidade de definir papéis, valores governantes e declarações de missão refletem-se nas atividades diárias. Sendo o proprietário e o executivo de uma empresa dessas, conheço a importância do processo de definir o que é mais importante para uma organização desse tipo e de dirigi-la de acordo com o que foi definido. E também sei como é difícil preencher a lacuna que existe entre o que é valorizado por essa pessoa coletiva chamada empresa e o que ela realmente consegue realizar no mercado ou no próprio local de trabalho. Como dirigente de um pequeno negócio que cresceu e adquiriu múltiplas facetas, interesso-me em saber como algumas das empresas que admiro foram capazes de fazer isso. Buscando compreender, li muito, e um dos livros que mais me impressionaram é *Built to Last: Successful Habits of Visionary*

Companies (*Criados para Durar: Os Bem-sucedidos Hábitos de Empresas de Visão*), de James C. Collins e Jerry I. Porras. Os autores definem empresas de visão como "instituições de primeira classe, as jóias da coroa em seu campo de ação, amplamente admiradas por seus iguais e conhecidas pelo significativo impacto que causam no mundo a sua volta". As empresas que eles analisaram foram todas fundadas antes de 1950 e ainda hoje mantêm posições de liderança. A lista inclui: 3M, American Express, General Electric, Hewlett-Packard, Nordstrom, Procter & Gamble, Sony e Walt Disney. Collins e Porras decidiram descobrir o que foi que tornou essas empresas o que elas são e como isso ajudou-as a ocupar posições de liderança durante tanto tempo.

Não é de surpreender que os valores mantidos por essas empresas, e o que foi feito a respeito deles no correr dos anos, sejam os maiores fatores de seu sucesso. Os autores observam que as empresas de visão são "guiadas por uma ideologia profunda, valores profundos e um propósito que vai além daquele de fazer dinheiro". Também apontam para o fato de que essas empresas, de modo paradoxal, fazem mais dinheiro do que outras empresas líderes do mesmo campo. Dizem:

> A principal variável não é o conteúdo da ideologia de uma empresa, mas o modo profundo como ela acredita nessa ideologia e como a vive, respira e expressa em tudo o que faz. Empresas de visão não perguntam: "O que devemos valorizar?". Perguntam: "O que *realmente* valorizamos com toda nossa alma?".

Então, apresentam esta poderosa conclusão:

> Uma empresa de visão preserva, quase religiosamente, sua profunda ideologia, raramente ou nunca mudando-a. Valores profundos, em uma empresa de visão, formam um firme alicerce rochoso

e ela não fica à deriva sob a influência de tendências e modismos. Em alguns casos, esses valores têm se mantido intactos por mais de cem anos. No entanto, enquanto mantêm seus valores firmemente fixados, as empresas de visão demonstram uma grande capacidade para acompanhar o progresso que lhes permite mudar e adaptar-se sem comprometer seus mais caros e profundos ideais.

Um exemplo que eles deram no livro teve especial significado para mim, e, em minha opinião, encerra uma grande lição para todas as organizações. Durante mais de um século, a Merck & Company tem ocupado posição de liderança na indústria farmacêutica. Collins e Porras escreveram que, ao longo de toda sua história, a Merck e seus funcionários têm sido guiados e inspirados por alguns ideais.

Em 1935 (décadas antes que as declarações de valores se tornassem populares), George Merck II definiu esses ideais quando disse: "Somos trabalhadores genuinamente inspirados pelos ideais do avanço da ciência médica e do serviço à humanidade". Mais de meio século depois, o *Guia de Administração Interna* da Merck tornou a declarar e reforçar esse compromisso com os valores da empresa: "Estamos no negócio de preservar e melhorar a vida humana. Todas as nossas ações devem ser avaliadas pelo êxito que tivermos em atingir essa meta".

Um exemplo especial dos valores governantes da Merck postos em ação quase me fez chorar de emoção. A empresa desenvolvera uma droga chamada Mectizan, que combatia uma doença dolorosa que atingia mais de 1 milhão de pessoas em países do Terceiro Mundo. Vermes parasitários entravam nos tecidos do corpo e por fim chegavam aos olhos, causando muita dor e cegueira.

Mas havia um problema. Existia mercado para essa droga miraculosa, porém as pessoas não podiam pagar o preço do produto. Vejamos o que Collins e Porras escreveram a respeito:

Mesmo sabendo que o projeto não daria um grande retorno em questão de investimentos, isso se desse algum, a empresa foi em frente, com a esperança de que algum órgão governamental ou outro terceiro interessado comprasse e distribuísse o medicamento. Isso não aconteceu, de modo que a Merck optou por dar a droga de graça a quem precisasse dela. Além disso, envolveu-se diretamente no trabalho de distribuição, arcando com as despesas que isso acarretou, para certificar-se de que o medicamento de fato chegasse aos milhões de pessoas que corriam o risco de contrair a doença.

O mais notável é que, apesar de doações desse tipo, de algo cujo desenvolvimento custara milhões de dólares, a Merck quase sempre aufere benefícios não previstos. Depois de uma experiência similar, em que doou estreptomicina para interromper o aumento de tuberculose entre os pobres no Japão, depois da Segunda Guerra Mundial, a Merck passou a ser a maior empresa farmacêutica daquele país. Lembrando isso, vários anos depois, o presidente da Merck disse: "As conseqüências de tais ações a longo prazo nem sempre são claras, mas acho que sempre são compensadoras".

Assim, se uma organização, corporação, entidade ou seja lá o que for tem como objetivo ser a melhor em seu campo, uma organização de visão deve descobrir o que é que realmente a empolga, o que é mais importante para os envolvidos: funcionários, proprietários, executivos, administradores e clientes. Como no caso de indivíduos, o que é considerado mais importante irá variar amplamente de empresa para empresa, e não existem respostas certas ou erradas a respeito disso. Mas, para que qualquer organização seja bem-sucedida e realize o que as pessoas que a formam desejam realizar, ela deve fazer girar em torno daquele núcleo organizacional os mesmos três elétrons girados por indivíduos: papéis, valores e missão. E deve encontrar suas próprias respostas para estas perguntas:

- Que papel (ou papéis) esta organização vai desempenhar em sua comunidade, em sua nação, globalmente, ou para seus funcionários, líderes, acionistas ou clientes?
- Que valores orientarão as decisões da empresa e seu comportamento em cada um desses papéis?
- Qual é a missão especial desta organização? Que propósito único ela tem no mundo? Por que existe, para onde está indo?

Quando uma organização dispõe-se a determinar respostas para essas perguntas e focalizar a totalidade de seu poder e de sua energia nessas áreas, começa realmente a ver os elétrons girando, e pode-se esperar uma reação que é igual tanto para organizações como para indivíduos.

Entender os papéis, valores e missão de uma organização nunca é tão importante quando uma fusão com outra é cogitada. Nos dois últimos anos, compreendi essa importância em primeira mão porque participei do processo de fusão de duas entidades que agora formam a Franklin Covey Company.

Antes de 1997, a Franklin Quest e a Covey Leadership Center eram duas organizações completamente distintas. Ambas haviam desenvolvido produtos baseados em princípios de produtividade, administração e liderança, e fazia muitos anos que, com sucesso, colocavam seus produtos no mercado empresarial, profissional e organizacional. Cada uma dessas empresas servia a diferentes áreas do mercado, mas tinham muitos clientes em comum. Assim, foi natural que os dirigentes das duas começassem a pensar em uma possível fusão.

Em 1997, embarcamos no processo de fundir os papéis, valores governantes e missões de cada uma dessas empresas para a formação de uma nova entidade, a Franklin Covey Company. Tomar parte nisso foi, para mim, uma experiência que me deu grande satisfação e me ensinou muito. Entre outras coisas, aprendi como é importante identificar claramente os elementos que constituem aquilo que é mais importante para um negócio.

Como num casamento, nossa união empresarial teve tanto seus momentos de maravilhosa sinergia como de frustração e desânimo. Desde o começo ficou evidente que ambas as empresas compartilhavam muitos valores, forças, capacidades e mercados perfeitamente capazes de mesclar-se. Mas cada uma delas crescera a partir de raízes bastante diferentes. Uma vinha do mundo empresarial, de negócios, vendas e treinamento corporativo, enquanto a outra nascera em um mundo de reflexões e trabalho acadêmico. Combinar essas diferentes culturas empresariais produziu alguns trechos acidentados em nosso novo caminho.

Logo no início, decidimos que uma das coisas mais importantes que podíamos fazer era praticar o que ambas as empresas pregavam. Lançamo-nos ao trabalho de identificar o que era mais importante para a nova organização e passamos muito tempo colhendo opiniões de todos os envolvidos a respeito da natureza dos elétrons que poríamos em órbita ao redor dela. Levamos cinco meses trabalhando no processo de identificar os papéis que iríamos desempenhar como firma, os valores que tínhamos, e de criar a declaração de missão pela qual viveríamos como empresa. Não foi fácil. As duas diferentes culturas empresariais tiveram de ser modificadas para assimilar os valores combinados que emergiram.

Primeiro examinamos alguns dos papéis que a empresa desempenhava, como o de membro contribuinte da comunidade, competidora no mercado global e agente de alguma mudança no mundo. Em seguida, passamos mais um tempo considerável identificando nossos valores governantes. Depois de muita discussão, chegamos aos seguintes valores e suas declarações esclarecedoras:

- **Caráter e Competência.** Temos uma vida centrada em princípios, fundamentando nosso caráter em integridade, maturidade e uma mentalidade de abundância. Possuímos competência técnica e conceitual. A abundância, tanto de caráter como de competência, não compensará a deficiência do outro.
- **Interdependência.** Reconhecemos o valor da cooperação. Nosso objetivo é o sucesso da organização, que será mais facilmente conseguido com trabalho em equipe do que com a construção de impérios individuais.
- **Bom Lugar para Trabalhar.** Criamos um ambiente de trabalho agradável e estimulante que atrai e segura grandes realizadores.
- **Inclinação para a Ação**. Tomamos decisões com rapidez, não descuidadamente. Somos mais tolerantes com correções do que com inatividade.
- **Aperfeiçoamento Contínuo.** Reconhecemos que devemos continuamente encontrar maneiras melhores de trabalhar em conjunto. Estamos dispostos a abandonar uma maneira que funcionou bem, para encontrar uma que funcione ainda melhor.
- **Concentração no Cliente.** Ouvimos nossos clientes, procuramos compreender as necessidades do mercado e fornecemos excelente serviço. Em todos os esforços que empreendemos, procuramos criar um valor maior para os clientes.
- **Resultados Financeiros Extraordinários.** Alcançamos resultados financeiros de líderes da indústria, avaliados pelo aumento de renda, de vendas e de retorno aos acionistas. Nossos extraordinários resultados financeiros confirmam que, praticando o que ensinamos, trazemos para nós mesmos a eficiência que prometemos aos nossos clientes.

Por fim, definimos e escrevemos nossa declaração de missão:

Inspiramos mudanças, acionando o poder de princípios aprovados, de modo que pessoas e organizações realizem o que mais importa.

Essas não são apenas palavras bonitas. Levamos tudo isso muito a sério. Todas as pessoas que trabalham em nossa organização têm uma cópia de nossos valores governantes e declaração de missão. Pedimos a elas que a leiam com freqüência, e sempre perguntamos a nós mesmos se estamos vivendo de acordo com esses valores e essa declaração de missão. Estamos indo para onde desejamos ir?

Não tem sido um processo fácil, mas não quero dizer com isso que não tenha valido a pena. Tenho certeza de que estamos seguindo princípios corretos, que nosso processo é bom, e que, usando-o, estamos transformando a Franklin Covey em uma das grandes empresas de visão.

De modo interessante, descobrimos que, em nossa vida como seres humanos individuais, existe uma lacuna entre desempenho e ideais. Quando surgem dificuldades e problemas, em grande parte isso é causado por essa lacuna. Usando o processo, temos sido capazes de vencer os desafios que aparecem, e isso já está começando a produzir bons frutos. A empresa vai indo bem financeiramente e também como cultura, e a jornada tornou-se mais suave. Tenho esperança de que em um futuro próximo a Franklin Covey aparecerá na lista de empresas de visão, como parte do grupo de elite estudado por Collins e Porras.

Os "como", "por que" e "para que", referentes à aplicação do processo *O que Mais Importa* em organizações, encheriam um livro inteiro. Por agora, lembre-se de que o processo de identificar o que mais importa — papéis, valores governantes e missão — será um dos fatores mais importantes para a transformação de sua organização, seja ela constituída de três, 3 mil ou 3 milhões de pessoas em uma ótima organização. Você descobrirá que pode fazer milagres no campo particular de trabalho e influência de sua organização, quando ela tiver acesso à energia dinâmica e ao poder liberados pela aplicação desse processo.

Capítulo 12

O que Mais Importa: Influência num Círculo Mais Amplo

> Quando temos percepção de nossa própria identidade e uma visão de aonde queremos chegar, temos uma base da qual estendermos as mãos ao mundo, tentando alcançar o sonho de uma vida melhor.
>
> — *Stedman Graham*

> Esta é a verdadeira alegria da vida: termos a existência usada para um propósito que reconhecemos ser poderoso; termos a existência totalmente gasta, antes de sermos lançados ao lixo; sermos uma força da natureza, em vez de um amontoado de doenças e mágoas, reclamando que o mundo não se dedica a nos tornar felizes.
>
> — *George Bernard Shaw*

NOS ÚLTIMOS ANOS, tive o privilégio de cultivar uma grande amizade com Gary e Vivienne Player. Gary, de quem você provavelmente já ouviu falar, é um dos melhores jogadores profissionais de golfe do mundo. Sua ficha é impressionante: ele é um dos quatro jogadores que já venceram todos os quatro maiores torneios de golfe: PGA, United States Open, British Open e Masters. Gary venceu 163 torneios durante sua carreira de cinco décadas. Se ele vencer outro, após a virada do milênio, será a única pessoa a vencer torneios de golfe em seis décadas. Mas, além disso, Gary Player é também um verdadeiro cavalheiro. Alguns anos atrás, Gail e eu tivemos a oportunidade de passar uma semana na África do Sul, com Gary e Vivienne, na bela casa que eles possuem em Blair Atholl. Nessa ocasião, conhecemos uma boa parte do país e descobrimos sua magnificência e beleza.

Em nossas conversas, volta e meia o nome de um homem aparecia, e Gary demonstrava profundos sentimentos por essa pessoa, seu amigo íntimo, Nelson Mandela. Antes de nossa visita à África do Sul, eu ouvia falar de Mandela apenas pela mídia. Sabia que ele ficara preso durante muitos anos, por causa de sua oposição às opressivas leis do *apartheid*, que dividiram a nação em duas partes distintas ao longo de várias décadas. Também sabia que fora libertado e continuara sua luta para fazer da África do Sul uma sociedade única e multirracial.

Desde aquela visita, tenho lido mais sobre Mandela e desenvolvi um grande respeito por esse homem, sobretudo pelo que ele se tornou como resultado de toda a adversidade que enfrentou. Nasceu e passou a infância na cultura tribal do clã de Madiba, na província de Transkei, na região do Cabo, ao leste da África do Sul. Recebeu uma boa educação em internatos locais, cursou a faculdade e formou-se em Direito, trabalhando para corrigir as injustiças raciais. Tornou-se membro ativo do Congresso Nacional Africano, uma organização que buscava pôr um fim na dominação branca e criar uma África do Sul multirracial. À medida que o governo tornava-se mais repressor, ele e o CNA defendiam com mais vigor suas opiniões. No fim da década de 50 e início da de 60, Mandela liderou os protestos contra as leis do *apartheid* e, como o governo não cedia, ele e o CNA apoiaram uma "luta armada" que incluía táticas de guerrilha. Em agosto de 1962, foi preso, julgado e sentenciado a cinco anos de confinamento na prisão de segurança máxima da ilha Robben.

Ainda cumprindo essa pena inicial, Mandela foi levado novamente a julgamento, dessa vez com outros líderes do CNA, todos acusados de tentar derrubar o governo por meio da violência. Ele e os demais foram condenados à prisão perpétua e começaram a cumprir a pena no inverno de 1964.

Se você fosse condenado a terminar seus dias numa prisão descrita como uma das mais horríveis do mundo, acharia mais simples desistir de tudo ou viver cheio de ódio, ressentimento e desejo de vingança. Isso não aconteceu com Nelson Mandela. Durante aqueles anos de sofrimento, ele se voltou para seus mais profundos valores. Com bastante tempo para pensar e decidir o que era realmente importante para ele, foi capaz de resistir à tentação de tornar-se amargo ou vingativo. Em sua autobiografia, escrita depois de sua libertação, Mandela escreveu:

> Foi durante aqueles anos longos e solitários que minha ânsia pela liberdade de meu povo tornou-se ânsia pela liberdade de todos os povos, brancos e negros. Vi que o opressor deve ser libertado, da mesma forma que certamente deve ser libertado o oprimido. Um homem que rouba a liberdade de outro é prisioneiro do ódio, está trancado atrás das barras do preconceito e da mentalidade estreita. Com certeza não sou livre se tiro a liberdade de outra pessoa, assim como não sou livre quando sou privado de minha liberdade. Tanto o oprimido como o opressor perdem sua humanidade.

Mandela não apenas identificou e esclareceu seus valores governantes, como também colocou em palavras o que sentia ser sua missão até o fim da vida: "libertar tanto o oprimido como o opressor". Quando muitos resvalariam para o desespero, alimentando pensamentos lúgubres de vingança e retaliação, Mandela manteve a fé em si mesmo e na humanidade em geral. Embora, teoricamente, fosse possível para ele receber anistia e sair da prisão, na realidade tratava-se de uma possibilidade remota. Mas sua prisão tornou-se uma causa do mundo todo e, por fim, efetuou-se a reforma da África do Sul, e ele foi libertado. No dia 2 de fevereiro de 1990, o presidente F. W. de Klerk, que anteriormente começara a desmantelar o *apartheid*, anunciou a anulação das acusações contra o CNA e outras organizações políticas. Nove dias mais tarde, Nelson Mandela era um homem livre e bem depressa mostrou ao mundo o que aprendera e o homem que se tornara.

Agindo de acordo com seus valores governantes profundamente enraizados, ele, como representante do CNA, iniciou as negociações com o governo para a criação de uma democracia multirracial na África do Sul. No ano seguinte foi eleito presidente do CNA e passou a trabalhar com F.W. de Klerk para acabar com a violência inter-racial e estabelecer uma nova Constituição para o país. Depois de receber, juntamente com F. W. de Klerk, o Prêmio Nobel da Paz, em dezembro de 1993, foi eleito presidente da África do Sul, na primeira eleição inter-racial da história do país. Na cerimônia de posse, Mandela fez questão de que, na fileira da frente, se sentassem os carcereiros que o haviam mantido cativo por 27 anos. Para mim, esse gesto foi a maior evidência de que ali estava um homem que sabia quem era e que tinha certeza de estar fazendo uma grande diferença em seu próprio país, além de servir de exemplo para o mundo. Fico arrepiado toda vez que penso nisso.

Mesmo assim, Mandela achava que seu trabalho não estava terminado. Em sua autobiografia, ele declara:

> Quando saí da prisão, minha missão era essa, libertar oprimidos e opressores. Alguns dizem que isso já foi conseguido. Mas eu sei

que não. A verdade é que ainda não estamos livres; *apenas conseguimos a liberdade de sermos livres, o direito de não sermos oprimidos.* Não demos o último passo em nossa jornada, mas o primeiro, em um caminho ainda mais longo e difícil. Ser livre não é apenas quebrar as correntes, mas viver de uma maneira que respeita e valoriza a liberdade dos outros.

Eu me maravilho com a sabedoria dessa declaração, sobretudo à luz de toda a injustiça que fora cometida. Mandela ainda diz:

> A verdadeira prova de nossa dedicação à liberdade está apenas começando. Eu percorri a longa estrada até a liberdade. Tentei não vacilar. Pisei em falso algumas vezes, ao longo do caminho, mas descobri o segredo de que, depois de subir uma montanha, descobrimos que há mais montanhas para escalar. Parei um momento aqui em cima para descansar, para me deleitar com a vista gloriosa que me cerca, para olhar ao longe e ver a distância que percorri. Mas só posso descansar um momento, porque a liberdade traz responsabilidades, e não ouso me demorar, porque minha longa caminhada ainda não terminou.

O mundo precisa de mais pessoas como Nelson Mandela — homens e mulheres que tenham contato com os valores humanos que unem todos os habitantes do planeta, que possam fazer o poder desses valores agir em suas vidas, para que, como disse Winston Churchill nos dias tenebrosos da Segunda Guerra Mundial, "a vida do mundo mova-se para a frente, subindo para terras altas, amplas e ensolaradas".

Expandindo Nossa Influência para Além de Nosso Círculo Imediato

Há anos Stephen Covey vem ensinando que cada um de nós tem um círculo de influência, um grupo de pessoas, grande ou pequeno, com o qual podemos fazer alguma diferença, ou sobre o qual nossas palavras e ações exercem algum efeito.

Nosso círculo de influência é geralmente menor do que o círculo de preocupação que o contém. Podemos nos preocupar com muitas coisas, como o aquecimento do planeta, guerras, fome, o empobrecimento da cultura, o aumento da falta de civilidade, mas não temos bastante influência para fazer muita coisa para sanar esses problemas. Dentro de nosso círculo de influência, porém, podemos fazer alguma diferença. Com uma compreensão maior do que somos, do que é mais importante para nós e do que estamos fazendo, podemos expandir muito nosso círculo de influência e nossa capacidade de fazer alguma diferença.

Nelson Mandela é um exemplo fantástico de pessoa cujo círculo de influência foi além de sua família e de seus amigos. Quando foi condenado à prisão perpétua, aqueles que o puseram lá acreditaram que seu círculo de influência fora reduzido ao grupo de prisioneiros com quem ele conviveria. Eles não conheciam o poder dos valores daquele homem incrível. Mandela seria o primeiro a admitir que ainda não havia a certeza de que seu país chegaria a conhecer uma sociedade multirracial, baseada na justiça e na igualdade. Mas sua influência pessoal colocou a nação no bom caminho e levou esperança a milhões de pessoas. Sem essa influência, a África do Sul poderia encontrar-se no meio de uma guerra racista, igual à que tem dilacerado tantas nações.

Outros que Estão Fazendo uma Grande Diferença em Seu Círculo de Influência

Por mais maravilhado que eu me sinta com o exemplo, o poder e a coragem de Nelson Mandela, reconheço que há outros, embora sejam raros, que, com sua influência, foram capazes de fazer uma grande diferença no mundo. Nós, em geral, devemos nos contentar com um grau mais baixo de influência. Acredito, porém, que nossa capacidade de fazer diferença depende de termos identificado com clareza o que é mais importante para nós e, conseqüentemente, quem e o que somos. Com uma maior compreensão de nossos papéis na comunidade e na sociedade às quais pertencemos, tendo identificado com clareza nossos valores governantes, e sabendo que temos uma missão pessoal, todos nós podemos fazer alguma diferença no mundo. Cada um de nós oferece sua própria visão da vida, a sabedoria conseguida por meio de experiências vividas, seus talentos e habilidades. Como uma viagem de mil quilômetros começa com um simples passo, a mudança de mentalidade de uma família, ou de milhões de pessoas, começa com o trabalho de indivíduos, pessoas que, como Nelson Mandela, entraram em contato com o que mais lhes importa e estão determinadas a viver de acordo com seus valores governantes, não esmorecendo diante de mal-entendidos, dificuldades ou mesmo maldade.

Eu gostaria que você conhecesse três indivíduos que podem nos mostrar como expandir nosso círculo de influência para além da família. São pessoas comuns, que desempenham seus papéis na vida em harmonia com seus valores governantes e o conhecimento de sua missão pessoal. Nesse processo, cada uma delas está fazendo alguma diferença em seu círculo de influência.

Trabalhando por Melhores Escolas e Comunidades

A primeira vez em que ouvi falar de Barbara Zelinski, da cidade de Auburn Hills, Michigan, foi há dois anos, quando ela me mandou uma carta, agradecendo-me por eu ter-lhe ensinado o processo *O que Mais Importa* e contando como isso estava ajudando-a. Da mesma forma que muitas outras jovens mães, ela identificara os filhos como um de seus mais importantes valores. O que me entusiasmou foi saber que ela de fato estava fazendo alguma coisa a respeito disso, de uma maneira que afetava não só sua família, como toda a comunidade.

Barb (que é como ela se refere a si mesma) formou-se enfermeira, mas decidiu trabalhar meio período em um consultório dentário e, mais tarde, como diretora de programação do conselho local do Camp Fire Boys and Girls. Fez isso com o propósito de passar mais tempo com os filhos, Sarah, Michelle e Ben, agora com treze, nove e oito anos, respectivamente. Não satisfeita com o fato de ver-se limitada a seu círculo familiar, Barb, no outono de 1995, decidiu trabalhar como voluntária na escola de primeiro grau de Auburn, onde os filhos estudavam e onde ela mesma estudara na infância.

Com a idéia de que crianças e professores trabalhariam de modo mais produtivo em um ambiente atraente, ela fundou a Comissão de Embelezamento. Liderando o movimento "de modo discreto, nos bastidores", de acordo com os comentários de professores e outras pessoas, Barb trabalhou com carinho e grande disposição. O grupo, que reunia alunos, professores e pais, plantou flores ao redor de toda a escola, pintou os brinquedos do *playground* e reformou e embelezou o pátio completamente. Em uma entrevista para um jornal, Barb disse que acreditava que seu envolvimento "daria um senso de valor às crianças e as faria ter orgulho da escola".

Além de querer melhorar o ambiente escolar dos filhos e outras crianças, Barb era motivada pelo desejo de "dar algo" à comunidade na qual crescera, outro de seus valores governantes. Trabalhou como presidente da Associação de Pais e Mestres de Auburn, como vice-presidente dessa associação em Meadows, e, mais recentemente, com o Camp Fire Boys and Girls. Rejeitou as sugestões de que deveria candidatar-se para o quadro de diretores da escola local porque, segundo ela, "é tudo muito político, e eu não consigo ver ações e resultados imediatos". Explica que não quer dizer que o quadro de diretores não queira ou não possa fazer alguma diferença, mas que ela gosta de pegar uma idéia e entrar em ação imediatamente.

Considera seu trabalho voluntário altamente gratificante e diz que com isso teve a oportunidade de conhecer muitas pessoas que hoje são suas amigas. Ela também gosta de dedicar-se a atividades com o marido, Mike, que trabalha na General Motors, e de, com ele, "fazer todo o possível para que os filhos cresçam felizes e bem ajustados". É espantoso, mas ela ainda encontra tempo para correr, fazer ginástica, jogar boliche e golfe, cuidar do jardim, criar peças de artesanato e ler. E dedica-se a tudo isso sem fazer papel de mártir ou mostrar-se sobrecarregada. "Gosto de fazer o que estou fazendo", afirma Barbara.

Seu exemplo inspirou outras pessoas. Uma professora de jardim de infância de Auburn disse: "Sua capacidade de organização é incrível. Quem quiser que alguma coisa seja feita, peça a Barb. Ela sabe fazer tudo. É meu ídolo. Eu gostaria de ser como ela, um dia".

Barbara Zelinski diz que sua maior realização, nessa fase de sua vida, é seu sucesso "em conseguir conciliar casamento, família, profissão e trabalho voluntário, e ainda manter a boa forma física". No topo de sua lista de tarefas diárias estão as coisas que são mais importantes em sua vida, e foi vivendo de acordo com elas que Barb fez uma grande e duradoura diferença em Auburn, Michigan.

O Novato Mais Velho

Nossa capacidade de influenciar um círculo mais amplo de pessoas não vem necessariamente de um esforço consciente. Às vezes influenciar é simplesmente animar outras pessoas e dar-lhes esperança. Exemplo disso é Jim Morris, de Big Lake, Texas. Esse professor de química de 35 anos, que também treinou o time de beisebol da escola onde leciona, chamou a atenção do país no verão de 1999, quando se viu jogando como lançador num time da liga principal.

Morris jogara beisebol profissionalmente, anos antes, no time juvenil Milwaukee Brewers, mas depois de algumas temporadas medíocres e algumas contusões, foi para a faculdade e tornou-se professor. O sonho de jogar beisebol em um grande time, porém, nunca o abandonou, apesar de que ele não falasse muito sobre isso. Durante vários anos, o beisebol parecia ser apenas uma parte de seu passado.

Mas em 1997, depois que o time da escola sofreu várias derrotas, Jim assumiu o cargo de treinador. Trabalhando com os jogadores, tentando animá-los, contava suas experiências no time de novatos, inclusive que um dia tirara do jogo um jovem chamado Mark McGwire. Ele também lançava a bola para os garotos rebaterem, com a habilidade de um jogador da liga principal. As bolas iam na direção dos meninos com uma velocidade que eles nunca haviam visto, jogando com seus adversários.

Um dia depois de uma palestra em que Morris falou da necessidade de uma pessoa lutar por seus sonhos, os garotos desafiaram-no a lutar pelos seus e tentar jogar em um clube da liga principal. Ele respondeu que de jeito nenhum faria aquilo, que estava velho demais, que já o fizera, que sabia como era. Se não dera certo da primeira vez, por que daria agora? Os garotos continuaram insistindo e, na primavera de 1999, fizeram um trato com Morris: se o time deles fosse classificado para o torneio estadual, ele faria um teste em um grande clube. Como saiu na revista *Times*, Morris concordou, "só para fazê-los calar a boca".

Seu time estudantil, o Owls, foi até o segundo turno do torneio estadual, de modo que ele foi obrigado a cumprir sua parte do trato. Sabendo que haveria testes no Tampa Bay Devil Rays, time de uma cidade vizinha, Morris apareceu lá com sua luva. O interessante é que o treinador encarregado de fazer o teste vira Morris jogar no time juvenil, quinze anos antes. Já era tarde, e o homem, apenas para fazer-lhe a vontade, disse-lhe para tomar posição. "Não precisa ir até o banco de reservas para se aquecer. Aqueça-se aí mesmo. Vamos acabar logo com isso, que eu quero ir para casa", foi o que ele disse, de acordo com o que contou mais tarde, numa entrevista para a rádio National Public.

Então, sem aquecer-se adequadamente, Morris tomou posição e fez seu primeiro arremesso. De acordo com a pistola de radar, a velocidade foi de 150 quilômetros por hora. Conta o treinador: "Eu disse ao sujeito perto de mim, que também tinha uma pistola, que achava que a minha estava com defeito, e ele respondeu que não, que a dele registrara a mesma velocidade".

O treinador, então pediu-lhe para lançar outra bola. Essa voou a 153 quilômetros por hora. A velocidade da próxima foi de 152 quilômetros, a da outra, de 155. Os doze arremessos seguintes, um atrás do outro, atiraram a bola a uma velocidade de 157 quilômetros por hora, rara até mesmo para jogadores de grandes times profissionais.

Depois de passar dois meses e meio jogando entre os reservas do Devil Rays, Morris foi convocado para atuar no time principal, como lançador substituto. Entrou três vezes em dois jogos, sem marcar pontos, mas no terceiro lançou a bola para um triplo. O pessoal do Devil Rays está entusiasmado com esse novato que se aproxima da meia-idade e já mostra alguns cabelos grisalhos, pensando no que ele poderá fazer pelo time no futuro. Quanto a Morris, ele está pensando na possibilidade de jogar como lançador titular na próxima temporada.

Ainda não sabemos o sucesso que Jim Morris fará na liga principal, mas ele já é uma inspiração para muitos, para o time de sua escola e para milhares de nós, como um homem que teve a coragem de perseguir seu sonho.

Realização entre os Orangotangos

Em algum ponto entre a influência global de Nelson Mandela e a inspiração que Jim Morris nos dá, encontra-se o exemplo de Evelyn Gallardo. Alguns anos atrás, recebi uma carta dela. Evelyn assistira a um de meus seminários e me escreveu para contar o impacto que o processo descrito neste livro causara em sua vida.

Descendente de mexicanos e índios hopis, Evelyn Gallardo cresceu em Los Angeles. Seu bisavô paterno lutou ao lado de Pancho Villa na Revolução Mexicana, e quando ela ainda era muito nova, ele ensinou-a a amar a natureza, contando-lhe lindas histórias sobre plantas, animais e o mundo em que vivemos. Mais tarde, ela se apaixonou pelas histórias de Tarzã, de

Edgar Rice Burroughs, e desenvolveu um amor profundo pelos primatas. "Meu primeiro amor foi King Kong", ela conta. "Assistindo ao filme, eu queria entrar no televisor e levar aquele maravilhoso macaco de volta para a África. Achei que ninguém o compreendia tão bem quanto eu."

Seu interesse pelos primatas fazia com que Evelyn passasse horas no Zoológico, observando-os. O que mais a fascinava eram os olhos expressivos desses animais. "Ficava imaginando o que pensavam, o que sentiam, e como deviam sentir falta de seu lar, na floresta", ela recorda.

No caso de muitas pessoas, esse interesse, essa fascinação, desapareceriam com a chegada da idade adulta, uma fase em que as coisas da infância passam para segundo plano e nos envolvemos com os assuntos "mais importantes" da vida. Evelyn teve uma variedade de ocupações que poderiam ser chamadas de comuns. Trabalhou como arquivista, telefonista, supervisora em uma academia de ginástica e gerente de promoção de vendas em uma multinacional. O trabalho de que menos gostou foi o de demonstradora de panelas com revestimento antiaderente e uma faca que cortava até lata.

Durante todo esse tempo, seus sonhos e fantasias da infância voltavam insistentemente, abrindo caminho através de todas as preocupações com o trabalho e a família. Por fim, aos 37 anos, Evelyn Gallardo decidiu o que queria ser: escritora e fotógrafa, cujo tema seria a vida selvagem.

Quando menina, sonhara em viajar; então foi o que começou a fazer. Viajou pelo leste da África, por quase toda a América do Sul, pelo sudeste da Ásia e outros lugares para fotografar a vida selvagem. Estudou com a dra. Birute Galdikas, aprendendo com ela a respeito dos orangotangos das florestas tropicais de Bornéu, em perigo de extinção. Então, escreveu um livro para crianças, *Among the Orangutans* (*Entre os Orangotan-*

gos), sobre a dra. Galdikas e seu trabalho com esses animais em perigo. O livro, ilustrado com fotos coloridas tiradas pela própria Evelyn, tornou-se um *best-seller*, e ela continuou a viajar, fotografar e escrever. Além disso, faz parte de um programa educacional e percorre escolas para falar com os estudantes e ensinar-lhes que eles devem seguir seus sonhos, da mesma forma que ela fez.

Evelyn gosta da vida que leva, com o marido e os filhos, assim como de sua crescente atividade e fama como escritora, oradora, fotógrafa e voluntária no trabalho de preservação. Em sua carta, ela diz que se sente plenamente realizada e expressa sua gratidão pelo modo como o processo *O que Mais Importa* ajudou-a em seus esforços para conseguir tudo o que realmente é mais importante para a sua vida. Conclui: "Minha pirâmide está se desenvolvendo em um grande plano para o futuro. E sabe o que é melhor? Sinto paz de espírito pela primeira vez em minha vida. Obrigada".

Qual Deve Ser a Extensão de Seu Círculo?

Como já expliquei várias vezes neste livro, não compete a mim dizer-lhe quais devem ser seus papéis, valores governantes e missão. Também não me compete sugerir o que você deve fazer a respeito disso ou dizer qual deve ser a extensão de seu círculo de influência. Não há respostas certas ou erradas para essa pergunta. Se se tornar o Nelson Mandela de sua comunidade ou país, isso será um reflexo da dinâmica de sua personalidade, das aspirações e realizações que o conhecimento de seu ser interior produz em você. Será um reflexo do indivíduo único que você é. Da mesma forma, se sua bússola íntima guiá-lo para uma estreita ligação com a família e alguns amigos, não há problema nenhum. O processo será igualmente bom para você. O importante é que aja de acordo com o que agora sabe sobre si mesmo e com o que é realmente importante em sua vida.

Seja qual for sua missão, seja qual for a extensão de seu círculo, você encontrará dificuldade para desenvolver seus planos. No Capítulo 10, falei da Vitrine de Convicções que todos nós temos e como as convicções que colocamos nessa vitrine afetam nossas ações e nossa eficiência. Não se esqueça disso, enquanto descobre sua própria maneira de, tanto individual como coletivamente, fazer alguma diferença no mundo, e empenhe-se em pensar com a própria cabeça, não com a dos outros. Mesmo que todo mundo pareça pensar e agir de uma certa maneira, isso não quer dizer que essa maneira seja apropriada para você. Se todas as pessoas agissem do mesmo modo, provavelmente Nelson Mandela morreria na prisão, Barbara Zelinski seria apenas conhecida como uma ótima mãe, Jim Morris ainda estaria ensinando química, e Evelyn Gallardo talvez ainda estivesse vendendo panelas. É olhando para dentro de nós mesmos que podemos pensar de um jeito novo a respeito de nossa situação e das contribuições que podemos dar ao mundo que nos cerca. Abraham Lincoln disse, durante a Guerra Civil: "Os dogmas do calmo passado não são adequados para o presente tumultuado. O momento é de grande dificuldade, e devemos acompanhar o momento. Como nosso caso é novo, devemos pensar e agir de modo novo".

É sempre maravilhoso para mim ouvir falar de pessoas que estão seguindo o processo descrito neste livro, algumas porque o aprenderam, outras porque intuitivamente o conhecem. Essas pessoas estão fazendo diferença em suas famílias, nas comunidades onde vivem, no palco nacional ou mundial. Algumas são bem conhecidas em seu campo de trabalho ou esfera de influência, mas as outras, que formam a maioria, são pessoas comuns que estão fazendo coisas extraordinárias em sua vida diária porque aplicam seus valores governantes e senso de missão nos papéis que desempenham. E elas estão se sentindo verdadeiramente realizadas e conhecendo o tipo de paz interior de que falamos tanto.

Capítulo 13

A Vida Não Está Fixada em Concreto

A vida, como a vejo, não é um lugar, mas uma viagem. Tudo está em fluxo, e é assim que tem de ser. A vida flui. Podemos morar sempre no mesmo número da rua, mas nunca é o mesmo homem que mora lá.

— *Henry Ford*

A viagem de nossa vida não é uma subida em linha reta, de um nível de consciência para outro. É uma série de subidas íngremes e plataformas planas, e depois, mais subidas. Embora venhamos de diferentes direções para nos juntar na viagem, certas características dessa viagem são comuns a todos nós.

— *Stuart Wilde*

NO INÍCIO DA DÉCADA DE 60, a Inglaterra ainda sofria os efeitos da Segunda Guerra Mundial, que terminara pouco mais de quinze anos antes. Muitas cidades e vilas haviam sido fortemente bombardeadas durante os ataques aéreos de Hitler. Em Londres, uma grande parte da área industrial de East End, totalmente destruída pelos bombardeios, estava sendo reconstruída. Quase todas as comunidades do sul da Inglaterra ainda exibiam as cicatrizes provocadas pelas bombas — lotes vazios, completamente tomados pelo mato e paredes em ruínas cobertas de trepadeiras. Economicamente, o país ainda lutava para se equilibrar, e muitas famílias da classe trabalhadora viviam abaixo da linha de pobreza.

A partir de 1963, passei algum tempo lá, a serviço, e trabalhei muito com pessoas pobres dos bairros de algumas cidades industriais do leste e do sul da Inglaterra. Sendo dos Estados Unidos, um país que gozava a prosperidade do rápido crescimento de pós-guerra, levei um choque. Trabalhava com muitas famílias que viviam em condições que lembravam as histórias de Dickens. Oito, dez pessoas viviam amontoadas em casinhas de aluguel sem aquecimento central e, na maioria dos casos, as instalações sanitárias ficavam fora, nos fundos. Em algumas dessas casas, o cheiro desagradável causado pela aglomeração de pessoas tornava-se ainda pior com a presença do cachorro da família (sempre grande). Sob a garoa do escuro inverno inglês, com a fumaça do carvão queimado nas lareiras enchendo as ruas, alguns desses bairros não estavam muito longe de uma cena do Inferno de Dante.

Mais triste ainda era ver a desesperança no rosto das pessoas, sobretudo dos adolescentes. Estes tinham idade suficiente para compreender que a inocente alegria da infância estava dando lugar à tristeza de ver que só podiam esperar um futuro sombrio. Uma das canções mais populares na Inglaterra, naquele ano, era *My Old Man's a Dustman*. Muito engraçada, falava de um pai que era lixeiro. Naquela época, na Inglaterra, um lixeiro estava quase no ponto mais baixo da escala social. De acordo com a letra dessa canção, "um lixeiro é um homem que usa boné de lixeiro, calça de brim, e que mora numa casa da prefeitura". Alguns dos garotos com quem eu trabalhava tinham pais que eram lixeiros, mas pelo menos possuíam um emprego. Muitos homens estavam desempregados, e o número de casas onde não havia um pai era grande demais.

O que mais entristecia era notar que eram muito poucos os adolescentes que acreditavam que um dia poderiam sair daquela miséria. A maioria dos garotos não tinha outra esperança a não ser trabalhar na coleta de lixo e limpeza das ruas. Seus avós haviam sido lixeiros, os pais eram lixeiros, e era isso que os jovens esperavam ser. Parte do problema era causado pelo sistema de classes, que felizmente chegava a seus últimos dias, mas que ainda afetava a maneira como as pessoas viam a si mesmas. Fosse qual fosse a situação social ou econômica de uma pessoa, as coisas eram como eram, e não havia muita coisa a ser feita a respeito. Para a maioria, a vida era fixada em concreto.

Mas também foi a Inglaterra que ofereceu um dos mais belos e comoventes exemplos, embora de ficção, de como as coisas podiam mudar, pelo menos para alguns. Em Londres, tive a oportunidade de assistir ao filme musical *My Fair Lady*, baseado na peça de George Bernard Shaw, *Pigmalião*. Na peça e no filme, Eliza Doolittle é uma florista, nascida num bairro pobre de Londres, que ganha seu sustento vendendo flores na porta do teatro London's Covent Garden Opera. Um professor de dicção, Henry Higgins, nota o sotaque e o modo errado com que a moça fala, próprios da classe operária, e faz uma aposta com o amigo que o acompanha, dizendo que poderá transformá-la em outra pessoa. Como resultado, a jovem acaba participando de uma experiência, mediante a qual Higgins quer provar que uma pobre florista, adequadamente treinada, pode falar e ter a aparência de uma dama de classe alta.

Depois de muita frustração e angústia de ambas as partes, Higgins consegue transformar Eliza em uma dama e descobre que se apaixonara por ela. Eliza, por sua vez, também apaixona-se por ele e, mais importante, agora tem os olhos abertos para a vida e as possibilidades que existem para além do mundo onde nasceu e para o qual não pode mais voltar. No entanto, ainda conserva sua identidade básica, sua força interior, e emerge para uma nova vida, com a qual nem sequer poderia sonhar quando vendia flores nas ruas. Para Eliza Doolittle, a vida certamente não era fixada em concreto.

Uma Viagem, Não um Ponto de Destino

Sempre gostei da idéia de que a vida é uma viagem, não um ponto de destino. Ela dá uma perspectiva mais verdadeira. Assim como as cenas que vemos da janela de um carro ou de um trem em movimento estão sempre mudando, nossa vida está em constante mudança. A melhor forma de ver isso é olhar para algo que escrevemos sobre nós mesmos dez, vinte anos atrás, como um diário, uma carta, ou qualquer outra coisa. Muitas vezes não acreditamos que pensávamos daquela maneira. Ou, então, olhamos uma foto nossa, tirada há duas décadas, e nos pegamos perguntando: "Esse sou eu? Eu era assim?". Como as mudanças em nossa vida são graduais, precisamos comparar dois aspectos de uma mesma coisa, um de anos antes e outro atual, para ver o que mudou.

Dizer que na vida só as mudanças são constantes tornou-se quase um lugar-comum. No entanto, é verdade. Não somos apenas nós e a vida que mudamos com o tempo. Tudo o que foi discutido neste livro também muda. Isso significa que nossos papéis mudam, nossos valores governantes mudam, e mesmo nossa idéia de missão pessoal pode mudar. Dependendo de sua idade, você já deve ter notado isso. Aos cinqüenta anos, por exemplo, uma pessoa geralmente já está fora do papel de pai ou mãe de crianças pequenas, mas pode ter entrado no papel de avô ou avó. Aos 25, um jovem pode já ter abandonado o papel de estudante e assumido o de homem que provê seu próprio sustento e, talvez, de uma família. E há aquela fase da vida em que os papéis invertem-se, e os filhos, que muitos anos antes foram cuidados pelos pais, passam a cuidar deles.

Mesmo aqueles papéis que permanecem por muito tempo podem ter sua classificação mudada na lista de prioridades. O papel de gerente, por exemplo, pode estar no topo da lista durante os anos em que a pessoa exerce essa função. O mesmo acontece com o papel de pai que tem filhos pequenos. Embora os papéis de gerente e pai possam nunca desaparecer completamente, mudam em sua relativa importância quanto aos outros papéis desempenhados, dependendo da fase da vida. Meus filhos são todos adultos, estão casados e fora de casa. Isso não significa que eu não seja mais pai deles, mas o tempo que passo em sua companhia é muito menor do que o que costumava passar quando eles ainda estavam crescendo. Adoro estar com meus filhos, isso é algo que levo muito a sério, mas tenho tempo bastante para desempenhar outros papéis que agora são importantes para mim.

Nossos valores governantes também mudam com o passar do tempo, e isso acontece porque novas experiências trazem novas idéias e oportunidades. Às vezes os valores mudam simplesmente por causa da fase da vida em que estamos. Por exemplo, aos vinte anos podemos valorizar muito a aquisição de independência financeira. Assim que isso fica acertado, o que fazemos com os bens adquiridos talvez seja algo mais importante. Boa saúde nem sempre é um valor plenamente apreciado quando somos jovens, mas se tornará cada vez mais importante à medida que envelhecemos e começamos a notar que nosso corpo está ficando gasto.

As missões pessoais talvez sejam as que menos mudem, mas o tempo pode alterá-las também. Quanto mais abrangente nossa missão, maior a possibilidade de ela permanecer um tanto constante. Minha missão de fazer alguma diferença no mundo, por exemplo, permaneceu a mesma na maior parte de minha vida adulta, mas o tipo de coisas a respeito das quais eu tento fazer alguma diferença mudou. Por outro lado, alguém que sinta que sua missão é tornar-se presidente dos Estados Unidos terá de mudá-la assim que essa meta for atingida. O importante é lembrar que a vida muda, assim como mudam as coisas que são mais importantes para nós. Também é importante que, uma vez por ano, você planeje fazer uma revisão de tudo o que discutimos neste livro. Ficará surpreso em ver como a vida pode mudar num tempo tão curto.

E se, em uma de suas revisões, você descobrir que ainda tem um importante papel ou valor governante pelos quais fez muito pouco ou nada? Talvez uma experiência que eu tive possa servir de ilustração.

Quando menino, eu queria demais um conjunto de arco e flecha, mas tinha de ser um arco longo, como o que via Errol Flynn usar no papel de Robin Hood. Ganhei o arco e a flecha e imediatamente peguei um fardo de feno e levei-o para um terreno baldio ao lado de nossa casa. Coloquei um alvo no fardo e comecei a atirar flechas, tentando acertá-lo. Eu me julgava um grande arqueiro, mas o fato é que levei um bom tempo para conseguir cravar uma flecha perto de um dos anéis do alvo. Acertar na mosca? Nem pensar. Mas que emoção senti quando aquela flecha cravou-se dentro dos limites do alvo!

Alguns anos mais tarde, enfrentando a dificuldade de me tornar adulto, comecei a me preocupar com o pecado, pois vinha de uma família profundamente religiosa. Eu pensava em como poderia fugir dos pecados, reais ou imaginários, e essa preocupação estendia-se também a outros tipos de erro que eu achava que poderia cometer na vida. Às vezes me julgava um caso perdido. Dessa forma, fiquei muito feliz quando descobri o verdadeiro sentido da palavra "pecado". Li em algum lugar, não me lembro onde, que a palavra vem do latim e significa "errar o alvo". Essa definição mudou totalmente meu modo de ver minhas imperfeições. Lembrando minha experiência com o arco longo, percebi que, quando errava o alvo, isso não significava que estava tudo acabado, que eu perdera minha última chance. Eu sempre podia tentar de novo. Tinha direito a atirar mais vezes.

Esse lampejo de sabedoria juvenil permanece comigo até hoje. Como um arqueiro empenhando-se para alcançar a perfeição, devemos continuar tentando acertar o alvo, mesmo que tenhamos errado muitas vezes. Podemos sempre atirar de novo e de novo, até finalmente sermos capazes de cravar nossa flecha na mosca.

A vida é um processo, não um acontecimento. Temos infinitas oportunidades de corrigir os erros que cometemos. Progresso é isso. Crescer é isso, tanto para indivíduos como para qualquer tipo de organização. O importante é tomar cada derrota como uma lição para a próxima vez. Desse modo, estaremos mais bem preparados para o que vier em seguida.

Se compreendermos claramente que toda essa experiência de viver é apenas isso, uma experiência, um processo, uma viagem, não acharemos que os acontecimentos de nossa vida são catastróficos, quando errarmos em alguma coisa. Saberemos que, errando, aprendemos importantes lições. Iremos em frente, tentando não repetir os mesmos erros, sempre trabalhando no processo de viver. Esse processo, porém, torna-se muito mais fácil quando temos conhecimento daqueles três elétrons — nossos papéis, valores governantes e missão ou propósito na vida — que giram em torno de nós, que somos o núcleo.

Os Planos Mais Bem Traçados...

Vários anos atrás, tive a oportunidade de conhecer pessoalmente o treinador que mais conquistara vitórias na história do futebol americano, Don Shula, que está há muito tempo com os Miami Dolphins. Ele e um grande amigo meu, Ken Blanchard, por quem tenho enorme respeito, trabalharam juntos para escrever um livro intitulado *Everyone's a Coach* (*Todo Mundo É um Treinador*). O livro trata da importante função de treinar pessoas na vida, não apenas nos esportes.

Um dos conceitos expostos no livro é o de "ordem rápida audível". Nunca tive oportunidade de jogar futebol americano, embora goste de assistir aos jogos, de modo que não sei o que é estar em um campo, usando capacete e roupas acolchoadas. Mas sei que "ordem rápida audível" é um conceito muito importante num jogo e que pode ser aplicado também em nossa vida e na vida de qualquer organização.

No mundo do futebol profissional e até no futebol universitário, não é o capitão do time que comanda as jogadas, mas o treinador, na lateral do campo. O analista de ataque diz ao treinador o que deve ser feito, que por sua vez instrui o capitão, que executa a jogada. Mas o que o treinador não sabe, o que a multidão que lota as arquibancadas não sabe, é o que o capitão está vendo, quando se aproxima da linha para pedir a bola. Só ele vê a formação da defesa adversária e, com seu conhecimento do jogo, sabe o que essa defesa planeja fazer. Se, por causa do que viu, achar que a ordem que recebeu não funcionará, precisa ter a coragem de mudar a jogada. Essa é a "ordem rápida audível" dada pelo capitão. Quando isso acontece, vemos o capitão aproximar-se do centro para pegar a bola e gritar a ordem para uma nova jogada, baseada no que ele viu na linha de defesa do outro time. Bons capitães, como Steve Young, Roger Staubach e Joe Montana, desenvolveram uma notável capacidade de fazer isso.

O mesmo tipo de situação nos acontece. Às vezes o chão treme sob nossos pés, e percebemos que nossos planos precisam ser reformulados, repensados e refeitos. Se a base de nossa pirâmide for o sólido conhecimento do que é mais importante para nós, seremos capazes de dar ordens rápidas audíveis e mudar nossos planos de acordo com elas.

O rápido avanço da tecnologia nas últimas décadas tem forçado muitas empresas a correr, quando sentem o chão tremer. Mas muitas não conseguiram sair do lugar. Vejamos, por exemplo, a filmadora Super 8 milímetros. No auge do sucesso dessa filmadora, ninguém sonhava que ela, capaz de gravar sons e imagens, um dia desapareceria. Mas quando foram criados os videocassetes e as filmadoras VHS, a Super 8 deixou de ser útil. Não era tão fácil de operar, requeria iluminação forte, em interiores ou à noite. Os rolos de filme tinham poucos minutos de duração. O filme não podia ser visto imediatamente, porque precisava ser revelado. Com as câmeras VHS, no entanto, pode-se gravar imagens durante horas, e basta retirar a fita cassete, colocá-la no videocassete e ligar o televisor para que se possa ver o que foi gravado. Os filmes Super 8 morreram rapidamente, e várias e antigas empresas morreram com eles.

Eu estava na faculdade quando saíram as primeiras calculadoras. Lembro-me de que fiquei numa fila para encomendar uma Wang eletrônica, pela qual paguei trezentos dólares e que só somava, subtraía, multiplicava e dividia. Hoje, compra-se por menos de dez dólares uma calculadora que faz dez vezes mais do que fazia a geringonça que me custou trezentos.

Os cemitérios empresariais estão cheios de empresas que apostaram seu futuro em coisas desse tipo. Não quiseram ver de perto o que estava acontecendo na linha de defesa à frente delas e dar a ordem rápida audível que mudaria a jogada.

O mesmo vale para nós, como pessoas. Quando aceitamos o fato de que mudanças estão ocorrendo e que isso exige que também mudemos, sabemos que temos que ordenar novas jogadas em nossa vida pessoal ou profissional.

O resumo de tudo isso é que precisamos estar mais atentos à voz da intuição, prontos para perceber idéias, oportunidades e riscos inesperados. Intuição existe, sim. Existe uma voz interior que devemos ouvir. Existe algo que se chama previsão de um progresso que terá enorme influência sobre nosso futuro. Se você construiu uma base sólida para a sua pirâmide, com aquilo que é mais importante em sua vida, será capaz de efetuar todas as mudanças necessárias com coragem, rapidez e eficiência.

Um de meus poemas favoritos é de Robert Frost, o tantas vezes citado *A Estrada que Não Foi Tomada (The Road Not Taken)*.

Num bosque amarelo, duas estradas separavam-se,
E triste por não poder tomar as duas,
Por ser um único viajante, fiquei parado,
Olhando ao longo de uma delas, o mais longe que pude,
Até vê-la sumir numa curva.

Então, tomei a outra, igualmente bela,
Mas talvez oferecendo mais,
Porque era gramada e queria ser usada,
Embora a passagem de outros
Houvesse gasto as duas igualmente.

E naquela manhã, ambas estendiam-se iguais,
Sob folhas que nenhum passo ainda esmagara.
Oh, guardei a primeira estrada para um outro dia!
Mas eu sabia que um caminho leva a outro,
E não acreditava muito que ali voltasse.

Talvez eu diga isso com um suspiro,
Em algum lugar, daqui a séculos e séculos:
Duas estradas separavam-se em um bosque, e eu...
Tomei a menos transitada,
E isso fez toda a diferença.

Na maioria das vezes, a estrada menos transitada é aquela que teremos de tomar, se quisermos ser bem-sucedidos. É preciso sair das zonas de conforto. Mas, fazendo isso, exultaremos com a aventura, descobrindo que o alicerce firme, formado pelo conhecimento de quem realmente somos e do que é mais importante para nós, fará toda a diferença.

Capítulo 14

Sua Recompensa Pessoal: Uma Vida Abundante

> Vida produz vida. Energia cria energia. É gastando a si mesmo que alguém se torna rico.
>
> — *Sarah Bernhardt*

> Como sua vida seria maior se sua pessoa fosse menor. Se você conseguisse realmente olhar para os outros com curiosidade comum e prazer, começaria a se interessar por eles. Sairia desse minúsculo e espalhafatoso teatro no qual sua pequena peça é encenada, e se veria sob o céu aberto, numa rua cheia de maravilhosos estranhos.
>
> — *G. K. Chesterton*

JÁ FALAMOS SOBRE algumas das recompensas íntimas que recebemos quando vivemos de acordo com o que é mais importante para nós. Nossa vida é maravilhosamente harmoniosa quando existe congruência entre nossas ações, nossos valores e aquilo que realmente somos. Paz interior, energia, foco e eficiência, então, combinam-se para criar uma riqueza tão grande que nos sentimos compelidos a dividi-la com aqueles que nos rodeiam. Isso tudo é parte do que gosto de chamar de “vida abundante”.

O que significa viver uma vida abundante? Tem muito a ver com o velho ditado: "É dando que se recebe". Viver uma vida abundante significa ter tudo do que precisamos — espiritualmente, materialmente, fisicamente, emocionalmente, psicologicamente, e ajudar os outros a conseguir o mesmo. Não estou falando de abundância apenas em termos de dinheiro, propriedades e "coisas", mas em termos de conseguir tudo o que é mais importante para nós.

Como já foi mencionado, *sua* mistura particular de papéis, valores governantes e missão pessoal é diferente da minha e de todas as outras pessoas. Da mesma forma, minha definição de vida abundante será diferente da sua. Espero que você coloque em palavras, ou mesmo em pensamentos, o que acha que significa ter uma vida abundante.

Neste capítulo, eu gostaria de lhe dizer o que vida abundante significa para mim. Alguns dos exemplos são profundamente pessoais, e uso-os com uma certa hesitação, porque não quero que alguém pense que estou me exibindo, tentando fazer com que os outros pensem que sou um grande homem. Apenas minha família e meus amigos conheciam algumas de minhas experiências, e agora vou compartilhá-las com você, mas isso vai contra aquela parte de mim que acha que o que se dá deve ser dado em segredo. Essas experiências mostram o que pessoalmente considero o resultado de eu estar vivendo de acordo com o que é mais importante para mim, e sei que o que constitui vida abundante para você é algo igualmente único. Só espero que o que vou contar ajude-o a viver sua própria forma de vida abundante.

Distribuindo Maçãs

Descobri a magia dessa idéia de vida abundante ainda menino, convivendo com o povo polinésio, em Honolulu. Uma das características maravilhosas dos polinésios, sobretudo os havaianos, é que eles, literalmente, tiram a camisa do corpo para lhe dar, se perceberem que você está precisando. Uma das mais belas definições de amor que já ouvi é: "Amar é aceitar totalmente, sem julgar". Os havaianos praticam isso maravilhosamente bem. Cresci vendo as pessoas dividir tudo umas com as outras, de um modo que não se vê em nenhuma outra parte do mundo.

Minha fruta favorita sempre foi a maçã. E, infelizmente, o Havaí não produz maçãs. Essa fruta, ali, é rara (pelo menos era nos meus tempos de menino), um verdadeiro luxo.

Quando eu tinha oito ou nove anos, perto da época do Natal, meus pais me perguntaram o que gostaria de ganhar. Tanto meu pai como minha mãe eram professores, não ganhavam muito, de maneira que o Natal era sempre meio magro. Eles me deram alguns dias para pensar a respeito do presente, e pensei muito. Então, disse que queria uma caixa de maçãs.

Meus pais ficaram atônitos, porque deviam achar que eu escolheria um brinquedo, um jogo qualquer ou roupas. Não achei meu pedido tão estranho, pois eu queria muito uma caixa de maçãs. Não tinha idéia de que aquele era presente muito caro para uma família que morava no Havaí. Na manhã de Natal, como era tradição em nossa casa, fomos todos para a cozinha. Só podíamos entrar na sala, onde estavam a árvore de Natal e os presentes, depois que tomássemos café, arrumássemos as camas e limpássemos a casa. Então, entrávamos na sala para ver o que Papai Noel deixara para nós. Eu me lembro da excitação que senti, naquela manhã, pensando na possibilidade de ter ganhado uma caixa de maçãs.

Entramos na sala, e logo vi, embaixo da árvore de Natal, junto da meia que levava meu nome, uma caixa de maçãs. Ergui a tampa e vi as frutas, cada uma embrulhada em papel de seda branco. Uma folha de papelão separava as camadas de maçãs, e havia quatro ou cinco camadas.

Não lembro quantas maçãs havia na caixa, mas me lembro de como fiquei feliz ao vê-las. Comi uma imediatamente e ofereci algumas ao resto da família. Depois que todos os presentes tinham sido abertos e ficamos livres para ir brincar, saí de casa com minhas preciosas maçãs e comecei a distribuí-las entre meus amigos.

Algumas horas mais tarde, voltei para casa com a caixa vazia. Algumas pessoas da minha família expressaram algum aborrecimento pelo fato de as maçãs terem acabado tão depressa, mas eu não poderia estar mais feliz do que estava. Ver a alegria de meus amigos fazia parte do presente. Minha própria alegria seria incompleta se eu não dividisse o que ganhara. Tenho pensado nesse episódio muitas vezes. Não sei exatamente o que me motivou naquele dia. Eu era jovem demais para compreender isso de vida abundante, de dar para receber. Mas me lembro muito bem de como foi maravilhoso dividir as maçãs, que me eram tão valiosas, com meus amigos e vizinhos que eu amava.

Acredito que essa foi a primeira vez que senti a magia do que agora chamo de Mentalidade de Abundância: a sensação que experimentamos quando temos mais do que precisamos e sentimos o desejo de dar alguma coisa àqueles que não têm o que temos.

Uma nota de rodapé a respeito da história das maçãs: vários anos atrás, recebi um prêmio da empresa Gallup (aquela das pesquisas de opinião pública) e tive a honra de ser incluído em sua Galeria da Fama. Minha esposa e eu, então, fomos a Lincoln, Nebraska, para a cerimônia de entrega dos prêmios. Como parte do ritual, fui levado ao centro do salão de baile, onde, em cima de uma mesa, havia uma caixa de maçãs. Disseram que era um presente para mim, e o mestre-de-cerimônias contou a história das maçãs. Eu não fazia idéia de que eles sabiam daquele episódio, que eu só contara para minha família, e suspeitei que alguém andara conversando com minha mãe. Minha emoção quase transbordou, naquela noite, quando vi a caixa de maçãs que simbolizava minha tentativa de viver de acordo com a Mentalidade de Abundância, uma tentativa que começou quando eu era menino e morava no Havaí.

Ser um Lider Servidor?

Como você sabe, minha Declaração de Missão Pessoal é fazer alguma diferença. Quando minhas ações diárias estão em harmonia com o que é mais importante para mim, consigo realmente fazer alguma diferença. Nesse processo, tenho aprendido ótimas lições sobre o tipo de ações que me levam a conseguir isso.

Duas histórias ilustrarão o que estou querendo dizer. Uma é sobre algo que aconteceu há alguns meses, e a outra é de trinta anos atrás, mas ambas o ajudarão a compreender o conceito simples, mas poderoso, de liderar servindo.

No Capítulo 9, falei de minha tendência para a ação. Sempre que vejo que alguma coisa precisa ser feita, sinto o impulso — que às vezes aborrece minha família — de fazê-la eu mesmo, em vez de mobilizar os que estão a minha volta. No início deste ano, tive a oportunidade de fazer uma palestra em Orlando, Flórida, numa convenção nacional que reuniu mais de 12 mil executivos e representantes dos produtos Avon, uma das maiores empresas de cosméticos do país. Fazia meses que nossa empresa trabalhava com a Avon, no desenvolvimento de uma versão adaptada do Franklin Planner. Naquele dia eu falei sobre o conceito da Vitrine de Convicções para introduzir o tema da campanha de marketing da Avon: Sucesso Planejado. Falei também sobre o Franklin Planner, adaptado, e pedi aos ouvintes que pegassem uma cópia no estande da Franklin Covey, no salão de exposições.

No final de minha apresentação, houve um intervalo, e decidi ir falar com o pessoal da Franklin Covey que estava tomando conta do estande. Quando me aproximei, vi uma verdadeira multidão de pessoas em volta, todas querendo pegar uma cópia do planejador. Havia poucos funcionários no estande para lidar com tanta gente, de modo que entrei lá e comecei a abrir caixas, empilhar planejadores e distribuí-los.

Quando meus colegas da Franklin Covey me viram no meio da confusão, trabalhando com os funcionários para ajudá-los a resolver o problema, um deles me disse: "Hyrum, não é para você fazer isso. Você é o chefe". Eu ri, tirei o paletó e continuei trabalhando. Na meia hora seguinte, ouvi os comentários das pessoas que haviam assistido a minha palestra e que se dirigiam ao estande para pegar seus planejadores. Muitas mostraram-se verdadeiramente surpresas ao me ver fazendo aquele trabalho, outras diziam-se impressionadas com o fato de um dos fundadores da Franklin Covey estar ali, "pondo a mão na massa". Quando o movimento acabou, meus colegas funcionários agradeceram minha ajuda. O fato de eu entrar no estande e trabalhar a seu lado num momento frenético significara muito para eles.

Enquanto me afastava do estande, fiquei pensando no que acabara de acontecer. Na verdade, fiquei um pouco embaraçado com o alvoroço que as pessoas tinham feito por causa de algo tão simples. Eu não fizera aquilo para impressionar. Apenas vira que algo precisava ser feito e decidira fazê-lo.

Essa experiência me fez pensar mais uma vez na importância de os líderes não terem medo de mostrar o caminho às pessoas sob sua liderança, de não se acharem importantes demais para fazer o mesmo trabalho que elas. Mais vezes do que seria desejável, o outro paradigma de liderança é seguido: o líder é uma espécie de monarca que reina sobre todos os súditos de seu reino. Tais líderes são aqueles que deixam sua posição subirlhes à cabeça, e alguns tornam-se quase ditadores em suas empresas ou organizações.

Prefiro, sem sombra de dúvida, outro paradigma: o líder é como servidor ou professor daqueles a quem lidera, que não se vê como superior mas como colega. No meu modo de ver, liderar servindo tende a inspirar e motivar muito mais do que o comportamento que tipicamente associamos a um líder forte.

Já me referi a duas das muitas importantes lições que aprendi, mais de três décadas atrás, quando servia no Exército. Espero que você me perdoe por contar outra "história de guerra", mas é que foi uma experiência na qual vi o poder que existe em liderar servindo.

Numa ocasião, quando eu, um jovem oficial, comandava uma unidade de mísseis Pershing na Alemanha, meu batalhão foi chamado para um exercício de defesa da Otan. Cento e cinqüenta homens, com equipamentos, mísseis e tudo o mais que acompanha uma unidade daquele tamanho, foram para o local designado, no campo. O inverno estava começando e montamos um acampamento permanente para nossas tropas e mísseis.

Uma noite gélida saí para andar por todo o perímetro do acampamento. Como tínhamos ogivas nucleares, havia guardas para garantir que ninguém entraria no local ou que algum dos próprios soldados tirasse fotografias dos mísseis. A temperatura estava baixíssima, a neve caía sem cessar, e o vento soprava, inclemente. Passando pelos guardas que faziam a ronda, vi que eles estavam com muito frio e pensei: "Há de ter um jeito de os homens montarem guarda sem precisar ficar expostos a esse frio". Voltei para o calor da barraca de comando, reuni meu subtenente e três sargentos e falei-lhes da minha preocupação com aqueles homens lá fora, na noite gelada. Eles concordaram em que o frio estava quase insuportável e que havia de ter uma maneira de proteger os companheiros.

Então, traçamos um plano, de acordo com o qual seriam construídas guaritas em pontos estratégicos, onde os soldados poderiam aquecer-se antes de fazer mais uma ronda em volta do acampamento. Eram 10 horas da noite quando acabamos de planejar o que fazer, e o primeiro-sargento disse que cuidaria daquilo logo cedo na manhã seguinte. Os outros, porém, achavam que tínhamos de fazer alguma coisa imediatamente. Comentaram que os homens iriam congelar lá fora, que tínhamos material suficiente e não havia motivo para não começar a construir a primeira guarita.

Num instante, o espírito de liderança a serviço dos outros tomou conta de todos. Lembre-se de que nos meios militares o costume manda que os oficiais tracem os planos e os soldados façam o trabalho. Daquela vez, isso não aconteceu. Nós cinco saímos, pegamos alguns postes telefônicos sobressalentes, ripas e madeira compensada e, então, das 11 da noite às 3 da madrugada construímos a mais linda guarita que já havíamos visto.

Afundamos quatro postes telefônicos no chão, para fazer o alicerce, construímos uma plataforma com as tábuas e as ripas, para o piso, bem alto do chão. Em cima da plataforma erguemos as paredes com grandes janelas, nas quais pusemos vidraças de Plexiglas. Por fim, fizemos o teto e, usando uma extensão elétrica, instalamos um aquecedor suspenso. Quando terminamos, ficamos muito orgulhosos daquele Taj Mahal que havíamos criado.

O interessante é que, enquanto trabalhávamos, os guardas que percorriam o perímetro passavam e ficavam olhando um primeiro-tenente, um subtenente e três sargentos construindo uma guarita no meio da noite. E todo aquele trabalho era para que soldados rasos tivessem mais conforto ao montarem guarda. Quando os guardas daquela noite entraram pela primeira vez na guarita, onde podiam aquecer-se, sua gratidão foi imensamente gratificante para o grupo de líderes carpinteiros.

No dia seguinte, a notícia correu por todo o acampamento: "Nossos chefes construíram uma guarita para nós". Nos dois dias seguintes, construímos mais cinco guaritas, e dessa vez tivemos a ajuda de todos os outros do acampamento. Sem levar em conta suas patentes, posições, responsabilidades ou funções, todo mundo ofereceu-se para ajudar na construção das guaritas. Em nossa opinião, tínhamos as melhores guaritas de todo o sistema militar da Otan.

Foi absolutamente fascinante observar o efeito desse trabalho sobre o moral de toda nossa organização. Despertou nos homens o desejo de servirem-se mutuamente. E, mais uma vez, ficou provado um princípio já testado pelo tempo: "Quando você serve seus semelhantes, as coisas vão melhor tanto para você como para eles". Para mim, isso faz parte da vida abundante. Temos o suficiente para suprir nossas necessidades, então a verdadeira satisfação vem de compartilhar o que possuímos — tempo, talento e outros recursos — com aqueles que têm necessidades que podemos ajudar a suprir.

Vivendo com uma Mentalidade de Abundância

O que aprendemos com a idéia de liderar servindo é que, quando vivemos em harmonia com o que mais nos importa, liberamos o poder que existe dentro de nós. Quando isso acontece, ocorre uma reação em círculo. Sentimos paz e satisfação íntimas porque nossas próprias necessidades foram supridas. Em troca, isso nos faz querer servir os outros ainda mais e ajudá-los a ter uma vida abundante. O círculo se fecha, então, quando descobrimos que, com esse serviço, nossa vida torna-se ainda mais abundante. Como diz o ditado, "Reme o barco do outro e descobrirá que você também chegou à praia". Isso cabe no que chamo de Mentalidade de Abundância. Com essa visão mental da vida, teremos uma existência mais abundante.

Essa Mentalidade de Abundância é a antítese de outra filosofia, tão comum no mundo, que podemos chamar de "mentalidade de escassez" e que sugere que não há bastante na Terra para todos. Assim, uma pessoa sente a necessidade de agarrar tudo o que pode e não soltar mais. Parece que pessoas demais assimilaram essa mentalidade. Egoísmo e ganância vão muito bem, obrigado.

A Mentalidade de Abundância sugere que há bastante na Terra para todos. O grande problema parece ser causado por aqueles que tomam, adquirem, acumulam mais do que jamais precisarão para viver abundantemente. Com a Mentalidade de Abundância, eu quero dividir o que tenho, sobretudo o que tenho em excesso.

Uma simples lei do universo diz: "No minuto em que formos capazes de nos olhar no espelho e dizer honestamente que temos o suficiente para suprir nossas necessidades, é aí que nos tornaremos ricos". Em minha opinião, tudo o que excede o que é suficiente para as nossas necessidades não pertence a nós. Se eu for bastante criativo para criar mais do que preciso para as minhas necessidades, é porque me foi confiada a tarefa de administrador. Com essa função, de cuidar de algo que não me pertence, acredito que preciso fazer algo que tenha importância, do contrário não estarei fazendo nenhuma diferença.

Digamos que eu estabeleça que uma renda anual de 40 mil dólares seja suficiente para minhas necessidades. Por meio de muito trabalho, engenhosidade ou boa sorte, começo a criar uma renda de 60 mil. Teoricamente, os 20 mil excedentes devem ser usados para ajudar alguém. Levemos isso ao extremo. Se eu ganhar 1 milhão de dólares por ano, e 200 mil forem suficientes para as minhas necessidades, os 800 mil que sobram não me pertencem, e devo usá-los para ajudar outras pessoas.

Esse conceito não se aplica apenas a dinheiro e outros bens, mas também ao modo como usamos nosso tempo. Se administrarmos nosso tempo de modo a satisfazer nossas necessidades e as da família, dos compromissos, da profissão, de nossa igreja, e ainda assim nos sobrar tempo, talvez possamos usá-lo para servir outras pessoas de alguma maneira significativa.

Claro, preciso cuidar de mim mesmo e de minha família, inclusive planejar e investir com inteligência, pensando no futuro. Isso faz parte da tarefa de definir o que é suficiente para as minhas necessidades. Mas tudo o que é excesso vai para o trabalho de tornar este mundo um lugar melhor.

Alguns anos atrás, fiz uma palestra em uma convenção numa cidade do Meio-Oeste. Quando cheguei à cidade, o homem que havia me convidado foi me buscar no aeroporto e levou-me para jantar em sua casa, localizada num bairro nobre. Chegamos a um grande portão eletrônico, ele apertou um botão no carro, o portão abriu-se lentamente, entramos, o portão fechou-se atrás de nós, e rodamos mais uns 500 metros por uma alameda ladeada de árvores, até a frente de uma das casas maiores e mais magníficas que já vi. O homem contou-me que pagara 8 milhões de dólares por ela. Antes do jantar, ele me mostrou uma parte do interior da casa, e vi vários objetos de arte que, de acordo com o que ele também me contou, valiam 3,5 milhões.

No vôo de volta para casa, após minha palestra na convenção, ocorreram-me dois pensamentos muito interessantes, bastante fortes e aparentemente opostos. O primeiro foi: "Acho que aquele sujeito podia dar-se por satisfeito com uma casa de 2 milhões de dólares e fazer alguma coisa verdadeiramente importante com a diferença". O segundo pensamento apareceu logo após o primeiro: "Mas defendo seu direito de ter uma casa de 8 milhões; afinal, o sistema de livre iniciativa é isso".

Foi naquela viagem que comecei a pensar seriamente sobre a Mentalidade de Abundância. O homem decidira que aquela casa era suficiente para as suas necessidades, e o preço que ele pagara por ela devia representar apenas uma pequena parcela de sua fortuna. E talvez ele estivesse fazendo algo maravilhoso com a parte de sua riqueza que era mais que suficiente para as suas necessidades (e mais tarde eu soube que de fato estava).

Pensei muito no assunto, e uma das idéias que tive foi que não pode haver leis que regulem a Mentalidade de Abundância. Eu não gostaria que o governo, uma pessoa ou uma entidade social me dissesse como gastar meu dinheiro. Isso não seria direito. Não pode acontecer em uma sociedade onde temos liberdade de escolha. Porém, ao mesmo tempo, acho que devemos fazer algo de bom com o que temos de sobra. Comecei a dar palestras sobre isso por todo o país. O assunto me empolgava, e descobri que eu tinha muita prática a respeito. Também descobri que falar sobre Mentalidade de Abundância, sobre dividir o que se tem, é fácil quando não se tem nada. Lembro-me de um tempo em que não sabíamos de onde viria a refeição seguinte. Mas o desejo de dividir sempre nos ajuda a atravessar esses momentos difíceis.

Também senti o desejo de viver a vida abundante. Em 1992, tornamos pública a Franklin Quest. A empresa começara com algumas pessoas trabalhando em meu porão, em 1983, e torná-la pública foi a culminação de vários anos de trabalho árduo. Junto com minha família, no saguão da Bolsa de Valores de Nova York, naquela manhã de junho, olhei para o grande quadro e vi nosso símbolo na Wall Street, FNQ, aparecer lá pela primeira vez. Ao lado do símbolo, estava o preço da ação: dezesseis dólares e cinqüenta centavos. Fiz mentalmente um rápido cálculo, multiplicando esse preço pelo número de minhas ações. Um arrepio me percorreu quando vi que tinha muito mais do que o suficiente para as minhas necessidades. Então, uma vozinha em minha cabeça disse: "Bem, Hyrum Smith, você vai pôr esse dinheiro onde tem dito que precisa pôr?".

Tive uma conversa séria com minha esposa e meus filhos, ali de pé, no meio daquela balbúrdia que é a Bolsa de Valores de Nova York. Assumimos o compromisso de fazer algo com a diferença. Não precisávamos de tudo o que tínhamos.

Talvez não seja apropriado contar aqui, nem em lugar nenhum, o que decidimos fazer, mas posso dizer que começamos, de modo bem específico e planejado, a distribuir o que ia além do suficiente para as nossas necessidades. Espantoso foi descobrir que, quanto mais depressa distribuíamos, para ajudar pessoas e instituições, mais depressa nosso dinheiro crescia. Descobri que a idéia de que lançar o pão sobre as águas e tê-lo de volta multiplicado por dez é uma lei do universo.

Entrar em detalhes sobre o que fazemos com nossa abundância seria violar o princípio básico que adotei, que é dar anonimamente, mas eu gostaria de falar de um acontecimento que representou uma experiência maravilhosa para mim.

Uma noite, em Salt Lake City, eu voltava para casa, depois de trabalhar até tarde. Fazia o percurso entre o escritório e minha casa em dezoito minutos. Rodando pela State Street, uma das principais artérias, achei-a um tanto deserta, algo nada comum. Parei em um semáforo e, enquanto esperava o sinal verde, olhei para a minha esquerda e vi, num carro velho e maltratado, uma bonita família. O pai estava ao volante; a mãe, sentada a seu lado, tinha um bebê nos braços, e havia duas crianças no banco de trás. Era óbvio, pelas roupas que usavam e pelo estado do carro, que aquela família estava enfrentando dificuldades financeiras.

Por alguma razão, os semáforos na State Street não estavam sincronizados, e eu tinha de parar quase em todas as esquinas. E cada vez que parava, o mesmo carro com a família parava ao lado do meu. Enquanto íamos assim, eu pensei: "Essas pessoas precisam de ajuda. Ajude-as!". Então, outro pensamento: "E como vou fazer isso? Elas não me conhecem, eu não as conheço. Ficarão embaraçadas. Não sei quem são, onde moram. Como posso entrar em contato?".

Paramos em outro semáforo. "Você precisa ajudar essa família", veio o pensamento. Tirei a carteira do bolso e vi que tinha duas notas de cem dólares. Sabendo que teria de parar no semáforo seguinte, dobrei as notas de modo bem apertado. Então, quando paramos lado a lado novamente, baixei o vidro, pus a cabeça para fora e pedi-lhe que baixassem o deles. A mulher fez o que pedi, olhando-me com ar preocupado, como se achasse que eu poderia fazer-lhes algum mal. Entreguei-lhe as notas dobradas, dizendo que era um presente para a família.

Ela pegou as notas e fechou o vidro. O semáforo abriu, e fui embora, observando pelo espelho a reação do casal. Eu gostaria de poder descrever o que senti. A expressão do rosto deles aqueceu meu coração. Nunca dormi tão bem quanto naquela noite.

Só quem já ajudou um necessitado, sem que ninguém mais soubesse, conhece as agradáveis sensações que isso proporciona.

Viver uma vida abundante e ter Mentalidade de Abundância têm tudo a ver com ajudar pessoas e torná-las mais felizes. Como eu disse, isso faz parte de minha missão pessoal, que é fazer alguma diferença no mundo. Sua definição de vida abundante pode ser completamente diferente da minha, talvez o que mais lhe importa não tenha importância para mim, mas posso dizer que algumas das coisas mais satisfatórias que podemos fazer são aquelas nas quais damos de nós mesmos para suprir as necessidades de nossos semelhantes. No mundo todo, há pessoas desesperadamente necessitadas, quase sempre como resultado de acontecimentos e circunstâncias que não foram gerados por elas. Seja qual for o motivo dessa situação, pessoas no mundo todo estão rezando, implorando ajuda. Podemos responder a essas preces. Quando sentirmos o impulso de ajudar, ajudemos, e assim conheceremos a paz, a alegria e a transformação que pode ocorrer em um indivíduo, uma comunidade, um país, e mesmo no mundo.

Conclusão: Você Consegue!

> Agora eu sei que todo homem dá a vida por aquilo em que acredita, que toda mulher dá a vida por aquilo em que acredita. Às vezes as pessoas acreditam em muito pouco, ou em nada, no entanto dão a vida por esse pouco ou esse nada. A vida é tudo o que temos, nós a vivemos como acreditamos que devemos vivê-la, então ela se acaba. Mas, abandonar o que se é, viver sem acreditar, é mais terrível do que morrer, ainda mais terrível do que morrer jovem.
>
> — *Joan Lorraine,* peça de Maxwell Anderson

NO INÍCIO DESTE LIVRO, falamos de heróis e da influência que eles têm em nossa vida. Falei de vários que me influenciaram. Há uma heroína que ainda não mencionei, apesar de ela ser alguém a quem amo muito: minha mãe. Ela morreu em 1992, com 84 anos. Foi uma das melhores, das mais nobres pessoas que já andaram pela Terra. Vendo os sucessos que alcancei, posso atribuir muitos deles à orientação e aos conselhos que recebi de minha mãe, desde a mais tenra idade.

Seu jeito de ensinar as grandes lições da vida era único, especial. Por exemplo, lembro-me do que ela dizia sobre as conseqüências naturais de nosso comportamento. Uma vez, fiz algo muito errado. Não lembro o que foi, mas lembro-me de que ela disse que sabia o que eu tinha feito e que meu comportamento teria conseqüências ruins. Então, me propôs um trato muito interessante: "Você pode escolher. Ou fica em casa, no próximo fim de semana, enquanto os outros escoteiros vão acampar, ou leva uma surra".

Então, deu-me três dias para pensar e decidir. Foram três dias horríveis, lembro muito bem. Na sexta-feira à tarde, quando eu devia estar me preparando para ir acampar, finalmente julguei que minha mãe devia ter amolecido e que me deixaria ir acampar sem me dar a surra. Assim, quando ela me chamou para saber o que eu havia escolhido, respondi corajosamente: "A surra. Quero muito ir acampar".

Bem lá fundo, eu sentia que sua natureza benevolente não lhe permitiria me bater, àquela altura dos acontecimentos.

Isso foi há muito tempo, quando bater nos filhos era considerada uma boa medida disciplinar. Ela me olhou com aquele ar severo, só seu, e disse: "Muito bem, então vamos à surra".

E me surrou mesmo, ensinando-me, de maneira dolorosa, que todo nosso comportamento inevitavelmente gera conseqüências, boas ou más.

Outra lição que minha mãe me ensinou ainda influencia minha vida. Ela costumava me olhar nos olhos e dizer que eu podia fazer qualquer coisa, se desejasse bastante, mas desde que estivesse disposto a pagar o preço.

Ouvi essas palavras tantas vezes que acabei por acreditar nelas.

Cruzando a Baía Hanauma

Todas as pessoas que são criadas no Havaí aprendem a nadar muito cedo. Na verdade, os havaianos jogam os bebês no mar, mal eles começam a andar, e deixam-nos descobrir o que são capazes de fazer. Nessas circunstâncias, por puro instinto de conservação, qualquer um aprende a nadar muito depressa. Íamos para a escola com o calção por baixo do uniforme e depois das aulas montávamos em nossas bicicletas e íamos para a praia. Isso era tão normal para nós quanto era normal para os meninos que viviam no continente sair correndo da escola para jogar beisebol em um campo qualquer. Cresci no mar e aprendi a respeitá-lo, porque mais de uma vez me vi em apuros nas ondas gigantescas na praia Pounders, ao norte de Oahu, ou em Pipeline, ou em qualquer outro lugar onde agora são feitas as filmagens de filmes sobre surfe.

Um de nossos locais favoritos era a magnífica baía Hanauma, na ilha de Oahu. Houve um tempo em que ali existia um vulcão, mas o mar invadiu-o, transformando-o em baía. Gostávamos de ir pescar lá, porque era grande a quantidade de peixes. Mas o lugar tornou-se tão procurado por pescadores que os peixes foram embora, e cerca de vinte anos atrás foi proibida a pesca na baía. Os peixes voltaram, e aquele é um lugar maravilhoso que vale a pena visitar.

O ponto onde a baía Hanauma abre-se para o mar tem cerca de 1.200 metros de largura. Em mar aberto, corre-se o risco de ser apanhado pelo que é chamado de Trem Molokai, uma poderosa corrente que corre pelo canal entre Oahu e a ilha de Molokai. É muito forte e perigosa, e acho que são poucos os nadadores que conseguem nadar contra ela.

Outra causa de debates, entre meus amigos e mim, era se alguém seria capaz de atravessar a entrada da baía, todos os 1.200 metros que se estendiam entre dois promontórios rochosos. A água, naquele local, deve ter uma profundidade de 24 metros, mais ou menos, e não há recifes de coral próximos à superfície para servir de proteção contra peixes grandes. Costumávamos desafiar uns aos outros a atravessar a entrada da baía a nado, e quando eu estava com onze, doze anos, decidi aceitar o desafio. Afinal, já ouvira milhares de vezes minha mãe dizer que eu podia fazer qualquer coisa, desde que desejasse bastante. Fui até o lado esquerdo da baía, a um lugar que chamávamos de Vaso Sanitário, onde a água sobe turbilhonando, quando chega uma onda. Parado na orla da baía, fiquei um longo tempo olhando a distância até o outro lado, imaginando se conseguiria chegar lá. "Hyrum, você pode fazer qualquer coisa, desde que deseje bastante e esteja disposto a pagar o preço."

De repente, vi-me mergulhando, e comecei a nadar através da baía Hanauma. Agora, acho que aquilo foi uma idiotice. Não havia ninguém para me ajudar, se eu tivesse problemas. As ondas estavam altas naquele dia, eu não sabia a que distância me encontrava da corrente Molokai, mas minha determinação era firme.

Nadei pelo que me pareceu muito tempo e calculei que já vencera metade da distância. Estava ficando cansado e comecei a ter medo de não conseguir voltar ao ponto de partida nem continuar até aonde queria chegar. De repente, vi uma barbatana de mais ou menos 20 centímetros de altura, deslizando a cerca de 20 metros de distância. A cena continua vívida em minha mente, e lembro-me de ter pensado que talvez fosse melhor morrer afogado do que comido. Comecei a nadar como nunca fizera antes e como nunca mais fiz, freneticamente, com braçadas longas e fortes, cada vez mais rápido.

Cheguei ao outro lado da baía muito mais depressa do que chegara ao meio, onde vira a barbatana. Subi pedras agudas e escorregadias, o que em si já era uma proeza e tanto, mas queria ficar o mais longe possível da água. Tremendo de cansaço e medo, olhei para toda a extensão da baía, repetindo mentalmente minha versão das palavras de minha mãe: "Eu sabia que iria conseguir. Afinal, posso fazer tudo, se desejar bastante".

Nunca saberei se aquela barbatana representava um tubarão voraz, um amigável golfinho ou uma raia. Mas, em minha imaginação, eu fora perseguido por um grande tubarão branco e faminto. Sentei-me numa pedra, esperando que minhas pernas parassem de tremer e pensando no que acontecera. Ao mesmo tempo que achava que agira como um tolo, fazendo a travessia, sentia-me eufórico por ter realizado aquele antigo desejo. Eu tinha, de fato, atravessado a entrada da baía Hanauma a nado!

Essa foi uma das grandes vitórias de minha vida e serviu-me de inspiração nas muitas ocasiões em que me perguntei se conseguiria fazer isto ou aquilo. Conseguiria me formar na Escola de Aspirantes? Terminar a faculdade? Comandar uma unidade de mísseis Pershing na Alemanha? Ser um bom vendedor? Criar uma empresa, a Franklin Quest, que depois tornou-se a Franklin Covey? Sempre que surgem dúvidas em minha mente, recordo a sensação de euforia que experimentei naquele dia, sentado no promontório rochoso, no outro lado da baía Hanauma.

Muita água rolou baía adentro desde que a atravessei pela primeira e última vez. Já caminhei bastante pela estrada de minha vida e, quando olho para trás, vejo que nem sempre vivi de acordo com as expectativas a meu próprio respeito, mas me sinto em paz, porque continuo tentando fazer alguma diferença.

Entre as coisas com as quais eu acho que fiz alguma diferença, estão os princípios que tentei ensinar neste livro. Eles com certeza ajudarão você a descobrir quem realmente é, o que é mais importante em sua vida e como fazer algo a respeito disso. Quando seguimos o processo de identificar papéis, valores governantes e missão pessoal — os elétrons que giram em torno de nós, que somos o núcleo —, recebemos recompensas que fazem uma diferença muito grande em nossa vida. Isso eu posso garantir. Mais importante ainda, encontramos paz e satisfação interiores.

Claro que os resultados desejados podem não ser produzidos em um dia, um mês ou mesmo um ano. Eles vêm quase sem que percebamos, por intermédio de pequenas vitórias diárias, quando o que é verdadeiramente mais importante para nós torna-se parte de nossa vida. Com essas vitórias pessoais, nossa auto-estima aumenta, experimentamos uma sensação de bem-estar e sentimo-nos ligados a nós mesmos, coisas que ninguém nos pode tirar.

O que Mais Importa É um Processo que Realmente Funciona

Se eu falasse apenas de minhas experiências, não me sentiria confiante para fazer tantas promessas, mas tenho visto o que aconteceu na vida de outras pessoas que usaram os princípios e o processo ensinados neste livro. Eu gostaria de lhe mostrar trechos de algumas das cartas que tenho recebido, todas de pessoas que estão vivendo em harmonia com o que é mais importante para elas.

Algumas pessoas falam de como o processo ajudou-as a suportar uma tragédia. O marido de uma mulher morreu inesperadamente durante uma viagem de férias, deixando-a com sete filhos para criar. Ela conta: "Achei que nunca mais teria minha vida sob controle. Agora, que estou usando o processo, consegui redefinir quem sou e o que gostaria de fazer. Consegui ter paz para estabelecer algumas metas, trabalhar para alcançá-las e planejar um dia de cada vez".

Outros realizaram sonhos antigos, depois que começaram a usar o processo. Cinco anos após haver participado de um de nossos seminários, um homem mandou-me uma lista de algumas das metas que o processo ajudara-o a atingir:

Aqui vai uma lista de coisas que consegui, centrando-me em meus valores e estabelecendo metas que estavam de acordo com eles:

- Encontrei a mulher dos meus sonhos e me casei com ela.
- Progredi na carreira, passando de programador de computadores a gerente da firma, responsável por um orçamento de 20 milhões de dólares.
- Cheguei até o fim em provas de resistência física, inclusive maratonas e triatlos de variadas distâncias.
- Voltei a estudar e concluí o curso de mestrado, com a nota mais alta da minha classe.
- Estabeleci um plano de poupança que multiplicou minhas economias por dez, nos últimos cinco anos.
- Mantive contato e um bom relacionamento com familiares e amigos, mesmo trabalhando duro para alcançar minhas metas.

Embora eu tenha devotado muito tempo ao estudo de outras filosofias de sucesso pessoal, seu sistema foi a força propulsora que me fez entrar por esse caminho e seguir em frente.

Uma estudante universitária escreveu: "Seu método está funcionando muito bem para mim. Sinto-me no comando de minha vida. A vida, em casa, melhorou, porque minha mãe não precisa mais ficar em cima de mim para que eu faça as coisas. Minha vida social também melhorou. Meu hábito de beber tornou-se mais moderado e controlado. Perdi 8 quilos. Minhas notas na escola melhoraram muito. Muito obrigado por sua ajuda".

As pessoas também escrevem para dizer que o processo ajuda-as a manter o rumo certo, como conta um jovem profissional: "Quando percebo que minha vida está ficando agitada demais, e o estresse começa a aumentar, revejo meus valores e metas. Na maioria das vezes, descubro que às tarefas que tenho de cumprir todos os dias não estão totalmente de acordo com esses valores e metas. Então, reajo e faço as correções necessárias".

Outras falam de como o processo deu-lhes coragem ou motivação para trabalhar na realização de sonhos longamente acalentados. Um advogado escreveu: "Minha coragem de lutar para alcançar novas metas aumentou. Eu tinha o vago desejo de escrever um livro, algo que faria 'um dia', mas achava que não sabia como fazer isso. Então, estabeleci essa meta firme de escrever e agora estou trabalhando para descobrir os passos intermediários que preciso dar para chegar lá. Seu sistema me deu confiança, e acredito que, usando-o, serei capaz de colocar essa 'meta ambiciosa' em minha lista de tarefas diárias".

As coisas que mais importam para aqueles que me escrevem nunca param de me surpreender. Um homem escreveu para falar de uma meta realmente alta. Ele usou o processo para realizar o sonho de subir ao pico mais alto da América do Norte, o McKinley, no Alasca. Veja o que ele conta: "A expedição foi um completo sucesso! Enquanto treinava para a escalada, usei intensamente o processo, que funcionou muito bem para mim, pois me ajudou a conciliar meu programa de treinamento com o horário de trabalho e minha agenda pessoal".

Outro indivíduo foi parar no outro lado do mundo, quando descobriu o que era mais importante para ele. A carta, que exibia selo estrangeiro, dizia:

> Agora estou morando em Jerusalém. Isso mesmo, a própria! Sou judeu, e acho difícil explicar o incrível vínculo que me une a este lugar.
>
> Foi durante seu seminário que descobri quais eram meus valores. Tomei a decisão de mudar para cá dentro de um período de três anos e comecei a dar os passos necessários para isso. Quis o destino que eu tivesse a sorte de ser convidado para vir trabalhar aqui, no desenvolvimento de um projeto da empresa à qual eu pertencia. Vim, arrumei um emprego aqui e mergulhei de cabeça!

Saí de minha zona de conforto, e agora vivo em uma de "desconforto", mas estou feliz por ter usado seu processo e ter optado por fazer em vez de me arrepender por não ter feito.

A mensagem que estou tentando transmitir, mostrando trechos dessas poucas cartas, escolhidas entre os milhares que eu e outros dirigentes de seminários recebemos, é que *você pode fazer algo a respeito do que mais lhe importa, seja isso o que for.* O processo funciona! Libera o poder que existe dentro de nós, e esse poder nos impulsiona para a frente, guiando-nos na conquista de nossas metas, que têm tudo a ver com nossos valores mais profundos e nossos sonhos.

Agora você deve se perguntar: *Vou fazer alguma coisa a respeito do que aprendi e fiz, como resultado de ler este livro?* Enquanto você pensa nisso, eu gostaria de lhe mostrar trechos de dois poemas bastante inspiradores. O primeiro trecho é a última parte de *Todo Dia (Every Day)*.

Podemos chegar a alturas heróicas
Levados por uma forte explosão de poder.
Podemos suportar a luz mais brilhante
Do céu durante uma hora.
Mas, o mais difícil são os entraves diários,
Sorrir para as provações que aborrecem e cansam,
Não murmurar, não ficar para trás.
O teste de grandeza é o modo
Como enfrentamos o eterno todo dia.

Lembre-se de que é excitante estabelecer metas e decidir que vamos fazer algo grandioso na vida. É motivador imaginar a vitória, as "alturas heróicas" e empregar um grande esforço para viver de acordo com o que é mais importante para nós. Mas a realidade é que o sol continuará nascendo e se pondo, todos os dias, sempre do mesmo jeito, e precisamos alcançar nossas metas mais altas nessa procissão interminável de períodos de 24 horas sempre iguais. As mesmas tarefas corriqueiras têm de ser cumpridas.

Nada vai mudar drasticamente em sua casa ou no trabalho. O processo apresentado neste livro não mudará nenhuma dessas realidades, mas mudará a única coisa que pode ser mudada: você. Mudará o que acontece em sua mente e em seu coração. E são as decisões que sua mente e seu coração tomarem que, nas palavras de Robert Frost, "farão toda a diferença".

O outro poema que eu quero compartilhar com você é *A Corrida (The Race)*, de Dee Groberg. É um longo poema sobre um rapaz que participa de uma corrida. Ele cai três vezes e acaba chegando em último lugar. O pai, que o animara a continuar todas as vezes que ele caíra, aproxima-se da linha de chegada, e o rapaz olha para ele.

> E para o pai, ele disse com tristeza: "Eu não fui bem".
> "Para mim, você venceu", respondeu o pai. "Levantou-se toda vez que caiu."
> E agora, quando as coisas parecem sombrias e duras, difíceis de encarar,
> a lembrança daquele rapaz me ajuda a continuar minha corrida.
> A vida toda é como aquela corrida, com subidas e descidas e tudo o mais.
> E tudo o que você precisa fazer é se levantar cada vez que cai.
> "Pare, desista, você perdeu", gritam no meu rosto,
> Mas outra voz dentro de mim diz: "Levante-se e vença a corrida".

As grandes vitórias não são dos mais rápidos, dos mais espertos, dos mais inteligentes, dos mais ricos. As vitórias são daqueles que se levantam cada vez que caem. O desafio que faço a você é que siga o que foi apresentado neste livro. Descubra o ser único que você é. Identifique os papéis que lhe são importantes. Escreva sua própria constituição, identificando e esclarecendo seus valores governantes. Crie uma Declaração de Missão Pessoal que o incentive, definindo a missão que você sempre soube que tinha mas que nunca pôs no papel. Faça girar os elétrons ao redor do núcleo, você, e descubra o poder que vem quando trazemos foco e visão para nossas vidas.

Permita-me contar-lhe uma última experiência, que é um exemplo dos benefícios que recebemos quando iniciamos e levamos em frente o processo descrito neste livro.

Nos primeiros anos de nossa empresa, eu dirigia quase um seminário por semana, e isso me fazia viajar para todas as partes do mundo. Quando uma grande e conhecida empresa mudou sua sede para Princeton, Nova Jersey, fui convidado para dirigir a última parte do que eles chamavam de curso avançado. Seria uma semana inteira de treinamento, e os melhores gerentes de vendas da empresa também participariam, de modo que me entusiasmei bastante com a idéia.

Cerca de um ano mais tarde, recebi uma carta de um homem de Cleveland, escrita à mão e que ocupava cinco páginas. Fiquei tão impressionado que a levei comigo, em meu planejador, durante mais de três anos.

Nas duas primeiras páginas ele contou:

> Hyrum, participei de seu seminário em Princeton, cerca de um ano atrás. Nunca havia me ocorrido que o que faço todos os dias deve ser baseado naquilo que é mais importante para mim. Na verdade, tenho vivido de um modo mais reativo do que proativo, como você descreveu. Quando voltei para cá, estava decidido a levar a sério o que você nos incentivara a fazer: identificar nossos valores governantes, descobrir o que era realmente importante para nós. Descobri, então, que um de meus valores governantes era dar uma vida boa para meu filho. Quando admiti para mim mesmo que esse de fato era um de meus valores governantes, tive de enca-

rar a dura verdade de que não estava fazendo nada por meu filho. Como resultado, estabeleci metas importantes a respeito do que faria pelo garoto. O ano que passou foi um dos melhores de minha vida, no que se refere ao relacionamento com meu filho.

Então, ele descreve algumas coisas fantásticas que fizera com o filho, os jogos de bola, as brincadeiras, os filmes que haviam visto, as atividades de fim de semana, tudo o que ele sempre quisera fazer e nunca fizera.

Na quarta página da carta, no topo, ele escreveu:

Na semana passada, meu filho, que estava com nove anos, morreu em um acidente de carro.

Mais abaixo ele continuou:

Hyrum, estou sofrendo imensamente com a perda de meu filho, mas não tenho nenhum sentimento de culpa, nenhum remorso.

Por fim, ele concluiu a carta dizendo:

Pela primeira vez, Hyrum, compreendi completamente o que você quis dizer quando falou da necessidade de alcançar e manter a paz interior.

Ainda sinto um nó na garganta quando penso nessa carta e na experiência que esse homem teve e que mudou sua vida, por ele ter identificado seus valores governantes e feito alguma coisa a respeito. Ele passou um ano maravilhoso com o filho, sem saber que logo o perderia de modo tão trágico. Sim, ele sofreu. Sempre sofremos quando coisas assim acontecem, mas não ter de experimentar o sentimento de culpa, que tantas vezes acompanha esse sofrimento, é algo maravilhoso.

Pensei muito nessa carta, no dia 18 de maio de 1995, quando me telefonaram para dizer que eu havia perdido minha filha de 24 anos de idade e minha netinha de dois, num trágico acidente automobilístico. Não consigo descrever a dor que senti, mas vou lhe contar algo que aconteceu e que foi como um bálsamo para minha angústia. Várias semanas após a tragédia, minha esposa encontrou, na escrivaninha de nossa casa, o Franklin Planner de nossa filha, e folheou-o, lutando contra o sofrimento. Nossa filha fizera a lista de seus valores governantes, escrevera sua própria missão e descrevera em detalhes o que mais importa para ela. E o que realizara, ainda tão jovem, era realmente magnífico. Comentara, em seu *planner*, que estava vivendo em total harmonia com todos os seus valores. Que maneira maravilhosa de deixar este mundo e encontrar o Criador! O amor e o respeito que sinto por essa filha extraordinária são imensuráveis e uma fonte de conforto e grande alegria.

Chegamos ao fim de nossa viagem, e eu lhe peço para fazer um bom exame em seu íntimo. Espero que tenha seguido o processo à medida que o fui explicando e que agora tenha começado a sentir a paz e a sensação de vitória que vêm do fato de estar vivendo em harmonia com o que mais importa para você. Se ainda não começou a seguir o processo, peço-lhe que comece agora. Quando fizer isso, os acontecimentos e experiências que ocorrerão em sua vida parecerão milagres para o resto do mundo. Mas você saberá o que realmente são: coisas que acontecem quando verdadeiramente decidimos viver de acordo com o que mais importa para nós.

Que a paz interior seja sua recompensa.

Índice Remissivo

Sobre a Franklin Covey Co.

A Franklin Covey é uma fornecedora global de soluções de aprendizado e desempenho para indivíduos e empresas. Sua missão é inspirar mudanças acionando o poder de princípios comprovados, para que as pessoas e organizações obtenham o que mais importa.

A Franklin Covey se caracteriza por sua liderança de pensamento exclusiva e uma abordagem holística que produz resultados inéditos e mensuráveis. Toda a metodologia foi desenvolvida através dos trabalhos de Stephen R. Covey, Hyrum W. Smith e seus associados. Covey é autoridade em liderança e autor de *Os 7 Hábitos das Pessoas Altamente Eficazes*. Smith desenvolveu o Sistema Franklin Planner e é autor de *O que Mais Importa*.

A companhia oferece prática em: desenvolvimento de liderança; gerenciamento de produtividade, tempo e planejamento; comunicação e colaboração; desempenho de vendas; mudança organizacional de gerenciamento e retenção de funcionários, avaliação do retorno do investimento para o aprendizado; e criação de universidades corporativas efetivas.

Com 19.000 facilitadores no mundo inteiro ensinando e treinando 750.000 pessoas por ano, seus cursos incluem serviços de consultoria terceirizados, treinamento pessoal, treinamento on-site, treinamento on-line e palestras práticas de motivação e desenvolvimento. A Franklin Covey também oferece uma variedade de produtos disponíveis em 33 idiomas para desenvolver a eficácia pessoal e organizacional.

Os pontos fortes comprovados da Franklin Covey são:

• **Avaliação e Mensuração** — Liderando a indústria na avaliação do impacto do aprimoramento do aprendizado e do desempenho.

• **Consultoria** — Trazendo o melhor pensamento estratégico e insight de aplicação para os mais difíceis e críticos desafios nos negócios.

• **Treinamento e Educação** — Oferecendo experiências premiadas de aprendizado e conteúdo em uma ampla variedade de formatos, incluindo eletrônica e on-line.

• **Processos de Implementação** — Auxiliando na aplicação de novos conhecimentos e habilidades.

• **Ferramentas de Aplicação** — Alavancando as tecnologias de ponta e ferramentas para alcançar os resultados desejados no aprendizado e nos negócios.

O portfólio de clientes da Franklin Covey inclui 80 por cento da Fortune 100, 75 por cento da Fortune 500, milhares de pequenas e médias organizações comerciais e do governo. Os clientes acessam os serviços e produtos da Franklin Covey através dos serviços de consultoria, consultores autorizados, oficinas públicas, catálogos, 127 lojas e Internet (www.franklincovey.com.br). Com 45 escritórios em 38 países, a Franklin Covey emprega mais de 3.500 associados.

Para maiores informações sobre a Franklin Covey, telefone, escreva ou visite nosso website:

Franklin Covey Brasil Ltda.
Rua Alcides Ricardini Neves, 12 — conjuntos 501-507
São Paulo — SP — Brasil — 04575-050
Telefone: 11 5507 7800 — Fax: 11 5506 6965
e-mail — info@franklincovey.com.br
site — www.franklincovey.com.br

PROGRAMAS

Os 4 Papéis do Líder
Os 7 Hábitos das Pessoas Altamente Eficazes
O que Mais Importa
O que Mais Importa para Palm Computing Organizers
Habilidades de Apresentação
Habilidades para Reuniões
Construindo Confiança
Gerenciamento de Projetos
Como trabalhar com Sinergia
Promovendo o Sucesso dos Clientes
Avaliando o Impacto do Aprendizado nas Áreas Chaves de Negócios
Avaliação e Processo ROI (Retorno de Investimento)
Muitos dos programas citados acima estão disponíveis como Treinamento
On-Line em Inglês.

PRODUTOS

Franklin Planner
PCs de Bolso
Franklin Planner Software
Franklin Planner Software para Microsoft Outlook
Palm Organizer com Franklin Planner Software (e para Microsoft Outlook)

On Target Project Management Software
Fitas de áudio dos 7 Hábitos (Inglês)
Fitas de áudio de Liderança Centrada em Princípios (Inglês)
Fitas de áudio dos 7 Habitos das Familias Altamente Eficazes (Inglês)
Fitas de áudio de Como Escrever uma Declaração de Missão de Família (Inglês)
Fitas de áudio Promovendo o Sucesso dos Clientes
Perfil 360 graus dos 7 Hábitos

LIVROS

The 10 Natural Laws of Successful Time and Life Management
Os 7 Hábitos das Pessoas Altamente Eficazes
Os 7 Hábitos dos Adolescentes Altamente Eficazes
Vivendo os 7 Hábitos
A Natureza da Liderança
O Princípio do Poder (Inglês)
Let's Get Real (Inglês)
Reflexões Diárias para Pessoas Altamente Eficazes

OUTRAS SOLUÇÕES FOCALIZADAS

Consultoria Organizacional
Certificação Franklin Covey
Soluções Formatadas para Empresas
Soluções Eletrônicas e Aprendizado On-line
Simpósio Internacional sobre Liderança e Produtividade
Soluções Organizacionais
Personal Coaching
Palestras Especiais

Os produtos e programas acima são marcas registradas da Franklin Covey Co., com exceção da Palm e da Microsoft.

O autor

Hyrum W. Smith é vice-presidente da Franklin Covey Company, empresa que se dedica à aprendizagem e à apresentação de soluções para profissionais e organizações, além de oferecer serviços, produtos e meios para aumentar a eficácia de liderança, produtividade, administração do tempo, comunicação e vendas.

Antes de tornar-se um dos fundadores do Franklin Institute, em 1984, Hyrum trabalhou como vice-presidente de marketing e vendas da Dealer Services Division na ADP (Automatic Data Processing). Desde então, Hyrum tem inspirado pessoas a ter um controle maior sobre a vida profissional e pessoal através da administração do tempo e da vida, baseada em valores. Mais de dezoito milhões de pessoas usam Planejadores Franklin Covey (*Franklin Planner*) e soluções eletrônicas. Produtos para treinamento e material relacionado a isso são impressos em trinta e três línguas. Franklin Covey é conhecido mundialmente pelo Sistema de Planejador Franklin.

Hyrum foi várias vezes premiado por serviços prestados à comunidade. Em 1987, recebeu o Public Service Award da Association of Federal Investigators. Faz parte do quadro de diretores do Tuacahn Center for the Arts, perto de St. George, Utah, e da Sky West Airlines. Foi membro do quadro de diretores da Câmara de Comércio dos Estados Unidos, em Washington, D.C., e da Children's Miracle Network. Em 1992, Hyrum entrou para a Galeria da Fama da Gallup e recebeu o prêmio de Homem do Ano. Recebeu o prêmio de Empresário Internacional do Ano, da Marriott School of Management, em 1993. Os escoteiros americanos homenagearam-no, concedendo-lhe o prêmio Silver Beaver. Além de todos o prêmios por serviços comunitários, Hyrum também recebeu três títulos honorários de "doutor".

Ele tem o dom da comunicação, uma inteligência viva e entusiasmo, que usa para fazer com que milhares de pessoas descubram o que mais importa para elas. Sua grande paixão sempre foi interagir com pessoas, treinando-as e incentivando-as para que se tornem mais eficazes.

É autor de *The 10 Natural Laws of Successful Time and Life Management*, *Where Eagles Rest*, *Advanced Day Planner User's Guide* e co-autor de *Excellence Through Time Management*.

Para Hyrum, conviver com a família e andar a cavalo são algumas de suas prioridades. Ele e sua esposa, Gail, são pais de seis filhos.

Elogios a *O Que Mais Importa*

"*O Que Mais Importa* ensina-o a construir uma ponte entre a pessoa que você é agora e a pessoa que realmente deseja ser, explicando um modo prático de definir suas prioridades e viver de acordo com elas."

– Tom Curley, *USA Today*

"Um livro muito importante, que pode mudar você e seu modo de pensar sobre as coisas. Faz muito, muito tempo, que não vejo um trabalho tão bom quanto este, escrito por Hyrum Smith."

– Larry King

"Uma verdade das profundezas da alma, para uma sociedade que está se afogando em modelos cuja profundidade não vai além da pele."

– Dr. Denis Waitley, autor de *The Psychology of Winning for the 21st Century*

"Hyrum Smith ajuda os leitores a identificar os profundos princípios que residem na raiz da responsabilidade e do comportamento pessoais. *O Que Mais Importa* comprova a importância do autoconhecimento e de sua influência em nossa vida pessoal e profissional."

– David H. Komansky, presidente da Merryl Lynch & Co., Inc.

"Talvez este seja o melhor livro sobre administração pessoal e do tempo que já foi escrito. Seus princípios simples, práticos e elegantes revolucionarão sua vida e a levarão ao completo equilíbrio, enquanto sua produtividade aumenta drasticamente."

– Brian Tracy, autor de *Maximum Achievement*

"Enquanto o mundo continua a acelerar o passo, fica cada vez mais difícil manter em foco o que realmente importa. Este livro é exatamente o que os leitores precisam para manter seus valores e prioridades e, assim, ter uma visão do futuro."

– Rich DeVos, co-fundador da Amway Corporation

"Saber quem somos e viver de acordo com esse conhecimento é a base de uma vida bem-sucedida. Em *O Que Mais Importa*, Hyrum W. Smith oferece um poderoso recurso para que compreendamos a nós mesmos, nossos valores e metas. Aqueles que aplicarem o que ele ensina, com certeza tornarão suas vidas mais valiosas."

– Stedman Graham, autor de *You Can Make It Happen*,
presidente da S. Graham & Associates

"Se você quer saber o que realmente mais importa, leia este livro, cuidadosamente, lindamente escrito. Uma enorme contribuição à ética, à integridade e à renovação do caráter."

– Richard Carlson, autor de *Don't Sweat the Small Stuff... and it's All Small Stuff*

"É ótimo encontrar um autor que tão bem desenha o mapa do território que temos de atravessar na jornada da vida. Hyrum Smith mostra-nos as relações entre convicções, valores, comportamentos, planejamento e ação. Ajuda-nos com conselhos e os meios para desenvolvermos e continuamente renovarmos os valores pessoais que dirigem nossas vidas e criam felicidade e segurança."

– Kirl L. Stromberg, diretor aposentado da Strategic Planning,
American Association of Retired Persons (AARP)

"Nunca é tarde para vencer o medo e começar a ter a vida que sempre se quis ter. *O Que Mais Importa* ensina-nos o processo de definir, priorizar e aplicar nossos valores a todos os aspectos da vida. As idéias e métodos expostos neste livro maravilhoso podem ajudar você a sair de onde está e chegar onde realmente deseja estar."

– Ken Dychtwald, Ph.D., presidente da Age Wave LLC e autor de
Age Wave, Healthy Aging e Age Power

"Se você quer que sua vida realmente tenha valor, não conheço receita melhor do que o processo, em várias etapas, que Hyrum expõe neste livro."

– Don Soderquist, vice-presidente da Wal-Mart Stores, Inc.